広島大学公開講座

国際社会における平和と安全保障

寺本　康俊
永山　博之
編著

成文堂

はしがき

　広島大学では，総合大学の特色を生かし，毎年，多分野からなる教員によって公開講座を実施し，広く市民の方々に教育研究上の成果を提供している。

　本書は，2017年度に実施した大学院社会科学研究科に所属する国際関係科目の担当教員による公開講座「国際社会における平和と安全保障」の内容を編集したものである。さらに，その後，大学院社会科学研究科（現在，大学院人間社会科学研究科）の教員として着任し，政治学関係の科目を新たに担当することになった教員にも寄稿をしてもらうことができた。

　本書の目的は，あくまで学術的な見地に基づき，8名の政治学関係の教員による幅広い学問分野の知見の一端を市民の方々に提供させていただくものである。

　21世紀に入り，世界の各地域での紛争に起因する国際情勢の安定性が低下している事実が明らかになってきた。本書では，日本を含む国際社会において，平和と安全保障について，これまでの歴史的な経緯を分析すると同時に，現在および将来において，平和を維持し，安全保障をより確実なものにするために，どのような努力がなされているのか，そこにはどのような限界があるのか，その中で，国家や制度の役割は何なのかというさまざまな課題について，新たな知識を読者の方々に提供し，そのような問題について，共に考えていきたい。

　各章の概要は，次のとおりである。

　第1章「内閣への集権化と国内的安全保障」（小林）は，国内の安全保障をめぐる治安政策（internal security）について，比較政治学に基づく日本政治研究や，政治制度分析でどのような議論が行われているのかを検討し，国家と社会の関係を問い直す。前半部分では，安全保障政策の日独比較を行った『文化と国防』を中心として戦後日本における警察力の問題を扱う。後半部分では，1990年代の統治機構改革以降における官邸主導と危機管理の関係について検討を加える。

　第2章「主権国家と安全保障に関する諸概念と論理」（鈴木）は，戦争と平和の問題を建設的に議論し理解を深めてゆくための基本的知識や概念を解説する。まず国際関係の主役である主権国家の性質とその広がりを簡単に整理した後，主権国家によって構成された国際システムの特性である国際アナーキーと戦争との関係について取り上げる。その後，軍備や同盟によって勢力を均衡させることで平和を維持しようとするリアリズムの議論と，民主主義や交易によって平和が促進されるとするリベラリズムの議論，そしてこれらに関連する重要な論理や概念について紹介する。

　第3章「満州国協和会と1930年代の東アジア・日本の政治」（趙）は，満州国の唯一の思想教化・国民組織団体の満州国協和会の成立・展開を整理する。その上で，日中戦争開戦後に日本軍が中国華北占領区に設置した同質的な団体の新民会の成立・改組，1940年の日本国内の大政翼賛会の成立に対する協和会の影響を考察する。協和会が東アジア・日本の政治に与えた影響を追跡し，帝国日本の政

治史，帝国日本と近現代東アジアとの関係の一側面を明らかにする。

　第 4 章「米中貿易摩擦と戦後国際秩序の行方」（長久）は，トランプ政権発足後に深刻化した米中貿易摩擦を戦後国際秩序の危機との関係から論じる。今日の米中間の対立は，両国の主導権争い，つまり「新冷戦」の始まりとして捉えられることもあるが，対立の背景には，第二次大戦後の国際協力の基礎であったリベラルな国際秩序の弱体化もある。さらに，近年の新たな秩序構想として注目される中国の一帯一路構想と日米を中心としたインド太平洋構想についても米中対立の視点だけでなく，戦後の国際秩序に与える影響を考察する。

　第 5 章「太平洋戦争に於ける日本外交とその国際関係」（寺本）は，日本の外交史の中で，太平洋戦争の開戦から終戦における時期の日本外交と日米交渉をめぐる外交を俯瞰し，それがもたらした歴史的意味を，政治・外交上の代表的な先行研究や基本的資料などに基づき，再考察する。特に太平洋戦争の開戦と終戦期という極めて困難な国際環境の中で，日本がどのようにしてその究極的な苦境に対応して，終戦を迎え，戦後日本の復興につなげることができたかを検討する。

　第 6 章「覇権と戦争−米中覇権競争とその理由」（永山）は，一般的に覇権交代が戦争になる可能性がどの程度あるかという問題を検討した後，現在の米中紛争の性質は何か，この紛争がいずれ戦争に転化する可能性はどの程度あるのかという問題を考察する。過去の

覇権交代は高確率で戦争を引き起こした。現在の米中紛争が覇権交代に関わる両国の闘争であることは明白であり，おそらくは長期にわたって続く。それが戦争になるかどうかは現時点ではわからない。両国が核兵器を保有し，また現時点で戦争は中国に不利だからである。しかし，中国が譲歩できない領域（台湾等中国が核心利益とする領域）に紛争が及んだ場合には，戦争の可能性は否定できないことを論じる。

　第7章「トマス・ホッブズと国際関係論」（古田）は，政治思想家トマス・ホッブズが，国際政治でいう「リアリズム」の理論家なのか否かの問いに答えようとする試みである。伝統的な解釈は，自然状態は国際関係とイコールとみなすがゆえに，この問いにイエスだと答える。これに対して，近年の解釈は，そうしたイコールを認めないために，ノーだと答える。しかし，本章では，ホッブズの政治思想に関して非－現実主義者という近年の解釈の一部を受け入れつつ，やはりかつての伝統的な解釈である「リアリズム」としてのホッブズ像が正しいのではないかと論じる。

　第8章「戦間期の国際秩序と日本外交」（湯川）は，外交政策決定者の東アジア国際秩序構想を軸に，第一次世界大戦終結後から太平洋戦争勃発までの期間において，日本外交が何を目指してきたのかを同定しながら，その歩みを概観する。なかでも，ワシントン体制という国際秩序をめぐる日米関係の変化に焦点を当て，なぜ最終的に戦争へと至ったのかを論じる。

　最後になったが，2020年は，新型コロナ感染症の世界的な流行に

より，日本の大学においても教育研究の機能に大きな支障が生じた。そのため，何よりも学生への対応，オンライン授業の準備などへの対応に細心の注意を払い，万全の体制を整えることになった。

　そうした中で，公開講座の担当者以外の先生方からもご寄稿いただいたことに対して，心より感謝を表したい。

　本書の刊行に際しては，多くの関係の方々のご協力なしには，日の目を見ることができなかった。とりわけ，成文堂の阿部成一社長には出版の機会を与えていただき，編集者小林等氏は原稿が全て揃うまでの長い間，誠に寛容な態度で対応していただいた。衷心からの深謝を申し上げたい。

　また，法学部後援会からは，本書の刊行に際して，出版助成金の交付を受けることができた。

　そして，昨今の大学を取り巻く多忙な業務の中で，本学の大学院人間社会科学研究科の事務職員の方々のご協力をいただいた。

　ここに記して，全ての関係の方々に対して，心からの感謝の意を表したい。

　2020年11月

編者　寺 本 康 俊
永 山 博 之

目　次

第1章　内閣への集権化と国内的安全保障

小 林 悠 太

1．国内政治と安全保障

　かつてサミュエル・ハンチントンは，安全保障政策には三つの形態があると述べた。すなわち国防政策とも言われる軍事的安全保障，国内のクーデターやテロリズムを抑止するための国内的安全保障，経済危機や感染症など長期的脅威への対応を行う状況的安全保障である（ハンチントン 2008, 4）。こうした三つの安全保障政策は，そのいずれもが国民の生命安全を左右するものであることから，国家にとって重要な政策分野として捉えられている。日本国憲法における自衛隊の位置づけや防災省設置の是非が，日本政治において繰り返し提示される政策争点となっているのは，現実政治における重要性を反映している。

　しかし他方で，安全保障研究は伝統的に国際政治学の一分野として扱われてきたことから，研究上のギャップが存在している。国家の役割に鑑みると，外務省や防衛省は19世紀ヨーロッパにおける「古典的五省（内務・外務・財務・法務・軍務）」の一角をなすほど重要な政府組織として見なされている（牧原 2018）。この事実を踏まえれ

ば日本政治論や行政学の研究対象として安全保障政策を扱っても良さそうなものだが，実際には分野の「狭間」に位置づけられるために，日本政治論の側ではわずかな例外を除き，研究蓄積は多くない。

　とりわけこうしたギャップが大きいのが，国内的安全保障（internal security：別名，治安政策）である。すなわち国内におけるクーデターやテロリズムの抑止を主眼とした分野であることから国際政治学の関心は軍事的安全保障に比して乏しいが，他方で日本政治論の側も警察行政の特殊性を十分に掴み切れているわけではない。もちろんその一因は1995年の地下鉄サリン事件以降，日本が大規模な政治暴力の噴出を経験していないことにもあるだろう。とはいえ危機管理論や警察政策論で多くの知見が蓄積される中で，研究のギャップが深まり続け，政治学の観点から考察がなされないことは問題である。

　そこで本章では，比較政治学から国内的安全保障にアプローチした研究成果をもとに，どのような論点が考えられるのかを，政治学の基礎知識を交えながら紹介するスタイルを取ることで，読者諸賢とこの問題を考えてみたい。まず第2節では，基礎文献である『文化と国防』の内容を簡単に要約したうえで，多元主義，ネットワーク，政府内政治という政治学の基礎概念を紹介しつつ，国内的安全保障にはいかなる意味で日本の政治行政の特徴が見られるのか，また他の政策分野と比較してどの程度特殊な領域なのかを論じていく。続く第3節では，1980年代から1990年代にかけて生じた国際化，複合化，高度化という三つの課題を取り上げたうえで，それへの処方箋として「内閣機能の強化」が行われたことに着目する。そして「内閣機能の強化」の中で生まれた論点である，危機管理と犯

罪対策のデマケーション，大臣責任論における国家公安委員長の役割，政策会議を通じた政策調整という三つの論点を概観する。最後に，第4節で本章の内容を要約し，今後の課題について述べる。

2. 国内治安の政治学

A. 『文化と国防』 ──柔軟性・総合性・非暴力──

　はじめに議論の出発点として，ピーター・J・カッツェンスタインと辻中豊による共著論文と，それらの業績をもとに書かれた『文化と国防』を基軸として，日本の国内的安全保障政策がどのように論じられてきたのかを概観しておこう（カッツェンスタイン, 辻中 1991; カッツェンスタイン 2007）。二人はそれぞれアメリカ政治学会や日本政治学会の理事長を努めて比較政治分析をリードしてきた研究者であり，その知見は1990年代から2000年代にかけて用いられた代表的な日本政治論の教科書にも反映されている（村松, 伊藤, 辻中 2001）。『文化と国防』の原著は1996年に刊行されたが，これは地下鉄サリン事件という日本の国内的安全保障に大きな衝撃を与えた事件の直後であるため，海外でも関心を呼んだのである。この著作は，国内的安全保障だけでなく軍事的安全保障も含めた総合的な考察を行なっているが，ここでは前者に絞って内容を紹介する。

　今では「安全な国」としての評判が定着している日本だが，かつては政治暴力（political violence）やテロリズムが頻繁に見られる国家であった。戦前には軍の青年将校などが五・一五事件や二・二六事件に代表されるような暗殺事件を行なったが，戦後しばらくの時期にも日本社会党の委員長であった浅沼稲次郎の右翼青年による刺殺，極右勢力や旧軍幹部が政治家の暗殺を謀った三無事件，共産党

系の極左テロ組織である赤軍派の活動といったように，右派左派を問わず過激な政治暴力の行使が見られた。もっともその後の日本政治の展開を辿ると，政治暴力が驚くほど少なくなっている。なぜ日本は政治暴力の少ない国家となったのか，というのが彼らの問題意識であり，この問いを解明するために1970年代から1980年代における警察行政及びその成立背景と，法規範と社会規範の相互作用に着目した。彼らによれば，1950年代の政策転換によって埋め込まれた社会規範が，その後30年以上に亘って継続する国内的安全保障の中身を規定しているという。

　結論から先に紹介すると，カッツェンスタインは1970〜1980年代の国内的安全保障政策の特徴が，「柔軟性，総合性，非暴力」という三つにあると捉えている（カッツェンスタイン 2007, 138）。すなわち，コミュニティ・リレイションズ（Community Relations）という双方向的な捜査戦略によって地域住民と平時から協調的な関係を構築したことで「柔軟性」を持った捜査活動を行うことができる。さらに，国際会議開催時に会場警備を行う場合などには，交通政策や都市行政とも結びついた「総合性」が発揮されている。そして，1972年2月に生じた浅間山荘事件での放水や催涙ガスの使用と発砲の抑制に象徴されるように，有事の際にも暴力の行使を抑制する「非暴力」的な行動規範が定着しているのである（カッツェンスタイン. 2007, 116-27）。

　こうした事実に対して当時の代表的な日本政治の教科書は，次のように評価する。すなわち，厳しい世論のチェックや分権的な政府構造のもとで警察行政にも「多元主義的メカニズム」が働き，行政と社会に構築された「ネットワークのあり方が重要」であるという，この時期の日本政治一般の特徴が現れている，と言う（村松，伊

藤, 辻中 2001, 235)。例えば日本赤軍のような過激派団体に対しては, 新規参入を抑制する封じ込め政策をとったが, これは暴力団員の加入を抑制して組織犯罪を行う主体を先細りさせる, 現代の暴力団対策にも通じるものがあるだろう。

　他方で, 1980年代は中曽根政権が内閣官房の組織再編を行った時期でもあった。現代の内閣官房は第二期安倍政権などによる官邸主導の拠点として知られているが, 1990年代以前は閣議事務局としての役割が中心であり, 政策の総合調整に果たす役割は小さかった (高橋 2009)。強固な分担管理原則は内閣総理大臣のリーダーシップを縛り, 各省を超えた目標設定は困難とされた。国家としての統一的な意思決定や行動をめぐり, 政府内部で生じる政治を「政府内政治 (官僚政治)」という。1986年に, 内閣情報調査室や内閣広報官室に加えて, 内閣安全保障室の室長を警察官僚が得たことは, 警察官僚の政治的影響力が増大したことの証左とされる (カッツェンスタイン, 辻中 1991, 149)。

　さて, ここまでの説明で多元主義, ネットワーク, 政府内政治という三つの政治学用語が出てきた。いずれも日本政治を理解する鍵となる概念であり, 国内的安全保障以外の分野にも適用可能な政治過程のモデルである。そこで, これらの基礎概念を解説しながら日本政治が持つ特徴を検討して, 国内的安全保障を他の政策分野との比較で捉えてみよう。

B. 利益集団による競争 ——多元主義論——

　多元主義論とネットワーク国家論は, 特に1970年代から1990年代にかけて用いられた, 政治過程分析のモデルである。はじめに, 多元主義論について説明しよう。教科書的には, 日本政治の多元主義

論的説明は「日本の政治過程は，さまざまな争点に対してさまざまな多様な集団，団体，アクターが関与し影響力を発揮できる，自由で開かれた競争的政治過程である」という主張として要約される（村松，伊藤，辻中 2001, 69）。多元主義論者のライヴァルは，日本政治の権威主義的性格を前提として競争的政治過程の不在を説くタイプの戦前戦後連続論である。西欧の民主主義国とは異なる日本独自の政治構造が存在しており，民主主義が十分に根付いていないという議論に対して，多元主義論は果敢に批判を加えた（大嶽 2005）。多元主義論に基づく代表的なケース・スタディは，大嶽秀夫の『現代日本の政治権力経済権力』である。この研究では，欠陥車問題と日米繊維交渉という二つの事例をもとに，大企業や業界，財界による政治的影響力の行使とその前提となる権力資源が分析され，日本が自由民主主義体制としての特徴を有することが明らかにされている（大嶽 1996）。

　ただし国内的安全保障の分野で「多元主義的メカニズム」が存在するという仮説は，三つの問題点を抱えている。第一に，日本政治が自由民主主義的であり全体として「自由で開かれた競争的政治過程」が存在するとしても，このことはあらゆる政治過程が多元主義的であることを意味しない。利益団体や圧力団体の活動と競争の程度には，政策分野に応じてヴァリエーションが存在すると考えられるからであり，一部の領域でエリート支配が残存する可能性が排除できないのである。

　そこで第二に利益集団の活動に目を転じてみると，東京に本拠地をおき日本全国を活動範囲とする690の利益集団を含む1997年のデータでは，「治安」分野に関心を持つ全国団体の数は全団体中6.2%であることが示されている。これは「その他」に継ぐ下から2番目

の値であり，欠陥車問題のような「運輸・交通」には17.4%の団体が，「通商」に至っては24.3%の団体が関心を寄せていることと比較すると，著しく低い値である（辻中 2002, 122）。調査時期に由来するギャップこそ存在するものの，1970〜80年代から90年代にかけて大きな地殻変動が生じたとは考えがたいだろう。ちなみに国内的安全保障への関心の薄さはその後の調査でも近い値が出ている。2012年の利益団体調査では「治安」政策は利益対立の程度が小さい領域であり，行政機関側からの情報収集活動も（相対的に）低調であると位置付けられている（辻中 2016, 66, 136）。

　そして第三に，国内的安全保障という政策分野の特殊性にまつわる問題がある。おそらく警備公安警察と密接な関係を有する業界団体と聞いて，真っ先に思い浮かぶのはセコムや綜合警備保障（ALSOK）などの警備会社の存在だろう。元東京都知事である猪瀬直樹は，『民警』の書き出しで1964年と2020年という二つの東京五輪を対比させ，次の事実を紹介する。曰く，50年以上前に代々木選手村に動員された民間警備員は100人に満たなかったが，2020年の東京五輪の立候補ファイルでは，14,000人もの民間警備員の動員を予定していた（猪瀬 2016）。約半世紀の間に，警備会社は大きな成長を遂げたのである。こうした大規模な警備業の存在は，いかにも強い圧力団体として扱えそうに見える。

　しかし現在の研究水準に照らせば，1970年代から1980年代にかけての警備業は，とても警察に影響力を行使できるような組織とは言えない。当時の警備会社には前科者や元暴力団員が多く雇用され，水俣病の説明責任をめぐるチッソの株主総会で患者に暴力を振るう事件も起こるような，社会的問題を抱えた企業だったのである。警察官僚の天下りは，警察による効率的監視と警備会社の社会的信用

獲得を両立させるための方策である。警察と警備業のあいだに適切な協調関係が構築されるには，2003年の犯罪対策閣僚会議を待たねばならなかったと言われる（田中 2018）。

　このように，「多元主義的メカニズム」に基づいて日本の国内的安全保障を説明することは，実際のところ困難が伴うと言わざるを得ない。もっとも，あくまで「多元主義的メカニズム」による解説は教科書的な例示であり，『文化と国防』で示される日本政治理解は，多元主義論を批判して登場したネットワーク国家論の立場に近い。そこで次節では，ネットワーク国家論の観点からこの問題をとりあげてみよう。

C. 国家と社会の浸透　——ネットワーク国家論——

　現代民主主義国家では，国家が社会に対して一方的に権力を行使しているわけではないし，多元主義論が想定するように社会の側が常に強力なアクターとして存在するわけでもない。国家を代表するアクターとしての政党や行政官僚制は，セクターごとに存在する利益集団や市民社会組織と政策ネットワークを形成しており，政策ネットワークにおけるアクターの配置が政策決定に影響を与えているのである。代表的な研究は，ハイテク産業の成功要因を政府と企業の協調関係や企業間の系列関係に求めた，ダニエル・I・沖本の『通産省とハイテク産業』である。（沖本 1991; 真渕 1991; カッツェンスタイン 2007）。

　このようなネットワーク国家としての特徴は，先進民主主義国の多くに共通する現象であり，より深い考察に移るための出発点となる議論である。カッツェンスタインのもともとの研究対象は西ドイツであり，『文化と国防』でも日独比較によって両国の法規範と社

会規範が安全保障政策に及ぼす影響が考察されている。日本とドイツはともに第二次世界大戦における国際秩序に対する主要な挑戦者であり，国家と社会の相互浸透という「ネットワーク国家」としての共通点を持ちながら，アクターの共有する規範が異なるために安全保障政策に違いが生まれているのである。すなわち法規範を重視する法治国ドイツは普遍主義的かつドラスティックな方向性へと向かい，社会に埋め込まれた社会規範と道徳を重視する日本は，国際協調よりもドメスティックかつ漸進的な方向性へと向かうのである。

　さて，このようなネットワーク国家論は，政治学者だけでなく行政学者の手によっても紹介されてきた（真渕 1991）。その理由は，こうした国家と社会のあいだに張り巡らされるネットワーク関係こそ，日本行政の役割を知るうえで重要であると考えられてきたからに他ならない。先進民主主義国と比較した場合に，日本の公務員数が少ないことは疑いない事実である。1960年代に公務員数の増加抑制が始まった特異なケースでありながら，経済成長を遂げた背景には効率の良い行政官僚制の運用が存在するのではないかと考えられてきた（前田 2014）。ただしアジア太平洋地域の国際比較では，この評価は異なるものになる。そもそもアジア諸国の公務員数が全体的に少なく，その差はオーストラリアやニュージーランドのようなアングロサクソン諸国と比較すれば歴然である。同じ「アジアの先進国」である大韓民国や台湾も，日本同様に公的部門に雇用されている人々の数が少ない（Moon and Hwang 2013）。

　日本国内には，二つの比較対象がある。まず軍事的安全保障と国内的安全保障の対比という観点から，警察の人的規模を自衛隊と比較した場合，ここ約30年で大きな差が生じていることが分かる（図

図1　日本における警察と軍隊の成員規模（1970-2015年）⁽¹⁾

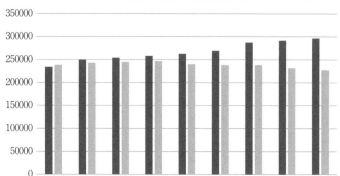

■警察　■自衛隊

1）。もう一つ，自治体行政における資源配分という観点も考えられる。警官の大部分は都道府県警の人員で占められるが，自治体の部門別職員数で見ても大きな差が出ている。1994年時点の人数を100％と換算した場合，2016年時点で「一般行政」では77.6％まで減員がなされているのに対し，「警察」は113％まで増員されており，この背景には国の計画の影響があるといわれる（西尾 2018）。

　このように，何を比較の基準に置くかによって，国内的安全保障や行政官僚制の置かれる文脈はかなり異なる。先進民主主義諸国として日本を位置付けるのか，それとも東アジアの一国として捉えるのか。軍事的安全保障と国内的安全保障の比較か，それとも地方自治における人的資源の問題なのか。とは言えこの論点の探究は未だ端緒についたばかりであり，本稿で紹介できる内容は限られている。次節では行政官僚制の側に目を転じて，1980年代における制度改革について検討しよう。

D.　政府としての決定と行動　──政府内政治（官僚政治）論──

　行政官僚制において，警察官僚はどのような位置を占めるのだろうか。カッツェンスタインと辻中の言葉を借りれば，「警察は公的な立場の弱さを，実質的な立場の強さで補っている」という（カッツェンスタイン，辻中 1991, 149）。ここに言う「弱さ」とは，行政的には内務省の解体に由来する分権的構造であり，政治的には国家公安委員長が行政委員会の長であるために，閣議で警察庁を代表しきれなかったことであるとされる。ただし後者は，国家公安委員長が戦後長らく自治大臣と兼任だったことを踏まえれば，違った解釈も可能かもしれない。他方「強さ」としては，内閣官房等への出向を通じて警察官僚が高い地位を占めるように至ったことや，キャリア官僚の選抜における東大法学部人気が挙げられている。ちなみに東大法学部の警察庁人気はその後も続いており，2000年時点では幹部の6割ほどが東大法学部出身者であった（稲継 2007）。

　1986年の中曽根政権による内閣官房改革で，国防会議は安全保障会議へと改組された。但し名称こそ安全保障であるものの，内閣官房に勤務経験を持つ千々和泰明によれば，実質的には「「国防・重大緊急事態」会議」であったという。ここで重大緊急事態として想定されていた先行事例は，Mig-25事件，ダッカ日航機ハイジャック事件，大韓航空機撃墜事件である。警察の所掌するハイジャック事件も含まれるために，国防会議時代とは異なり国家公安委員長も新たに加わることになった（千々和 2015）。

　それでは，政府アクターの持つ政治的影響力の強弱を，我々はいかなる基準に基づいて判断すれば良いのだろうか。この問題を考えるための補助線として，やや迂遠ではあるが「政府内政治（官僚政治）」モデルを手掛かりにしたい。政府内政治モデルとは，1970年

代に主として国際政治学分野で提唱されたモデルである。教科書的には政策決定のモデルとして紹介されることが多いが，実際には「決定のゲーム」と「行動のゲーム」の両方を含んでいる。代表的な研究としては，キューバ危機を対象とするグレアム・アリソンの『決定の本質』や，ジョンソン政権・ニクソン政権において勤務経験を持つモートン・ハルペリンの『アメリカ外交と官僚』が挙げられる（アリソン，ゼリコウ 2016; ハルペリン 1978; 大河原 1996）。政府内政治モデルの適用にあたっては，政府に存在する様々なアクターを影響力の強い「シニア・プレイヤー」とそうではない「ジュニア・プレイヤー」に選別し，彼らが政策課題をどの側面から着目するのかを論じた上で，「決定のゲーム」と「行動のゲーム」における意思決定や実際の行動を検討するという手順を取る（Allison and Halperin 1972）。

　政府内政治モデルの方法を踏まえると，内閣官房に置かれた安全保障会議への参加や高位の官僚ポストの獲得は，「シニア・プレイヤー」を措定する上での重要な根拠となる。但し警察官僚が新たに獲得したとされる内閣安全保障室の室長ポストは，1990年まで在任した第2代室長までは確かに警察官僚であったものの，第3代室長は自治官僚であり，第4代から最後の室長までは防衛官僚であった（千々和 2015, 95-118）。この事実を踏まえれば，1986年の内閣官房改革が警察官僚の政治的地位向上に直結したとは，必ずしも言えないだろう。

　しかしホワイトハウスにおける意思決定をもとに洗練された政府内政治というモデルは，首相の指導力が弱かった1980年代までの日本政治よりも，「官邸主導」が定着し首相のリーダーシップが高まった現代日本政治にこそ，適用しやすい。続く第3節では，1990年

代の統治機構改革によって安全保障政策の集権化が生じたことを紹介した上で，新たな統治体制における三つの論点—すなわち危機管理をめぐる分業体制，大臣責任論，政策会議の位置づけ，そしてそこでの「シニア・プレイヤー」達のあり方について論じていく。

3. 統治機構改革と集権化

A. 1990年代の転換　——新たな政策課題への対処に向けて——

　再び『文化と国防』の議論に戻ろう。カッツェンスタインは，1993年にアメリカのテキサス州で起こったブランチ・ダビディアン事件[2]とオウム真理教事件を対比させ，前者が多くの死者を出したのに対して，後者が2ヶ月ほどでオウム真理教の解散を行うことができたことを紹介する。この事例は，「非暴力」という規範が1990年代でも継承されていることの象徴である（カッツェンスタイン 2007）。しかしこのような連続性のなかでも，安全保障政策に変化が生まれないわけではない。例えば冷戦の終焉に伴う政党システムの変容は，自衛隊の位置づけを中心に安全保障政策の取り得る政治的選択肢を増大させたとされる。ここでは，1980年代から1990年代にかけて安全保障政策が転換を迫られた三つの要因をとりあげよう。

　第一に，国際化の影響である。戦後日本の中央省庁は，漸進的に国際化への組織的応答を迫られた。この現象は，軍事的安全保障の側にも経済的安全保障や農業的安全保障が加わったことで「総合安全保障」化を遂げたという日本の特質を加味して考える必要がある。「中央省庁における国際担当局部課」を纏めた資料によれば，1959年から1987年までの約30年間に，中央省庁全体で国際問題を所管する課の数は83課から154課へと増大している（今村 1997, 187-

209)。警察庁，外務省，公安調査庁などでも課の再編が行われ，人員が配置された。ただし自治省や警察庁が相対的に国内的関心の強い省庁であったために，これらの取り組みは「依然として遅々とした歩み」と評価される（カッツェンスタイン, 辻中 1991）。それゆえ西ドイツと比較すると，国際的な政策調整は遅れる傾向にあった。

　第二に，1995年の阪神・淡路大震災の影響による状況的安全保障との複合化である。警察・消防・自衛隊はいずれも初動対応の遅れを教訓にして，苦い経験を後の体制強化や装備の高度化に活かしていく（五百旗頭 2019）。

　第三に，国内的安全保障に要請される業務と装備の高度化である。すなわちかつての日本赤軍は火炎瓶等による放火を中心としてきたのに対し，オウム真理教はサリンや VX，炭素菌などの生物化学兵器を用いたテロリズムを行った。ただし化学兵器を用いたテロリズムに対して，日本の文化規範はマイナスに働いたとも評価される（宮坂 2002）。ほぼ時を同じくしてサイバー・セキュリティをめぐる問題も高度化を遂げた。

　ここでのポイントは，国際化，複合化，高度化という三つの課題のいずれもが，「内閣機能の強化」という行政改革の潮流と理論的に結びついていくことである。1980年代後半は，国際化の進展が日米貿易摩擦を生んだ結果，分権的構造をとる省庁官僚制の弊害が強く認識されるようになり，解決策として「内閣機能の強化」によるセクショナリズムの抑制が求められた時代である（待鳥 2020）。首相や内閣の補佐機構による「総合調整」機能の充実は，省庁横断的に対処しなければならない複合的な政策課題への応答のための方策として捉えられた。こうしたなかで情報収集活動の意義は再強調され，なかでもサイバー・セキュリティや衛星を通じた情報収集は内

閣官房の枢要な業務として位置付けられることになった。

　そこで本節では，「内閣機能の強化」に関する3つの論点を基軸として，現代の国内的安全保障をめぐる制度的課題について概観する。第一に，「内閣機能の強化」と連動して生じた1990年代の政治構造の変化の影響である。第二に，総合調整をめぐる分業体制の構築である。第三に，議院内閣制における国家公安委員長の位置づけである。

B. 55年体制の終焉と官邸主導　——統治機構の変容——

　1990年代は，選挙制度改革や地方分権改革などの様々な統治機構改革が行われた「改革の時代」であり，その効果は憲法典改正なき憲法改正として理解されることもある。なかでも中選挙区制を変更して小選挙区比例代表並立制を導入した選挙制度改革と，「内閣機能の強化」によって行政官僚制に対して政治家が優位に立つことを目指した行政改革は，執政長官である首相のリーダーシップを高めるのに役立ったとされる。まず選挙制度改革によって選挙区における議員の同士討ちが減少した結果，自民党における派閥の政治的影響力は縮小し，党首の重要性が高まった。また行政改革による内閣法の改正や内閣官房の強化と内閣府の設置は，重要政策における首相主導の政策形成を可能とした。これにより，55年体制における分権的な統治構造は一変し，より集権的な政治制度へと転換したのである。もっとも強い拒否権を有する参議院の存在や，中央政府の役割を弱める地方分権改革の影響によって，完全な多数決型の政治制度には至っていない（待鳥 2020）。

　こうした統治機構改革と連動する形で，日本政治には次のような変化が生じた。まず1993年の選挙制度改革前後から，自民党一党優

位体制と呼ばれた55年体制下の政党システムは大きく変化を始めた。『文化と国防』では，安全保障政策をめぐる新たな方向性として小沢一郎に象徴される国際協調・改革路線と，武村正義や橋本龍太郎に代表される保守主義・消極路線の存在のなかで，「憲法の（再）解釈によって，社会規範と法規範のバランスを計る日本の普通の政治が，主流となりそうである」という予測がたてられている（カッツェンスタイン 2007）。その後の日本政治の展開では2000年代に非自民党勢力が民主党へと結集することで「二大政党制化」しかけたものの，2010年代の政界再編によって民主党が立憲民主党や国民民主党などの小政党へと分裂してしまい，「一強多弱」と呼ばれる状態が長く続いている。

　ただし伝統的な「護憲・改憲」という対立軸のなかで集団的自衛権の行使が賛否両論を呼んだように軍事的安全保障をめぐる問題が政策争点化しているのに対し，国内的安全保障をめぐる警察力などの問題は合意争点化している傾向にある。例えば，2009年の衆議院選挙直前に民主党が発表した『民主党政策集 INDEX 2009』には「内閣」の項目で「治安対策」が掲げられているが，そこには「検挙率向上のため，日常生活に密着した「地域・刑事・生活安全」にかかる警察機能を拡充します。また，地域社会の防犯活動を支援します」と記されている。同じく2019年6月に自民党の政務調査会が発表した『総合政策集2019 J-ファイル』にも「良好な治安を確保するため，「『世界一安全な日本』創造戦略」に基づき，サイバー犯罪，組織犯罪，児童虐待，特殊詐欺等への対策を講ずるとともに，警察及び検察の人的・物的基盤の強化を推進します」という記述がある。どちらも重点的に資源投入を行う部門こそ異なるものの，全体として「柔軟性・総合性・非暴力」という1990年代までに形成さ

れた規範の枠内を出るものではなく，従来路線の継続を示すもので
あると言えよう。

C. 国内的安全保障をめぐる制度配置
――犯罪対策と危機管理――

　さて，ここで「『世界一安全な日本』創造戦略」という国の計画
が登場した。これは2013年12月に第2期安倍政権において閣議決定
されたものであり，東京オリンピックを見据えた7年間の犯罪対策
の基本方針を定めたものである。こうした閣議決定を根拠とする計
画策定の増加は，統治機構改革における行政改革の効果，すなわち
「官邸主導」を示すものであると考えられる。そこで再び統治機構
改革の話に立ち返って，行政改革における「内閣機能の強化」がい
かなる帰結を生んだのか見ていこう。

　第2節では国内的安全保障に関わるアクターの強弱を国家公安委
員長と警察官僚の制度配置から検討したが，こうした議論には「官
僚内閣制」とも呼ばれる55年体制の行政官僚制理解が反映されてい
る。日本の政策形成過程は各省所管課を起点としたボトムアップの
構造をとっており，各省大臣は行政官僚制の代理人として振る舞う
ため，首相の権限が制約されているというのが「官僚内閣制」論で
ある（飯尾 2007）。こうした官僚内閣制において政治的影響力を有す
るのは，実質的に政策立案権を保有する行政官僚制である。それゆ
え民主的統制を行うために，行政官僚制の権力を削るための統治機
構改革が必要と考えられた。しかし同時に，21世紀のグローバル化
時代を見据えた社会的課題への応答能力の向上も必要である。それ
ゆえ行政改革では，国家の役割を縮小すべきだとする「小さな政
府」志向と，「個々人の自律性を高めつつ公共部門が合理的に運営

図2　内閣官房組織図（2020年3月時点）⁽³⁾

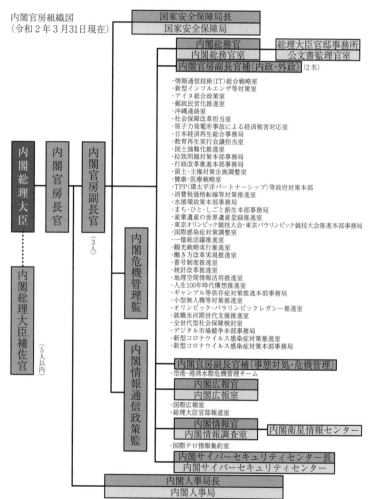

内閣官房組織図
（令和2年3月31日現在）

国家安全保障局長
国家安全保障局

内閣総務官
総理大臣官邸事務所
内閣総務官室
公文書監理官室

内閣官房副長官補（内政・外政）(2名)

・情報通信技術(IT)総合戦略室
・新型インフルエンザ等対策室
・アイヌ総合政策室
・郵政民営化推進室
・沖縄連絡室
・社会保障改革担当室
・原子力被害者生活支援チーム
・原子力発電所事故による経済被害対応室
・日本経済再生総合事務局
・教育再生実行会議担当室
・国土強靱化推進室
・拉致問題対策本部事務局
・行政改革推進本部事務局
・領土・主権対策企画調整室
・健康・医療戦略室
・TPP（環太平洋パートナーシップ）等政府対策本部
・消費税価格転嫁等対策推進室
・水循環政策本部事務局
・まち・ひと・しごと創生本部事務局
・産業遺産の世界遺産登録推進室
・東京オリンピック競技大会・東京パラリンピック競技大会推進本部事務局
・国際感染症対策調整室
・一億総活躍推進室
・観光戦略実行推進室
・働き方改革実現推進室
・番号制度推進室
・統計改革推進室
・地理空間情報活用推進室
・人生100年時代構想推進室
・ギャンブル等依存症対策推進本部事務局
・小型無人機等対策推進室
・オリンピック・パラリンピックレガシー推進室
・就職氷河期世代支援推進室
・全世代型社会保障検討室
・デジタル市場競争本部事務局
・新型コロナウイルス感染症対策推進室
・新型コロナウイルス感染症対策本部事務局

内閣官房副長官補（事態対処・危機管理）
・空港・港湾水際危機管理チーム

内閣広報官
内閣広報室
・国際広報室
・総理大臣官邸報道室

内閣情報官
内閣情報調査室
内閣衛星情報センター
・国際テロ情報集約室

内閣サイバーセキュリティセンター長
内閣サイバーセキュリティセンター

内閣人事局長
内閣人事局

内閣総理大臣
内閣官房長官
内閣官房副長官（3人）
内閣危機管理監
内閣情報通信政策監
内閣総理大臣補佐官（5人以内）

図3　内閣官房副長官補室における分室の設置状況[4]

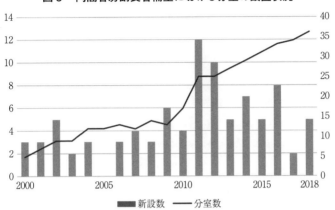

されることで政策課題に対する応答能力を高める」理念に基づく「強力な政府」志向が併存したとされる（待鳥 2020, 144）。

　中央省庁再編以降，内閣官房の役割は飛躍的に高まった。図2は2020年3月現在の内閣官房組織図であり，図3は図2で「内閣官房副長官補（内政・外政）」の下に記載されている「分室」が時系列とともに増加したことを示すものである。「官邸主導」が定着するなかで，多くの調整案件が首相直属の組織に持ち込まれたのである。

　政策形成における官邸の比重が高まるなかで，政策形成の場となるのが内閣に置かれる「政策会議」である。ただし「政策会議」の制度的基盤は多様である。嚆矢的研究では，設置根拠を法律するものや閣議口頭了解とするものなど多種多様なものが扱われている（野中, 青木 2016）。法律に根拠を持つ「政策会議」に限定した場合，「内閣・内閣府」に置かれた合議体組織の急増が目立つ（砂原, 小林, 池田 2020）。

　軍事的安全保障では2013年に改組設置された国家安全保障会議

（内閣官房）が重きをなし，状況的安全保障では分野別に中央防災会議（内閣府・重要政策会議）や新型コロナウイルス感染症対策本部（内閣官房）などの諸会議が存在するのに対し，国内的安全保障のコアとなる「政策会議」は，2001年に閣議決定で置かれた国際組織犯罪等・国際テロ対策推進本部と，2003年に置かれた閣議口頭了解によって置かれた犯罪対策閣僚会議である。この犯罪対策閣僚会議には，2020年6月時点では銃器対策推進会議（議長：国家公安委員長），薬物乱用対策推進会議（議長：厚生労働大臣），人身取引対策推進会議（議長：内閣官房長官），再犯防止対策推進会議（議長：内閣総理大臣の指名する国務大臣，2020年現在は法務大臣）という4つの「子会議」が置かれている。これらの国内的安全保障に関する「政策会議」では，関係省庁の部局長級官僚が幹事に任命されることにより「幹事による統合的調整」が活用される（宇賀 2019）。

　内閣官房があまりに多くの調整案件を扱うなかで，運用における鍵となるのが人的資源の配分である。国家安全保障局や内閣情報調査室などに専任者が割りあてられる一方で，内閣官房副長官補室及び分室の業務は併任者を中心として担われてきた。これは橋本行革的な行政改革構想が，現在でも持続していると見て良いのかもしれない。1998年の内閣危機管理監の設置や，2001年の内閣安全保障室の内閣安全保障・危機管理室への改組，そして中央省庁再編における内閣官房情報セキュリティセンターの拡充や日本版 NSC 構想に基づく国家安全保障会議の設置というように，危機管理は「内閣機能の強化」をめぐる中心的論点であり続けた。歴代の内閣危機管理監は，いずれも警察官僚である（千々和 2015）。他方で警察行政に関しては「「橋本行革」においてすら，警察行政の範囲について若干の議論があったことを除き，警察機構に対する組織変更が検討され

なかった」とされる（飯尾 2001）。ここにいう「若干の議論」として，例えば法務省外局の公安調査庁や厚労省所管の麻薬取締行政を含めた治安行政一元化の可能性が検討されたが，結局のところ実現することはなかった（上田 2005）。こうした危機管理と治安行政の対比的構図は，議院内閣制における大臣責任論に及ぶような論点を提起している。そこで次項では，国家公安委員長と内閣府特命担当大臣のあり方からこの問題に接近してみよう。

D. 議院内閣制と大臣責任論 ──国家公安委員長と防災大臣──

　日本に限らずあらゆる議院内閣制をとる国々にとって，執政部を考察する基礎となるのは，執政長官たる首相，合議体としての内閣，そして内閣制度の規定次第で多様な性格を与えられうる国務大臣という3要素の相互関係である。すなわち「首相主導」の強弱や閣議の発議権によって，大臣責任のあり方は内閣としての連帯責任を重視したものになるか，それとも首相の代理人として所管分野への監督を反映したものになるかが分かれることになる。このような理論枠組のなかで現代日本の議院内閣制を位置付けるならば，2001年の中央省庁再編以来「首相主導」という傾向こそ強まったものの，依然として分担管理に基づく個別責任という側面が強いと言われる（川人 2015）。

　個別責任型の大臣責任論において，国家公安委員長はややイレギュラーな立ち位置にある。国家公安委員会は，政治的統制から分離されるはずの行政委員会でありながら，国務大臣を有する唯一の「内閣府大臣委員会」となっている。中央省庁再編以前の「総理府大臣委員会」時代から国務大臣の存在が，政治家と行政官僚制の間に横たわるエージェンシー問題の解決手段として評価される一方

で，国会との関係において国務大臣が十分な説明責任を果たしえず「絶縁体」として機能しているという，両義的な評価が存在しているのである（伊藤 2003; 飯尾 2001; 牧原1996）。

　大臣責任論の立場，つまり国家公安委員長による民主的統制と対国会関係における説明責任という観点からは，2000年12月の第2次森政権において国家公安委員長がそれまでの自治大臣との兼任体制から外れ，防災担当大臣との兼任へと変化したことは，「専任の国家公安委員長を持つ体制に近づいた」と評価される（飯尾 2001）。国家公安委員長と防災担当大臣の兼任は，2020年までの20年間においてほぼ定着した動きであり，第1次小泉政権と野田政権の一時期を除いてほぼ慣例化している。

　他方で，安全保障政策をめぐるポートフォリオという観点からは，こうした閣僚兼任の定着は国内的安全保障と状況的安全保障の「総合調整」が，一人の閣僚によって担われることを意味している。こうした兼任は，防災大臣と国家公安委員長のどちらに軸足を置くかによって評価が分かれるかもしれない。防災大臣に重きを置くならば，平時から緊急事態への移行において大臣秘書官等を中心として調整を行いやすい状況が構築されているとも考えられる。他方国家公安委員長に重きをおけば，政策統括官組織としての内閣府防災が制度化を続ける状況において2001年時点よりも専任体制から相対的に遠い状況へと変化したとも考えられる。大臣責任，政策別の役割分担，総合調整をめぐる論点は，今や一体となっているのである。

4．今後の展望に向けて

　本章では，サミュエル・ハンチントンによる安全保障政策の三つ
の形態を手がかりとして，国内的安全保障について現代日本政治論
の視点からいかなる問いが立てられるのか，について論じてきた。
第2節では1970〜1980年代を主たる対象として日独比較を行った
『文化と国防』という古典的著作を中心として，日本政治の通説的
見解や他の政策分野との比較を行いながら，国内的安全保障が特殊
な文脈に置かれることを論じてきた。第3節では，1990年代の統治
機構改革が生んだ政党システムの変化や「官邸主導」という政策形
成スタイルのなかで，集権的な制度改革が行われたことを紹介しな
がら，国内的安全保障をめぐる分業体制と大臣責任のあり方を検討
してきた。

　整理した論点を振り返れば，次の3点に要約できる。第一に，国
内的安全保障ではネットワーク国家論が想定するように，国家の影
響力が社会に浸透することで，圧力団体間の政策対立が少ない協調
的な関係が形成されていることである。警察側も暴力行使に抑制的
な規範を有していると言われ，そのことが市民に高い信頼をもたら
している。

　第二に，警察官僚の政治的影響力である。カッツェンスタインら
の主張とは裏腹に，1986年の中曽根行革の影響は，1996年時点で観
察されたほど大きくない。しかし2001年の中央省庁再編に伴う内閣
機能の強化，特に内閣危機管理監の設置などを経て，国内的安全保
障における警察官僚の重要性は高まっていると考えられる。ただし
官邸主導の拠点となる政策会議の制度化は，危機管理と犯罪対策で

対照的である。

　第三に，今後の研究課題として国際比較と内閣制度にまつわる論点が考えられる。まず国際比較では，OECD諸国よりもアジア諸国を比較対象として，公務員の少ない国家における国家と社会の関係を明らかにする必要があるだろう。内閣制度の観点からは，大臣責任論における国家公安委員長の役割が，あまり脚光を浴びることは少ないが重要な論点である。

　そのほか，触れることのできなかった論点は下記の点がある。具体的には，犯罪対策における総合調整，自治制度との関係，軍事的安全保障との比較などである。近年は有事における国民保護のあり方も脚光を浴びつつあることから，異分野の政策調整に警察官僚が果たす役割の解明は今後の重要な論点である。

　本章を閉じるにあたり，最後に比較政治学と行政学における文化主義及び規範研究の可能性について触れたい。独立変数としての文化や規範は，アクターの合理的行動やそれを制約する制度に着目した議論に対して，日本で強く注目されてきたとは言い難い。しかし東アジアを比較対象国として国家と社会の関係に目を転じる場合には，規模の小さい公共部門を有する国々の文化を独立変数とした研究可能性の展望が拓けている。国内的安全保障をめぐる国家と社会の関係の考察は，暴力装置のあり方という国家論の中心をなす問いに答えることでもある。本章のような概論的な話ではなくて，今後この分野の政治学的研究が深まることを願ってやまない。

　［注］
（1）　警察の人数は，警察庁と都道府県警の警官及び一般職員を含めた総人
　　　数である。また自衛隊の人数は，充足数である。1985年までは村松，伊藤，

辻中（2001）に，それ以降は『警察白書』1991, 1996, 2000, 2005, 2010,
2015及び『防衛白書』1990, 2010, 2015に依拠した（古い版では前年度末
の定員に基づいて掲載されている）。
（2）　カルト宗教に対する強制捜査を行なった結果，80名を超える死者を出
した事件。
（3）　出所：内閣官房ウェブサイト（https://www.cas.go.jp/jp/gaiyou/
index.html）.
（4）　出所：内閣官房副長官補室編『事務概要』令和元年度版，p. 10
（5）　本部長は内閣官房長官，副本部長に国家公安委員長。
（6）　内閣総理大臣を主宰とし，構成員は全閣僚。なお内閣官房副長官補室
『事務概要』令和元年度版には，設置根拠別に内閣官房副長官補室（内
政・外政）が庶務を担当する会議として118（「子会議・孫会議」も含める
と141）の「政策会議」が記載されており，その設置根拠別の内訳は，法
律13（子会議14），閣議決定15（子会議4，孫会議1），閣議口頭了解13
（子会議4），閣議了解2，内閣総理大臣決裁及び内閣官房長官決裁39，関
係省庁申合せ17，懇談会等行政運営上の会合17，副大臣会議及び大臣政務
官会議がある（アドホックな会合を除く）。

［文献］

Allison, Graham T., and Morton H. Halperin. 1972. "Bureaucratic politics: A
paradigm and some policy implications". World politics 24 (1): 40-79.

Moon, M. Jae, and Changho Hwang. 2013. "The state of civil service systems
in the Asia-Pacific region: A comparative perspective". Review of Public
Personnel Administration 33 (2): 121-139.

アリソン，グレアム・T, ゼリコウ，フィリップ. 2016. 『決定の本質：キ
ューバ・ミサイル危機の分析』. 第2版. 日経BP社.

飯尾潤. 2001. 「警察行政における政官関係の課題」，「警察行政の新たなる
展開」編集委員会編. 『警察行政の新たなる展開』東京法令出版.

―――. 2007. 『日本の統治構造：官僚内閣制から議院内閣制へ』. 中央公論
新社.

伊藤正次. 2003. 『日本型行政委員会制度の形成：組織と制度の行政史』. 東

京大学出版会.

五百旗頭真. 2019.「平成史：大災害頻発の時代（上)」.『アステイオン』91: 284-306.

稲継裕昭. 2007.「キャリア官僚リクルートメントの変容—ベストアンドブライテストから見離された霞ヶ関?」『法学雑誌（大阪市立大学)』54 (2): 1014-57.

猪瀬直樹. 2016.『民警』. 扶桑社.

今村都南雄. 1997.『行政学の基礎理論』. 三嶺書房.

上田啓史. 2005.「交通安全政策における中央省庁再編–組織論の視角から」. 『早稲田政治公法研究』, 78：1-42.

宇賀克也. 2019.『行政組織法／公務員法／公物法 第5版』. 有斐閣.

大河原伸夫. 1996.『政策・決定・行動』. 木鐸社.

大嶽秀夫. 1996.『現代日本の政治権力経済権力：政治における企業・業界・財界. 増補新版』. 三一書房.

―――. 2005.「『レヴァイアサン』世代による比較政治学」.『日本比較政治学会年報』7：3-25.

沖本，ダニエル・I. 1991.『通産省とハイテク産業：日本の競争力を生むメカニズム』. サイマル出版会.

カッツェンスタイン，ピーター. J.，辻中豊. 1991.「日本の国内安全保障政策——一九七〇・八〇年代におけるテロリズムと暴力的社会抗議運動への政治的対応」.『レヴァイアサン』8：145-164.

カッツェンスタイン，ピーター. J. 2007.『文化と国防：戦後日本の警察と軍隊』. 日本経済評論社.

川人貞史. 2015.『議院内閣制』. 東京大学出版会.

砂原庸介，小林悠太，池田峻. 2020.「政策会議は統合をもたらすか：事務局編制に注目した分析」.『季刊行政管理研究』, 169：22-38.

高橋洋. 2009.「内閣官房の組織拡充：閣議事務局から政策の総合調整機関へ」. 御厨貴編『変貌する日本政治：90年代以後「変革の時代」を読みとく』, 勁草書房, 127-60.

田中智仁. 2018.『警備ビジネスで読み解く日本』. 光文社.

千々和泰明. 2015.『変わりゆく内閣安全保障機構：日本版NSC成立への

道』. 原書房.

辻中豊. 2002. 『現代日本の市民社会・利益団体』. 木鐸社.

———. 2016. 『政治変動期の圧力団体』. 有斐閣.

西尾隆. 2018. 「基調講演 ミニマム論の視点から『人手不足』を考える（第46回『都市問題』公開講座 自治体の『人手不足』をどう乗り越えるか）」. 『都市問題』109（1）：4-19.

野中尚人, 青木遥. 2016. 『政策会議と討論なき国会：官邸主導体制の成立と後退する熟議』. 朝日新聞出版.

ハルペリン, モートン・H. 1978. 『アメリカ外交と官僚：政策形成をめぐる抗争』. サイマル出版会.

ハンチントン, サミュエル.P. 2008. 『軍人と国家（上）』. 原書房.

前田健太郎. 2014. 『市民を雇わない国家：日本が公務員の少ない国へと至った道』. 東京大学出版会.

牧原出. 1996.「内閣・官房・原局（2）─占領終結後の官僚制と政党」『法学』60（3）：461-536

———. 2018. 『崩れる政治を立て直す：21世紀の日本行政改革論』. 講談社.

待鳥聡史. 2020. 『政治改革再考：変貌を遂げた国家の軌跡』. 新潮社.

真渕勝. 1991. 「カッツェンシュタインの行政理論─行政研究の外延」. 『阪大法学』41（2・3）：p 599-616.

宮坂直史. 2002. 「テロリズム対策における戦略文化─一九九〇年代後半の日米を事例として─：国際政治と文化研究」. 『国際政治』129：61-76.

村松岐夫, 伊藤光利, 辻中豊. 2001. 『日本の政治. 第2版』. 有斐閣.

第2章　主権国家と安全保障に関する
　　　諸概念と論理

鈴 木 一 敏

　平和と安全保障は，古くから人類を悩ませてきた問題である。有史以降，多くの思想家が戦争についての記録を重ねてきたが，それ以外にも歴史として残されることが叶わなかった思索が無数にあることだろう。文字による記録と電子化による集積が容易となった現代では，科学的手法も活用しつつ，国際社会の性質や平和の条件について蓄積が続けられている。平和に向けた完全な処方箋にはいまだ辿り着いていないが，なかには一定のコンセンサスが得られている論点もあるし，議論を組み立てる際に共通の前提として用いられるような概念もある。そのような基本的な知識や概念を知ることは，表面的な主張の繰り返しを越えて建設的に理解を深めてゆくために不可欠である。そこで本章では，主権国家，国際アナーキー，勢力均衡，民主主義平和論，そしてそれらに関連する事実や概念について，順次解説してゆく。

1．主権国家とその性質

　広辞苑によれば，平和とは「戦争がなくて世が平穏である」ことを指す。そして戦争とは「武力による国家間の闘争」のことであ

る。もちろん，武力闘争は，国家間だけで生じるわけではないし，個人の間のものであっても十分に重大である。しかし，被害の規模から見れば，国家が行う戦争は際立って重大である。ラセット博士によれば，1998年から2013年の国家間戦争の死者数は，同時期のテロによる死者数の20倍近くに及ぶという (Russett, 2016: 71)。テロや難民などの問題がメディアを賑わせ，NGO（非政府組織）の活躍が脚光を浴びる中で生活していると忘れてしまいがちであるが，国際社会において国家のもつ潜在的影響力は抜きん出ている。しかし，その「国家」とは，そもそも何だろうか。

A. 国家の多様性

「国家」は多様である。オーストラリアやロシア，アメリカ，ブラジルのように巨大な領土を持つ国家もあれば，ブルネイやパラオのように小さな国家もある。地理的にも，大陸を占めるような国もあれば，半島国家も島国もある。国内の統治形態を見ると，民主主義国もあれば王政や独裁の国家もある。10億を超える人口を擁するインドや中国のような国もあれば，モナコやリヒテンシュタインのように 3 万 5 千程度の人口しか持たない国もある（ちなみにマツダスタジアムの収容人数は 3 万 3 千である）。スイスやルクセンブルクの一人当たり GDP は800万円を超えるが，南スーダンやモザンビークでは 5 万円に満たない。このような多様な主体を「国家」と一括りにして良いのだろうかと，疑問に思えるほどである。

　これらをおしなべて「国家」と呼べるのは，ほぼ共通する特徴があるからである。それは，国境線に囲まれた領域を支配し，かつその支配領域の中で絶対的な権限を持っていることである。国家は独立しており，国内で正統な暴力を独占し，徴税や刑罰などのルール

を自ら設定している。こうした権限を「主権」という。独立した国家の場合，国内での政策決定について最終的な権限を持ち，外部の権力に決められることは無い。もちろん外国に圧力をかけられることは現実問題としてあるのだが，それでも，最終的に圧力に屈するという決定を（たとえ形式的なものであれ）行うことができるのは，その国家の主権者のみである。主権は国際社会の中で尊重されており，他国の主権をないがしろにするような言動は，非難の対象となる。明示的な共通ルールに基づくわけではないが，互いに主権や自律性を尊重するというあり方が慣習化して事実上の正統とされている点で，ある種の規範とみることもできる。このような主権を持つ国家は，「主権国家」と呼ばれ，現代の国家のスタンダードになっている。だからこそ，領域内の暴力の独占や法の制定・施行など能力の面で期待される水準に達していない国家は，しばしば「失敗国家（failed state）」と呼ばれるのである。

B. 主権国家以前の世界

　この「国家」像は，いまさら指摘する価値もないほど当たり前に思えるかもしれない。しかし歴史をひも解くと，このような形の国家が世界中で「当然」となったのは，比較的最近のことである。現代の主権国家の直系の先祖は，中世ヨーロッパの後期に生み出された。それ以前は，現在とは異なる形の国家が跋扈しており，「支配領域の明確さ」や「内部での権限」という点で現代とは違いがあった。

　中世のヨーロッパの主要な政治主体には，もちろん国家も含まれた。しかしそれは，都市国家や王国や帝国など様々な形のものを含んでいた。それらに加えて，教会やギルド等も政治主体としての役

割を果たしていた。もちろん，現代でもこれらに類似した主体は存在するのだが，中世ヨーロッパが現代と異なるのは，これら多様な主体が領域支配と権限において互いに重複・競合していた点である。

　まず，中世の政治主体の支配領域は，現在よりも複雑かつ曖昧であった。当時，支配領域は，戦争，婚姻，相続等によって，しばしば統合されたり分割されたりしていた。これに加えて，教会領・修道院領なども，時には別の政治主体の支配領域内に飛び地のように点在していたし，城壁を持つ独立都市も同様であった。小領主や騎士は，神聖ローマ皇帝や諸侯などと契約を結び，兵役や納税の義務を負う代わりに，領土（封土）を与えられていた。この契約は，複数の王と結ばれることもあったし，土地の又貸しも行われていた。結果，それぞれの政治主体の支配領域は入り組んだり重複したりしており，現代のように明確かつ排他的な国境線を引くことは困難であった。当時の政治主体は，必ずしも排他的な領域を基礎としていなかったのである。

　さらに，支配領域の中の権限についても現代とは違いがあった。多様な政治主体が重層性を持って存在し，さらに，封土を与えている神聖ローマ皇帝や国王のみならず，領域外の教会といった勢力までもが，状況次第で他者に干渉するのが普通であった。現代であれば国内問題について外国に干渉されるべきでないとされているが，中世では，そうした規範が比較的希薄であった。よって，ある地方の支配者がどのような権限を持つかは，契約と力関係に依存していた。国王や教会が諸侯や都市の行動を制約していた場合もあれば，そのような干渉を排することに成功していた例もある。どんな小国であっても自国内のルールを自律的に決定することが当然視される

という，現在の主権国家像とは異なっていたのである。

C. 主権国家の創出と拡散

　こうした混沌のなかから現在のような主権国家が誕生したのは，
30年戦争後のウェストファリア講和条約（1648年）が契機であると
いうのが通説である。この条約は，宗教対立による戦争の講和であ
ったことから，領主の宗教を領地の宗教とすることが原則とされ
た。このことは，異なる価値観を持つ領主に対して干渉しないこと
によって，政治主体を領域ごとに棲み分けさせる意味を持った。ま
た，世俗の権力に対して立法，宣戦布告，徴税，外交の権限を認め
ることが公式に確認されている。実質的には，ドイツを中心とした
地方の諸侯が，ローマ教皇や神聖ローマ皇帝といった外部の権威か
ら自律性を確保したのが，この条約の重要な点である。これによっ
て，明確な支配領域内において，外部から干渉されずに自律的に政
策決定を行うことが公的に認められた。主権国家が誕生したと言わ
れる所以である。

　なお，最近の研究によって，中世から主権国家システムへの移行
はウェストファリア条約によって突然行われたのではなく，よりな
だらかに，1500年代から1700年代にかけて徐々に起こったとの理解
も広がっている（山影，2012）。というのも，ウェストファリア条約
以前にも主権国家に近い方向へ変貌を遂げつつあった国家もあった
し，条約以降にも中世的特徴が残されていたからである。

　イングランド国王が国教会を設立し，自らをその唯一の指導者と
したのは，ウェストファリア条約よりも100年余り前のことである。
この時期には既にフランスやスペインにおいても王権の強まりとと
もにその自律性は高まりつつあった。ドイツ地方では有力な諸侯は

以前から事実上の自治を得ていたし，1555年には領主がルター派プロテスタントを領土の宗教とすることが認められていた（アウグスブルク和議）。条約以前から各国の自律性は高まる方向にあったのである。

　一方，条約後にも中世的特徴は残っていた。ウェストファリア条約では，スウェーデン女王がバルト海地方の領地を神聖ローマ皇帝から封土として貸し与えられているし，条約会議には国家だけでなく都市の代表も多数参加している。いずれも，明確な領域支配を前提とした主権国家システムというよりは，雑多な中世的システムにみられた特徴だと言えよう。

　要するに，16世紀から18世紀にかけて，明確な領域を支配し，かつ，その中で自律的な政策決定を行う主権国家が形作られて，既成事実化していった。ウェストファリア条約はその変化の中の重要かつ象徴的な出来事であったと見做すことができる。

　こうして生まれた主権国家というシステムが欧州で優勢となり，1800年代後半のイタリアやドイツの統一といった出来事を経て，その後の主権国家システムのプレーヤー構成が固まっていった。このプロセスと前後して，ヨーロッパ各国は世界に植民地を獲得していった。のちにこうした植民地が徐々に独立することによって，主権国家は増加し，主権国家システムはその領域を広げていった。アメリカの独立，ラテンアメリカ諸国の独立によって，西半球では多くの主権国家が誕生した。その後は長らく主権国家である欧米とその従属領域のアジア・アフリカという構図が続いていたが，太平洋戦争をきっかけに引き起こされたアジア諸国の独立，それに続く中東・アフリカ諸国の独立という波によって，世界地図は根本的に塗り替えられた。地球が主権国家によってほぼ覆いつくされるまでに

なったのは，ほんの数十年前の出来事なのである。

2. 国際システムと分析レベル

A. 分析レベル

　では，その主権国家という主体は，なぜ戦争を起こしてしまうのだろうか。有史以来，様々な思想家が継続的に挑戦した課題であるが，導き出されてきた答えは実に多様であり，論争はいまだ尽きない。国際政治学者のケネス・ウォルツ博士は，これらの複雑かつ雑多な議論を，なんとたった三つのグループに整理してしまった (Waltz, 1954)。

　第一は，人間のレベルに着目して，政治指導者の性格や人間一般の性質に戦争の原因を求める議論のグループである。これを第一イメージと呼ぶ。アドルフ・ヒトラーやサダム・フセインといった個人に着目する議論もあれば，性善説や性悪説のように人間全体に関する議論もある。最近では，心理学による発見に戦争の原因を求める例もある。たとえば，人間は，同一集団の所属者を優遇する一方で部外者に対して排他的になることがある。この傾向が集団間の闘争の大きな要因であると論じられる。

　第二のグループは，国家や政党などの組織レベルの性質に戦争の原因を求める議論である。第二イメージと呼ばれる。たとえば，独裁国家という組織を考えてみよう。成熟した民主主義国家では職を失った指導者は「ただの人」になるだけで済むが，権力を失った独裁者には遥かに厳しい運命が待っている。選挙の洗礼を受けていない独裁者は，統治の正統性を疑われやすく，そうなれば即座に革命やクーデターの危機に晒される。暴力で維持している政権は，暴力

でしか倒せないからである。ルーマニアのチャウシェスク夫妻やリビアのカダフィ大佐の末路を，世界の独裁者が知らぬはずはない。そこで独裁者は，国民の味方を演じて統治の正統性を主張するために，外国との軍事的緊張を高めることがある。選挙による政権交代の可能性が無いという国家体制の特質から出発して，戦争を引き起こしやすい誘因を説明する議論である。軍産複合体が戦争を起こしやすくするといった説や，後述する民主主義平和論も，この第二イメージに含まれる。

　第三イメージは，国際システムのレベルに着目する。システムがどのような主体によって構成されているか，有力な国家が多い多極であるか，二つだけの二極であるか，あるいは覇権的な国家がいる単極であるかなど，システムそのものの構成に戦争の原因を求める。

　ウォルツは，第三イメージがシステム理論であるのに対して，第一および第二イメージは還元主義（reductionism）であると指摘している（Waltz, 1979）。ここでいう還元主義とは，対象を構成要素ごとに分解して，個々の要素について調べてゆくことによって，最終的にその対象全体を理解しようとするアプローチのことである。国際社会を知るために，その構成要素である国家，その内部の政府組織や政党組織，そしてそれらを構成する人間へと，文字通り「分析」してゆく。

　一方，第三イメージは，システムの構成要素の内容を捨象して，システム全体が生み出す特質に着目する。これは，企業による値上げを説明するために，市場が独占的か競争的かを見るのに似ている。独占市場では，企業は値上げに出ることが多いが，競争的な市場で同じ行動を取る余地はあまりない。社内の部署の構成や経営者

個人の信念も重要なヒントになるかもしれないが，市場が独占的か競合的かというシステムレベルの要因は，システム内部の構成要素（企業，部署，経営者）がどうかであるかに関わらず，すべての企業の行動を一定の方向に押し流す。そしてこのシステムレベルの要因の動態（市場全体の独占度の変化）は，個別の企業を市場から取り出してきて，内部をどんなに詳細に観察しても，見出すことはできない。システム全体は部分の合計以上である。構成要素が結びつくことで新たに生じる性質は，分解したら見えなくなってしまうのである。

B. 国際アナーキー

　第三イメージに当てはまる要因はいくつも考えられる。しかし，その中でも主権国家システムの最も基本的な特徴とされるのが，国際アナーキーである。「アナーキー」の辞書的な意味は，個人に対する組織的な統治の欠如，つまり無政府状態や，場合によっては無秩序のことである。一方，国際関係論分野の術語としての「国際アナーキー」は，ヒエラルキーの対義語であるとされ，国際社会において諸国を統治する上位の権威が存在しないことを指している。これは，必ずしも無秩序を意味しない。国家は同盟を作って組織的に自衛することもあるが，それでも，互いに相手に損害を与えうる能力を持ち，かつ，上位の権威を持たない自律的主体が併存するという「国際アナーキー」の構造自体は同じだからである。諸国家は常にその存続や自律性を脅かされるリスクに晒され，その恐怖から逃れられない。これは，警察が存在しない社会で市民が感じるであろう不安と似ている。

　その恐怖が戦争の原因になると指摘したのは，古代ギリシャのトゥキディデスであった。彼は『戦史』において，当時未曾有の大戦

争であったペロポネソス戦争がなぜ起きたのかを説明している。スパルタとアテナイは，一時協力してペルシャ戦争に勝利したあと，停戦協定を結び，緊張を孕みつつも平和を維持していた。この停戦が破棄されたことで，大戦争の幕が開けたのであった。トゥキディデスは，きっかけとなった事件に世間の注目が集まりがちで，開戦の真の原因が見えにくくなっていると前置きしたうえで，「このことを研究するであろう後世の人々の労力を節約するために」，次のように端的に原因を指摘し，自らの洞察力を見せつけている。

> こうした見方はほとんどされていないが，私が思うに最も核心的な理由はこうである。アテナイ人が成長して強大になっていった。そのことがスパルタ人に恐怖を与え，戦争へと駆り立てた。(*The History of the Peloponnesian War*, Book 1, Chap. 23, Translation by Charles Forster Smith より筆者が和訳)

　もともとスパルタは軍事的に強大であったが，アテナイがエーゲ海地方の交易から得た利益を背景に急速に勢力を伸ばし始め，スパルタの同盟国を勢力下に置き始めた。そのままアテナイの成長が続けば，スパルタの安全が脅かされるかもしれない。スパルタを中心としたペロポネソス同盟は熟慮の末，アテナイ率いるデロス同盟との開戦に踏み切ったのだった。

　この開戦に至る経緯には，「国際アナーキー」の影響が明らかである。多数の都市国家から構成された当時のギリシャ世界は，主権国家間のシステムに酷似している。互いに相手を滅ぼし得る力を持ち，かつ，上位の権威が存在しないため，常に侵略される恐怖から逃れられない。実際，独立を失った国家のたどる運命は悲惨たりえた。デロス同盟への服従を拒否したメロス島は最終的に全面降伏し

たが，その際，成人男子は全員処刑され，女子供は奴隷にされた。当時そのような処遇はルール違反と考えられていたようだが，ルールを守るかどうかは最終的には勝者の判断であり，皆殺しの危険はもとより歴然と存在していたのである。そして，アテナイ側からすれば，上納を断り続けた小国に甘い対応をすることは，自らの弱みを見せることになり，最終的に自らの統率力を削ぐことになる恐ろしい選択だったのだ。このように権勢を誇ったアテナイも，最終的にはペロポネソス同盟によってその城壁を包囲され，今度は自らが勝者の慈悲に縋ることになったのである。

　さて，警察によって治安が維持されている国内社会で，隣人に対して同じような恐怖を抱くことは少ないだろう。それは，国際社会の構成原理が，国内社会のそれとはまったく異なるからである。システムの構成原理は，ゲームのルールのようなものである。プレーヤーの性格や性質によって多少の幅はあっても，基本的なプレーの仕方は制約され似通ってくる。次節以降に詳述するように，現実には国際アナーキーにおいても国家の行動には幅があるし，その結果生み出される秩序にも様々な形がありうる。しかし，システムの構造から生み出される恐怖は，国際アナーキーの構造が同じである限り根底にあり続けるということは，心に留めておく必要がある。

3．勢力均衡論

　では，主権国家が構成する国際アナーキーの中で，戦争を防止する方法はあるのだろうか。古代から実践されてきた知恵の一つが，勢力の均衡を目指した政策である。

A. 現象としての勢力均衡

　勢力均衡（balance of power）という術語は，直接的には，主体間あるいは同盟間での力の分布，特にそれが釣り合っている状態を指す。互いに相手の攻撃を思いとどまらせる（抑止する）ことによって，戦争が生じにくい状態が生じるのである。たとえば，朝鮮戦争停戦後の38度線は，力の均衡によって攻撃が抑止されてきた例と言えるだろう。

　二者の力が均衡するというのは，たとえば腕相撲などを想像すると起こりにくい事象に思えるだろう。しかし，通常の軍事力を想定すれば，両者の力が等しくなくても均衡は可能である。敵国に攻め込んで前線までの距離が延びれば攻撃側が発揮できる軍事力は減衰するし，地形に合わせた準備ができる分だけ防御側の方が攻撃側よりも有利とされるからである。ちなみに，第一次世界大戦以降の経験からは，攻撃側は防御側の3倍の兵力を必要とすると言われている。また，孫子の兵法では2倍の兵力での攻撃は不安だとの記述がある。アテナイとメロス島のような圧倒的な力の差があっても，メロス島は10年近くにわたって銀の上納を拒否し続けたし，降伏するまでに数か月以上の包囲戦に耐えている。たとえ総力で劣っていても，アテナイが船で送り込み補給を継続し得る兵力に対抗し，機を見て突破して補給を続けられる規模の軍備があれば，侵攻を抑止できただろうことは想像に難くない。

　実際，大国に隣接した小島であっても防衛し続けた例はある。台湾は金門と呼ばれるいくつかの小島を中国大陸からわずか数キロの位置に現在でも領有し続けている。1949年に共産党軍が大挙して上陸したことがあるが，周到な準備と機転でこれを文字通り殲滅して以降，度重なる砲撃と海上封鎖に耐え続けた結果である。共産党軍

はその後も激しい砲撃を続けていたが，アメリカ軍から長距離砲を受け取った台湾側が共産党側の陣地に反撃を加えられるようになってからは，共産党側はあえて無害な場所に砲撃の標的を定めるなどして自制するようになった。相互の抑止が成立したとみることができるだろう。このように，国力に差があったとしても，敵の侵攻を阻止する能力あるいは事後に報復する能力，そしてそれらを担保する同盟国の後ろ盾などによって，相手を抑止することは現実に可能である。

　こうした抑止が成立するか否かは，軍事技術にも依存する。たとえば冷戦初期の核兵器の登場は，先制攻撃によって相手を無力化できる可能性を生んだ。この状態では奇襲攻撃の誘因が常に存在することになる。しかし，のちに潜水艦発射弾道ミサイルや移動式弾道ミサイルなどの隠匿可能な運搬手段が開発され，先制攻撃を受けた後の報復が互いに確実となると，相互抑止の状況が成り立った。相互確証破壊（MAD：Mutual Assured Destruction）と呼ばれる状況である。

　これと対照的なのが，近年問題となっているサイバー攻撃である。少数の攻撃者が甚大な被害を与えることができるうえに防御が困難とされる。攻撃側に優位性があるため，勢力均衡による抑止が効きにくいのである。防御や阻止が困難であれば，報復による抑止を考えざるを得ないが，サイバー攻撃では攻撃者個人を特定すること自体難しいし，そもそも成功裏な攻撃は検知されないため，報復も不完全にならざるを得ない。そこでアメリカでは，サイバー攻撃を行う国に対して物理的な軍事力で報復を行い，抑止を成立させるべきとの議論まで登場した。サイバー空間の内部だけでは，力の均衡やそれによる抑止を成立させることが困難であることの裏返しである。幸か不幸かサイバー攻撃よりも銃弾やミサイルの方がいまだ

強力であり続けているので，勢力均衡のメカニズムは重要性を保っているように見える。しかし，今後，社会が情報通信技術により強く依存するようになれば，この状況が変化してゆく可能性はある。

B. 勢力均衡政策と国家の能力

　このような勢力均衡による抑止の実現を目的とした政策が，勢力均衡政策である。他国による攻撃を抑止するために，国家は，自国あるいは自らの陣営の「能力」と「意思」を示そうとする。以下，それぞれについて詳しく見てゆこう。

　抑止のために「能力」つまり軍事力が必要であることは自明であろう。相手の攻撃を撃退できる，あるいは事後的に報復できる能力を自ら備えて，攻撃が割に合わないと相手に知らしめることで，目的が達成される。このメカニズムが明確に見られる例として，16世紀初期のドイツ地方の有力都市を見てみよう。当時はウェストファリア条約以前であり，外部の勢力による干渉が起こりやすかった時期である。そうした中，当地を視察したマキャベッリは，ドイツの有力都市がどのようにして一定の自律性を確保していたのかを，以下のように考察している。

　　ドイツの都市は全く自由であり，ほとんど周辺に属領を持たず，気が向くときに皇帝に従うが，皇帝やその他の周辺の権力者を恐れていない。それというのもこれらの都市の防備は堅固であり，その征服は面倒で難しいに違いないと誰でも考えるからである。(マキャベッリ, 1993: 232)

　ドイツの有力都市は周囲を高い城壁に囲まれ，2年分程度の食料を備蓄していたと言われる。遠隔地から遠征して包囲攻撃を仕掛け

ようとすれば，多額の遠征費用と継続的な補給が必要である。包囲する兵員を節約して隙を見せれば，メロス島に上陸し城壁を包囲したアテナイが二度経験したように，たちまち反撃を受けて包囲を突破されてしまうだろう。都市を占領する利益に対してコストが大きいと知らしめることで潜在的な敵を抑止し，政治的自律性を保っていたのである。政治指導者が，一定の合理性をもって損得計算をし，政策を決定するとすれば，この論理は現代においても通用する。たとえば核抑止は，相手に対して事後的に報復すると宣言することによって行われる。事後的なコストが大きいことを知らしめることで，相手の先制攻撃を思いとどまらせるのである。

　ところで，賢明なる読者は，ここでいう「能力」「勢力」「力」といった言葉が，もっぱら戦争遂行能力を指していることにお気づきのことだろう。その中には，兵員数だけでなく，武器，砦や要塞，技術力，そしてそれらの基礎となる経済力，人口，国民の士気や教育，地理条件など，様々な要素が含まれる（モーゲンソー, 2013）。こうした「能力」を獲得し得た国家が，国際アナーキーの中で存続し続けることができたし，そうでない国家の多くは既に消え去り，歴史の中に残るだけである。逆に言えば，存続を望む国家にとっては，こうした能力を増強することが国益であり，究極的な目標となる。

　とはいえ，能力の増強には限界がある。冒頭にも述べたように国家は多様である。巨大な領土を持つ国家もあれば，ごく小さな国家もある。島国もあれば地続きの国もある。そして地理的条件が，能力の中の重要な位置を占めることは明らかである。たとえば，日本が極東に位置する大きな島国でそれなりの人口を擁していたことは，外国からの侵略を防ぐうえで決定的に重要であった。仮に大陸

と地続きであったり対馬や壱岐ほどの大きさの島国だったならば，元寇を防ぐことはできなかっただろう。また，欧州からみて地球のちょうど裏側に位置していなければ植民地化を防ぐことは遥かに困難だっただろう。いくら軍備を拡充し，経済を発展させ，国民を教育しても，十分な能力を必要な時期までに獲得できない国が多いはずである。

　そうした不足を補いうる手段として，同盟がある。同盟には様々な種類があるが，ここでは相互防衛の取り決めに焦点を当てよう。加盟国のいずれかが外部から攻撃を受けた際に，自国が直接攻撃を受けていなくても参戦し，共同して防衛にあたることを約束するのが普通である。ちなみにこの権利を集団的自衛権と呼ぶ。この権利が国連憲章で明示的に認められた背景には，小国が共同して大国の侵略に備える必要があるとの主張があった。このことからも，同盟が特に自力防衛に限界がある小国にとって重要なことが分かる。

　防衛同盟はふつう，勢力のバランスを維持して攻撃が生じにくい状況を作り出すことを目指す。15世紀中ごろ，イタリア半島では，教皇，ヴェネチア，ナポリ，ミラノ，フィレンツェの5つが有力な勢力であった。このうちヴェネチアが最も勢力が強かった。それ以外の4つの勢力は，ヴェネチアがイタリア半島全体を支配するようになることを恐れ，結集して均衡を図ることでヴェネチアを抑止しようとした。ナポレオン戦争後のヨーロッパも，同盟の組み換えによって意図的に勢力均衡の維持が図られていた代表例である。一方，日米安全保障条約は，防衛義務が片務的である点で特異である。しかし，このような歪な約束が許容されてきた背景には，冷戦期において西側陣営を守り勢力を維持することがアメリカにとって重要だったことがある。時代や状況が違っても，同盟が力のバラン

スを維持するために利用されていることが分かるだろう。

C. 勢力均衡策における意思について

　他国の能力が軍事力や経済力から客観的に推測できるのに比べて，他国の意思は究極的には政策決定者の心の中の問題であるから，それを知ることは困難である。仮に相手国の指導者が「攻撃する意図などない」と表明したとして，国際アナーキーの下でそれを信用することができるだろうか（Mearsheimer, 2001）。仮に現時点でそれが真実であったとしても，数年後には相手国を取り巻く状況が変わっているかもしれない。さらに数年後には相手国の指導者が代わっているかもしれない。現在の相手国の指導者の意思を知ることですら困難だが，将来における（現時点では誰とも分からないような）相手国指導者の意思を正確に知ることは，ほとんど不可能に近い。このため，通常，勢力均衡策は相手の意思ではなく能力に対してとられる。もし相手が攻撃する意思を持った時に，抑止できるかどうかが問題にされるのである。

　とはいえ，このことは，勢力均衡や抑止の文脈で「意思」を考える必要がないということを意味しない。実際の政策決定の場面ではむしろ，相手の意思の推定の方が誤解を生じやすい分，結果を左右しやすいかもしれない。たとえば，領土防衛の能力が十分にあり，その意思が固かったとしても，その意思を相手に確信させることに失敗すれば，相手国の攻撃を誘発してしまうことがある。

　1982年，イギリスが領有するフォークランド諸島にアルゼンチンが侵攻した。フォークランド諸島は，当時イギリス本国から手厚い援助を受けていたとは言えない状態であったし，アルゼンチン海軍が周辺で活動を活発化させた際にも，イギリスは当初十分な部隊の

補強を行わなかった。アルゼンチンのガルチェッリ大統領は，こうした様子を観察して，イギリスの意志の強さを推測していた。攻撃を決断した際には，「イギリスが南大西洋の孤島のために戦争までするだろうか」と周囲に漏らしていたという。結果を見れば，イギリスは軍事行動を決断したし，軍事力においてイギリスの優勢は明らかであった。もし，フォークランド諸島を防衛する強い意志を，事前に明確に示すことができていたのならば，抑止が成功していたかもしれない。少なくとも平和の蓋然性は高まったはずである。

　同様に，同盟においても「意思」は決定的に重要である。同盟の約束がどうせ守られないと仮想敵国に思われてしまえば，抑止は成立しない。したがって，防衛義務を守るという決意を仮想敵国に知らしめることは必須である。この問題をことさら重要にするのは，実際に防衛義務が守られるとは限らないからである。国際政治学者のリーズ博士は，1816年から1944年までの戦争を調査した（Leeds, 2003）。同盟国が攻撃されて防衛義務が発生し，参戦の決断を迫られた事例は143件確認されたが，実際に同盟の約束を守って参戦したのはおよそ75%であった。

　これはあくまで全体的な傾向であり，個別の事例を見れば，信頼性の高い同盟も低い同盟も存在する。そこで国家は自分たちの同盟の結束を誇示して信頼性を高めようとする。たとえば，自由貿易協定の締結のような特別な関係の制度化は，そうした効果を持つとされている。同時に，国家は仮想敵国が結ぶ同盟の信頼性を貶める行動を取る場合もある。たとえば，敵の同盟国に経済的利益を与えて離間を図る，宣伝戦によって国民間の信頼を毀損する，などである。こうした戦術の目的は，相手の物質的能力ではなく，意思に働きかけることであり，抑止における意思の重要性を示している。

　しかし，自国防衛・同盟国防衛の決意を，相手に信用させるのは容易でない。なぜなら，本当は防衛の意思がそれほど強くなかったとしても，表面上は強い意思があると偽ることで，相手の攻撃を抑止できるかもしれないからである。相手もそのことを知っているので，ハッタリを疑う。

　こうした場合に強い意志を示す常套手段は，コストをかけることである。多額の費用が掛かる防衛設備の整備や，軍事演習の実施，相手との断交，経済交流や人的交流の禁止など，自らにコストがかかる形で防衛の準備を行う。高いコストがかかる準備を敢えて行うことで，単なるハッタリではなく固い決意があると示すのである。

　コストは，事前のものだけにも，金銭的なものだけにも限られない。たとえば，攻撃を受けやすい場所に敢えて少数の兵員を配置するトリップワイヤー（仕掛け線）といわれる手法は，事後的な人的コストを用いた方法だと言えよう。敵の攻撃で死者が出れば，慎重な世論でさえ介入支持に傾くだろう。米軍が同盟国に置く海外基地も，このような役割を通じて同盟の信頼性を高める効果を暗黙の裡に持つ。たとえば，どこかの国が沖縄を占領しようとすれば，必然的に米軍基地も攻撃して無力化する必要が出てくる。米軍の被害は避けられないため，確実にアメリカの参戦を招く。逆に，沖縄に米軍基地が存在せず，攻撃による米軍の被害が無ければ，アメリカ国民は介入に消極的になるかもしれない。そうした憶測は，同盟の信頼性を弱めて抑止を難しくすると同時に，相手にとって，攻撃をより魅力的な選択肢にしてしまう。

　金銭的・物理的なコスト以外のものとして，オーディエンス（聴衆）コストと呼ばれるものもある。これを利用する指導者は，「攻撃があった場合に必ず反撃（介入）する」と公的に宣言する。指導

者はもし約束を実行しなかった場合に，国内において政治的な評判を損なうことになるだろう。自らに事後的・政治的コストを課して退路を断つことで，防衛意思や同盟の信頼性を高めるのである。一方で，あまりに勇ましい発言をしてしまうと，あとで引き下がることが難しくなるという問題も起こりうる。

　自らの意思・意図を相手に確信させるという仕事の成果は，経済交渉などと違って成果を数字に表すことが難しい，目に見えにくいものである。しかし，現にこれらの高いコストを支払ってでも行われているほど，重要視されている仕事なのである。

D.　勢力均衡 "論"

　勢力均衡と抑止を目指した国家の行動を大局的に見て，そのメカニズムを説明しようとするのが勢力均衡論である。この理論は，国家が勢力均衡策をとる傾向があると論じる。その根拠は，国際アナーキーに求められる。自助に頼るしかないルールの下では，国家は，自らの存続と自律性の維持に注意を払わざるを得ない。それらの目的を果たすために最も確実な方法は，実は，勢力の均衡ではなく，自らが周辺諸国を支配することである。しかし，多くの場合それは実現できず，結果として勢力均衡が生まれやすい。なぜなら，周辺諸国も自らの存続と自律性を求めるため，他国のうちのどこか一国が支配的な力を持つ状況になることを避けようとするからである。

　まず，周辺諸国は自力による抑止を成立させようとするだろう。このとき，自国が兵員を増強しても，相手がそれ以上に増強していたら，自国は不利に立たされる。三権分立で知られるモンテスキューは，国際政治における力の性質について，以下のように述べている。

　　どんな偉大さも，どんな武力も，どんな国力も相対的なものである。現実の強大さを増そうとつとめて，相対的な強大さを減らさないように用心しなければならない。(モンテスキュー, 1989: 260)

　力が相対的なものである以上，周辺諸国が防衛力を増せば，自らの力は減じてしまう。先述のように防御側に有利な軍事技術を前提として考えれば，周辺国すべてを軍事力で圧倒し，まして実際に制圧するのは，不可能ではないにしても困難な道である。結果として個々の自助努力が勢力均衡につながりやすいのである。

　同盟政策も一国による優越を抑制する方向に作用する。覇権を握ろうとする国家に対して周辺国がとる同盟政策は，大まかに二つある。一つはその優勢な国家に同調することであり，バンドワゴニングと呼ばれる。もう一つは，優越しつつある国家に対抗する同盟を形成するバランシングである。勢力均衡論は，国家が自国の存続と自律性の維持を目的として，バランシングを選択すると主張する。なぜなら覇権を握りそうな国家を助ければ，共通の敵を打ち負かした後には，自らの自律性が脅かされかねないからである。

　バンドワゴニングを選択した結果ある一国が覇権を握れば，他の国家は無謀な戦争を仕掛けるのを控えるので，平和が訪れる。しかし，見方を変えれば，それは一方的な支配と従属かもしれない。今日，友好的な関係にあったとしても，将来，覇権国の胸先三寸で搾取が行われないとも限らない。古代帝国による支配や近代の植民地支配は，しばしば過酷な搾取を伴った。そうした悲惨な地位を子々孫々に引き継がない為に，ヒトは時に自らの命を投げうってまで抵抗運動や独立戦争を戦ってきた。リアリズムが言うような独立と自律性を重んずる国家像は，単なる理論上の仮定だけではなく，ヒトの心に深く根ざした価値観とも整合するのである。

　もちろん，現実の国家が必ずバランシングを選ぶわけではない。すでに圧倒的な力の差がある場合には，弱い方の国家が抵抗意思を失い，従属や中立によって一定の自律性を許されることに賭けることもある。イデオロギー，文化，価値観，民族が共通していれば，勃興する大国にすら親近感や安心感を持つかもしれない。あるいは，距離の離れた大国には脅威を感じずにバンドワゴニングを選び，より近くにある小国に対してバランシングを選ぶこともあり得る。

　このように個々の国家の個別の決断は，勢力均衡論の予測と異なる場合もある。しかし，他の条件が中立的であれば，覇権を握りそうな国家に対して，周辺国はバランシングを選択する傾向があるというのが，勢力均衡論の主張である。リアリストにとって，勢力均衡策は国際アナーキーの論理的帰結である。アナーキーというシステムの特性が不変である限り，国家が勢力均衡策に魅力を感じるという基本的傾向も変わらないはずである。

E.　勢力均衡に付随する問題

　国家が勢力均衡による抑止を目指して行動すると，いくつか問題が生じる。その筆頭に挙げられるのが，セキュリティジレンマである。ここで A 国が自衛のために十分な軍備を増強したとしよう。B 国は A 国の軍備増強はある程度把握できるが，A 国がどのような意図でそれを行ったのかは究極的には分からない。そこで B 国は，自衛のために余裕を持った軍備を整備する。それを見た A 国は，B 国の意図に不安を感じ，万一に備えてさらに軍備を増強する。その様子を観察した C 国も，いざという時に備えて軍備を増強する。こうした軍拡競争の悪循環により，国際システムは，以前よりも破

壊力を持つ軍備に溢れ，恐怖と不信に満ちたものになってしまう。
個々が安全を確保しようとした結果，全体としてより危険な社会に
なってしまう皮肉な状況である。

　勢力均衡策において重要視される同盟にも問題がある。それは，
数が増えるにしたがって予測が困難になるという点である。すでに
述べたように同盟は守られないこともあるため，相手側の同盟の力
や意図を正確に予測することは元々容易でない。多数の国家によっ
て複雑な同盟ネットワークが構築されれば，予測はさらに困難にな
る。敵対するA国の同盟国Bがどの程度の力を持っていて，本当
に参戦する意思があるだろうか。あるとしたら，どの程度の力を割
くだろうか。B国と隣接する自国の同盟国Cが参戦した場合には，
B国がA国を支援する余力は小さくなる。果たしてCは本当に味
方として戦ってくれるだろうか。C国に隣接するD国はどちらの
陣営に付くだろうか。あるいは中立を貫くだろうか。

　第一次世界大戦では，このような複雑さが最悪の形で露呈した。
開戦のきっかけは，オーストリアの皇太子夫妻がサラエボで暗殺さ
れたことである。その犯人をセルビアの政府機関が支援していたこ
とが明らかになった後，オーストリアは，地域で勢力を拡大しつつ
あったセルビアに宣戦布告した。ロシアはセルビア側で参戦し，そ
れに対抗したドイツがオーストリアに付きロシアに宣戦布告した。
するとロシアと同盟関係にあったイギリスとフランスが参戦した。
日英同盟を結んでいた日本も紆余曲折の末参加し，ロシアと対立す
るオスマントルコはドイツ側に加わり，アメリカがイギリス側で参
戦した。このような同盟関係を通じた戦線拡大の背景には，セルビ
アとオーストリア，ドイツとイギリス，ロシアとドイツ，フランス
とドイツ，オスマントルコとロシアといった複数の緊張関係があ

り，軍拡競争があった。各国が参戦した理由は様々であったが，義務による自動的な参戦ばかりではなく，自身の勢力を保持・拡大したり，ライバルの影響力を減殺したりする目的は広範にみられた。各国は，熟慮と議論を重ねて参戦の是非やその場合の条件や対象を決定している。その結論を他国が事前に予測することは困難だっただろう。

　問題をさらに複雑化したのは，同盟関係の流動性である。イギリスとフランスがロシアと同盟関係を結んで，ドイツを包囲した影響は大きかった。しかし，イギリスとフランスは長年ライバル関係にあったことから，ドイツ側の指導者は当初，イギリスがフランスと手を組むとは予想していなかったと言われる。複雑な対立関係と同盟の組み換えによって，事態の展開を予測することは困難を極めた。特にシステム内に多数の大国が存在する場合には，同盟関係は複雑になりやすく，そのことが誤認のリスクを高めるのである。

　一方，システム内が二極化している場合には，関係はより単純である。互いに相手の陣営にのみ注目していれば良いため，誤認は相対的には起こりにくい。冷戦期はまさにそのようなシステムであり，激しい対立にもかかわらず，全面的な戦争は回避された。キューバ危機は全面戦争に最も近づいた瞬間であったと考えられているが，その後，米ソ間で連絡システムを整備するなどして，誤認による武力衝突が起きないように注意が払われた。こうした取り組みは，同盟の組み換えが頻繁に起きる多極システムにおいては，より困難であろう。

　多極，二極のシステムに加えて，もう一つのシステムがありうる。他国すべてを凌駕するような有力な国家が一つだけ存在する覇権システムである。世界システム全体あるいは地域において覇権的

な国家があれば，それに対して戦争を仕掛ける中小国は稀であろう。結果として，戦争が起こりにくい状況が出現する。ローマの平和である。

　ただし，それはその時点だけを写真のように切り取って静態的に見た場合の話である。諸国民の経済には栄枯盛衰があり，軍事力は経済力にも大きく依存している。諸国家の力が動態的に変化すると考えると，勢力均衡はより複雑化する。多極システムではこれに同盟の組み換えで対処していた。一方，覇権システムや二極システムの中で国家の力が変動した場合どうなるだろうか。アテナイとスパルタは良い例である。当初，スパルタの軍事力はアテナイをはるかに凌駕していた。しかし，アテナイはエーゲ海の交易を基盤として経済的に成長し，軍事力を備えるとともに，独立したポリスを次々と傘下に収めていった。覇権システムから二極システムに向かっていったことになる。言い換えれば，スパルタとの間で勢力はより均衡した状況に向かっていた。この均衡へ向かう状況は，平和をもたらすのではなく，逆にスパルタに開戦を決心させた。有力なポリスがアテナイの傘下に加われば，アテナイの軍事力は増し，スパルタは戦闘での優位を失うだろう。であるならば，できる限り早い段階で開戦し，アテナイの軍事力を叩き潰しておくのが望ましい。一方，アテナイの方からすれば，ペルシャ戦争で活躍し，交易によって十分な力を得たのだから，それ相応の国際的地位を求めるのが当然であった。全体あるいは地域における覇権国が交代するような事態は，勢力バランス自体は均衡に向かってゆくが，覇権国による予防戦争，あるいは挑戦国による覇権獲得戦争の危険を高めるのである。

F. 現在の勢力バランス変化

　現在，中国が経済・軍事の両面において，アメリカ主導の現在の国際秩序に挑戦しているように見える。少なくともアメリカではそうした認識が広まっており，かつて日米経済摩擦の時代によく見られたジャパンバッシングのような形で，チャイナバッシングが行われている。

　その背景にある中国の力の増大を確認しておこう。図1は，アメリカ，中国，日本のGDPの推移である。各国のGDPはその国の通貨で計算されるが，比較のために各年の実際の為替レートで米ドルに換算された値である。図2でも年ごとに換算されているのは同じだが，その際に，為替市場のレートではなく，各国の物価の差を基準にして米ドルに換算した比率を用いている。政府が国産の装備品をどれだけ買うことができるかを比べたいときには，こちらの方が実態に近いとされる。GDPはあくまで経済力の一つの指標でしかないが，中国は，相当な勢いでアメリカを追いかけており，計算方法によっては既に追い越していることが分かる。

　中国はこのような経済力を軍事力に変換してきた。現在も，台湾海峡や南シナ海などからアメリカ艦隊を排除するための，防空システムやミサイル戦力の構築を進めている。軍事技術の面でも活発な投資と急速な追い上げを見せており，アメリカと中国との力のバランスは，均衡する方向に変化しつつある。

　現在の国際秩序を守ろうとする覇権国は，その地位を奪おうとする挑戦国の増長に恐怖を感じる。一方，挑戦国は長らく虐げられてきたという被害者意識を持っており，新たに得た力にふさわしい地位と特権を求めて，既存の秩序を打ち壊し，自らに好ましい新たな秩序を作り出そうとする。国際政治学者のアリソン博士は，歴史上

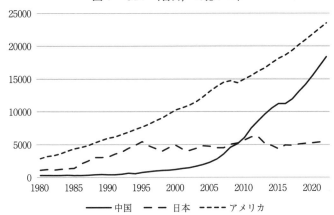

図1　GDP（名目，10億ドル）

出典：IMF World Economic Outlook より筆者作成。2017以降は予測値。

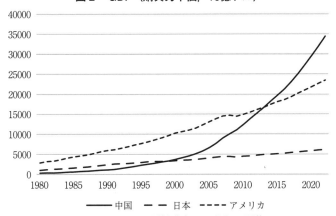

図2　GDP（購買力平価，10億ドル）

出典：IMF World Economic Outlook より筆者作成。2017以降は予測値。

何度も繰り返されてきたこのような状況を「トゥキディデスの罠」と呼び，世界史の中からこのような状況を16例見つけ出して分析し

た。そのうち戦争を回避できたのは 4 例のみであった（Allison, 2017）。

　このような力のバランスの変化を，いかに管理できるだろうか。勢力均衡論に沿って考えるなら，周辺国の自主防衛と，同盟による抑止の強化が予想される。はたして周辺諸国は中国に対するバランシングを選ぶであろうか，あるいはバンドワゴニングを選ぶだろうか。対する中国は，対米バランスの安定化による平和と安全を目指すのだろうか，それとも周辺諸国の同盟を切り崩してバランスを自らの側に傾けようとするのだろうか。サイバー攻撃など抑止が効きにくい分野の比重が高まることは，相互抑止の構築にどのような影響を与えるだろうか。今後注目されるところである。

4．民主主義平和論と商業的平和論

　勢力均衡論は，リアリズムの理論だと言われる。リアリズムは，国家間関係を主に競争の側面からみている。人間の性質や国際社会の構造を出発点として，国家が自らの自律性を確保するために行動した結果，戦争の危険が必然的に生じるという悲観的な議論である。一方，リベラリズムは，国家間関係の利害の一致や協力の可能性に着目する。しばしば参照されるイマヌエル・カントの『永遠平和のために』は，共和制，通商，国際協調や法の支配といった要素と，平和との関係について論じている。これらの要素と平和との関係は，現代のリベラリズムにとっても重要な研究テーマであり，現代的な民主主義平和論にも受け継がれている。ここでは共和制と通商がどのように平和につながり得るかについて吟味しておこう。

A. 共和制と平和

　カントは様々な要素について論じているが，現代の民主主義平和論に最も直接的にかかわるのは共和制と平和との関係である。1795年に発表された『永遠平和のために』は，平和のための条件の一つとして共和制を挙げる。その定義は，国民個人の自由，法への従属，平等という原理に基づいて作られた体制で，行政と立法が分離しているもの，とある。一見すると難解であるが，王制との対比の中で見ればカントの議論は明快である。

> 　共和制体制は……永遠平和への期待にそった体制であって，その理由は次の点にある。――すなわち，戦争をすべきかどうかを決定するために，国民の賛同が必要となる……国民は戦争のあらゆる苦難を自分自身に背負いこむ……のを覚悟しなければならない。……共和制でない体制においては，戦争はまったく慎重さを必要としない……それは元首が国家の成員ではなくて，国家の所有者であるからである。かれは戦争によって食卓や狩りや離宮や宮中宴会などを失うことはまったくない……とるに足らない原因から戦争を一種の遊戯のように決定し，ただ体裁を整えるために，……外交使臣団に戦争の正当化を適当にゆだねることができるのである。(カント, 1985: 32-33)

　この論理は，文字通りの共和制だけではなく，今日の日本やイギリスのような立憲君主制であっても通用するはずである。今の感覚で言えば，自由民主主義の国家は戦争を嫌う，といったところだろう。

B. 通商と平和

　活発な通商関係が戦争を防止するという考えは，様々な論者によ

って繰り返し述べられてきた。モンテスキューは『永遠平和のために』が出版される半世紀ほど前に以下のように述べている。

> 商業の自然の効果は，平和へと向かわせることである。一緒に商売をする二国民はたがいに相寄り相助けるようになる。一方が買うことに利益を持てば，他方は売ることに利益を持つ。そしてすべての結合は相互の必要に基づいている。(モンテスキュー，1989，第4部20編2章)

カントの考察においても，基本的な論理は同じである。

> 商業精神は，戦争とは両立できないが，おそかれ早かれあらゆる民族を支配するようになるのは，この商業精神である。つまり国家権力の下にあるあらゆる力（手段）のなかで，金力こそはもっとも信頼できる力であろうから，そこで諸国家は，自分自身が（もとより道徳性の動機によるのではないが）高貴な平和を促進するように強いられ，また世界のどこででも戦争が勃発する恐れがあるときは，あたかもそのために恒久的な連合が結ばれているかのように，調停によって戦争を防止するように強いられている，と考えるのである。(カント，1985: 70-71)

1830年代から40年代にかけてイギリスの自由貿易を推進したリチャード・コブデンとジョン・ブライトも，「貿易関係が平和を促進する」と主張して自らの持論を正当化していた。しかしこの種の議論で最も著名なのは，ノーマン・エンジェルであろう。彼は，1909年に *The Great Illusion*（『大いなる幻影』）という冊子を出版し，のちにノーベル賞も受けている。高度に文明化した社会における富は，商業や金融の割合が大きくなる。これらは国内で法に守られた契約と信用とに基づいている。外国が占領して奪い取ろうとして

も，占領したこと自体がその富を毀損してしまう。彼は，そうした社会においては，戦争によって得られるものは少ないと論じた。その背景には，当時のヨーロッパで，国境を越えた資金の移動や貿易がかつてないほどに活発化していたことがある。経済関係が深まれば戦争のコストが上がるので，戦争は割に合わないという主張であり，直観的にも納得できる（したくなる）論理である。

　しかし，そうした願望もむなしく，冊子の出版から数年後に第一次世界大戦が勃発する。ドイツとイギリスは以前から軍拡競争を繰り広げていたが，それと同時にドイツの工業製品の最大の輸出先はイギリスであった。出版から30年後の日本は，燃料の8割以上をアメリカから輸入していたが，それでもアメリカとの対立は徐々に深まっていった。最終的に日本がマレー半島と真珠湾の攻撃を決断したきっかけは，その石油を禁輸されたことであった。歴史上，最も大きな戦争と，二番目に大きな戦争を防止するためには，当時の緊密な通商関係だけでは不十分であったことが露呈している。

　とはいえ，通商関係が戦争のコストを引き上げること自体を疑うことは難しい。現在でもこうした議論は再燃している。たとえば，日本と中国，あるいはアメリカと中国の間では経済関係が深いので戦争は起こせない，との言説を耳にしたことがあるだろう。こうした状況は，MAED（Mutually-Assured Economic Destruction）と呼ばれる。核抑止のMADは，互いの国が完全に破壊されることを両者が確信しているため，互いに核戦争を始められない，という状況であった。MAEDは，互いの経済が壊滅することが明確であるから，戦争を始められないという状況である。リベラリストに好まれる言説であるが，論理自体は相互抑止を重視するリアリズムにつながる議論でもある点は興味深い。

　ところで，このMAEDに関連して，経済的な依存関係が戦争を起こりやすくする場合があるという，逆説的な指摘もある。どのようなロジックがあり得るのだろうか。戦争はどちらかが挑発を仕掛けて，相手がやり返すことで始まる場合が多い。そして，経済的な関係が深ければそれだけ戦争のコストが高くなり，簡単に戦争は起こせない。しかし相手が絶対に戦争を望まないと分かっていれば，たとえ小規模の挑発をしても相手が黙認し，戦争にまでは発展しないのではないかとの予測も成り立つ。

　したがって，MAEDが成立するような密接な関係にある二か国の領土紛争においては，サラミ戦術と呼ばれる手法が実行しやすくなるだろう。A国とB国の場合で考えてみよう。A国が薄切りのサラミのようにほんの僅かだけ相手国の領土に侵入して占領する。侵入されたB国は，全面的な戦争を始めた場合の経済的損失に比べて，領土の実害がごく僅かであるため，反撃を躊躇して外交ルートで抗議するに留める。ほとぼりが冷めると，A国はさらにほんの僅かだけ侵入する。繰り返しの結果，それなりの規模のB国領土がA国に支配されてしまう。経済関係が深く，断交のコストが大きいことを利用して，A国が一方的に領土をかすめ取るのである。ここまでであれば戦争は起きない。しかし，B国側がいつか我慢の限界に達して反撃に出たとき，武力紛争の火花が生じる。B国は今までに奪われた領土を全て取り返そうとするだろうし，A国はいったん自分の支配下に置いた土地を自分のものと強く認識して守ろうとするため，紛争は拡大してゆく。

　一方で，強い経済的繋がりは，相手に自らの決意を信用させる手段として，紛争を鎮める役割も持ちうる。B国は経済的繋がりによって，貿易の停止，投資の引き上げ，在留国民の避難など，A国

に対して様々な梃子を得ることになるからである。もちろんこのような部分的な断交は，B国自身にとっても多大な経済的コストを伴う。しかし，そうしたコストを敢えて支払って対決の準備を始めることで，領土防衛の意思の強さを相手に伝えることができるかもしれない。こうした手法は，相手に対して自らの意思を示すという意味で，シグナリングと呼ばれる。これもリアリズムの抑止の議論と繋がる論理である。

　これらの議論からは，通商を含む経済的な繋がりが紛争を抑制する場合と，紛争を助長する場合とがあることが分かる。経済的な繋がりと平和との間の関係は，単にどちらかが増えればもう一方が減る，といった単線的な関係ではないのである。

C. 近年の発展

　上記のような理論や仮説を，統計的な手法を用いて検証しようとする研究がある。近年，国際政治学の分野では，国際関係の様々な側面をデータ化し，それを集積するプロジェクトが活発化した。たとえば，各国の民主主義度，貿易，戦争や内戦，国際機関への参加，同盟など，様々なデータベースが作成されている。こうしたデータを変数として用いて，統計的な処理を施すことによって，これらの要素間の相関関係が明らかになってきた。

　検証の結果，自由民主主義の国家は，選挙による政権交代が現実的でないような権威主義国家と同等かそれ以上に，戦争をしていることが明らかになった。民主主義国家が戦争をしないという仮説はあっさりと否定されたのである。ところが，1983年にドイル博士が指摘したように，元の仮説に若干の修正を加えて，「自由民主主義国家同士は戦争しない」とすると，かなりの程度現実に当てはまる

ことが認識されてきた（Doyle, 1983）。特に，権威主義国間あるいは権威主義国と民主主義国の間と比べた場合，民主主義国間での戦争の頻度は際立って低い。

　カントは永遠平和のための条件として，確定条項と呼ばれる3つの条件を示していた。それぞれに細かな留保や条件はあるのだが，語弊を恐れずに単純化すれば，第一は，各国家が共和的になること，第二は，そうした自由な国家の連合が中心となってルールと秩序をもたらすこと，第三は，他の民族や国民の権利を尊重し友好的に接することである。

　このうち第二の確定条項に着目しよう。カントは，世界政府の樹立が非現実的であるから，平和的な国際法を尊重する自由な（共和的な）国家の連合を拡大してゆくことで，平和を広げてゆくしかないと論じている。ここから「自由民主主義の国家同士は戦争しない」という命題を引き出すことができる。第一確定条項だけでなく，第二確定条項の論理をより明示的に取り入れて仮説を作り直すことで，カントの議論が現実に適合的であることが明らかになったのである。

　ラセット博士らは，世界のすべての国家のペアを年毎に区切ったデータを用いて，そのペアがその年に戦争をしているかどうかを検証した（Russett and Oneal, 2001）。その結果，ある年にあるペアが武力衝突している確率は平均するとおよそ0.6パーセントであった。しかし，両国が民主主義国である場合，貿易依存が大きい場合，多くの国際機関に加盟している場合には，その確率はそれぞれ数割減少し，三つの効果を合計すると8割程度減少していた。逆に民主的な度合いが高い国と低い国のペアでは，戦争の確率は2倍程度高まっていた。

　ただし，これらはあくまで相関関係である。相関関係とは，二つの変数を見た時に，片方が増えればもう片方が増える（あるいは減る）といった関係性を指す。たとえば，二国間の同盟関係の有無と貿易量の違いを調べて，「同盟国では貿易が多い」といった関係が，偶然と考えにくい頻度で検出されれば，「同盟と貿易は相関している」といえる。しかし，同盟国だから安心して貿易を増やしたのか，貿易も含めた交流が活発だから同盟を組んだのか，因果関係の方向性やメカニズムは分からない。

　民主主義国家同士で戦争が起きにくいという関係も，あくまで相関関係であり，なぜそういう関係が生じるのかという因果メカニズムは，現時点では確認できていない。これについては，いくつかの仮説が示されている。

　まず，自由民主主義国の内部で，揉め事は武力ではなく議論で解決すべきという規範があり，他の民主主義国に対しては，議論や交渉といった手段が用いられるという説がある。また，別のメカニズムとして，自由民主主義の国では政治指導者が議会で説明責任を求められることも指摘されている。権威主義国家の指導者が比較的狭い範囲の関係者のみを納得させれば良いのに比べて，民主主義国では開戦のためのハードルが高くなるため，民主主義同士のペアでは戦争が起きにくいという説である。

　上記二つの要素を混合すると，さらに説得力が増す。民主主義国家の指導者は，相手が権威主義国であれば，戦争を正当化しやすい。権威主義国の政権は，しばしば言論弾圧や公安組織による監視によって政権への批判を封殺している。これが自由民主主義国の有権者からすれば人道に反する人権弾圧に映る。また独裁政権は軍部と密接な関係にある例が多く，内部の論理に従って大量破壊兵器の

開発や国際テロの支援など，国際的な非難を受けやすい行動を取ることがある。この場合も，民主主義国の指導者は開戦理由を国民に説明しやすいだろう。逆に相手が法の支配と個人の自由を重んじる民主主義国家の場合，武力行使の正当化は困難である。

　民主主義の制度に関する別の仮説として，政策決定過程が外部から見えやすいことを指摘する研究もある。民主主義国では，議会の議事録や世論調査などから主権者の意思が明確に分かるし，政策決定の参加者がどういう経歴のどういう人物かも情報が公開されている。外国からすれば意図を推察しやすいため，相手国の防衛意思について誤解が生じにくいのである。一方，権威主義国の政策決定過程が明らかになることは少なく，相手の意図について疑心暗鬼になりやすい。リアリズムの言葉にすれば，セキュリティジレンマを生み出しやすいのである。

　他にも国際システムの状況を考える必要があるかもしれない。特に第二次世界大戦後の冷戦下おいては，自由民主主義国は外部に共産主義というイデオロギー上の共通の敵を持ち，軍事的にも同盟国であった。このことが社会に与える様々な影響を，統計分析において十分に排除できていなかっただけかもしれない。

　いずれも説得力があるように思えるが，ほとんど発生していない現象（自由民主主義国間同士の戦争）について，発生していない決定的な理由を同定することは容易でない。今後の研究上の課題の一つだと言えるだろう。そして現実的な問題として，アメリカと中国の緊張がある。中国は共和国を自称しているが，実態は民主主義国家でも自由主義でもないので，単純に考えれば，民主主義平和論はむしろ悲観的な見方に繋がらざるを得ない。確認された相関関係から導き出せる処方箋は，共産党体制の転覆と民主化ということになるだ

ろう。しかし，相関関係の背後にある有効なメカニズムが確認できれば，その一部分を政策に応用することができるかもしれない。たとえば，政策決定の透明性が決定的に重要なメカニズムだと分かれば，透明性確保のための国内改革（民主主義でなくとも政策決定の透明性を高めることはある程度できるはずである）に高い優先順位を付けて要求するなど，新たな知識を用いて緊張管理のあり方を調整できるだろう。

5．おわりに──グローバル化する主権国家システム──

　本章では，主権国家の成り立ちと原理，分析レベル，国際アナーキーといった基礎的な概念から始めて，リアリズムの代表的な議論である勢力均衡論と，リベラリズムの代表的な議論である民主主義平和論を中心に説明してきた。最後に，真っ向から対立するように見えるリアリズムとリベラリズムとの関係について，どのように捉えたら良いのかについて簡単に考えておこう。

　リアリズムとリベラリズムは，しばしば対極的で相容れない思想と思われがちである。しかし，リアリズムであっても，国際的な協力や共通利益の存在を全て否定しているわけではない。勢力均衡を保つには同盟が必須であるが，これは同盟国の協力を必要とするし，時には潜在敵国との協力も行われる。軍縮条約は，潜在敵国との戦力比を定める点で，勢力均衡を明示的に利用した協力的枠組みであるし，トゥキディデスの『戦史』では，相手との安定的関係を崩すことを恐れて互いに行動を自制する場面も描かれている。同様の配慮が冷戦期の米ソにも見られたことは言うまでもない。

　一方，卓越したリベラズムの偉人達も，単に理想論に終始するだ

けでなく，リアリズムの主張する力の論理を理解したうえで議論を展開していた。モンテスキューは，力の相対性をいみじくも指摘していたし，カントは，しばしば法よりも力が優先される現実を嘆きつつも受け入れている。そして，現代の言葉でいうアナーキーやセキュリティジレンマに通じる現象について警告もしている。そのうえで，実現可能な理想世界の設計に挑んだのである。

　人間社会は様々な意図を持った主体の複合体であり，そこで起きる社会現象は複雑である。全体をそのまま観察しても，それを人間の能力で一度に理解するのは困難である。理論は，全体の一側面に焦点を絞ることで理解を助けるが，その過程で多くの要素がやむなく捨象されている。こうした限界を理解するならば，複数の理論や視点を参照して多面的に観察する姿勢が，実像に近づくうえで必須であることは，自ずと明らかであろう。

［文献］

Allison, Graham T., *Destined for War: Can America and China Escape Thucydides's Trap?* Houghton Mifflin Harcourt, 2017.（グレアム・アリソン『米中戦争前夜』ダイヤモンド社，2017年）

Doyle, Michael W., 1983, "Kant, Liberal Legacies, and Foreign Affairs," *Philosophy & Public Affairs* 12 (3), pp. 205-235.

Leeds, Brett Ashley, 2003, "Alliance Reliability in Times of War: Explaining State Decisions to Violate Treaties," *International Organization* 57 (4), pp. 801-827.

Mansfield, Edward and Brian Pollins, eds. *Economic Interdependence and International Conflict: New Perspectives on an Enduring Debate*, University of Michigan Press, 2003.

Mearsheimer, John J., 2001, *The Tragedy of Great Power Politics*, Norton & Company Ltd.（ジョン・ミアシャイマー『大国政治の悲劇』五月書房新

社，2017年）

Russett, Bruce and John Oneal, 2001, *Triangulating Peace: Democracy, Interdependence, and International Organizations*, W. W. Norton & Co. Inc.

Russett, Bruce, 2016, "Liberalism," in Tim Dunne, Milja Kurki and Steve Smith eds., *International Relations Theories*, fourth edition, Oxford University Press.

Waltz, Kenneth N., 1954, *Man, the State and War*, Columbia University Press.（ケネス・ウォルツ『人間・国家・戦争』勁草書房，2013年）

Waltz, Kenneth N., 1979, *Theory of International Politics*, McGraw-Hill Inc.（ケネス・ウォルツ『国際政治の理論』勁草書房，2010年）

カント，『永遠平和のために』宇都宮芳明訳，岩波文庫，1985年。

トゥーキュディデース，『戦史（上・中・下）』久保正彰訳，岩波文庫，1966年。

マキャベッリ，『マキアヴェッリと君主論』佐々木毅訳，講談社学術文庫，1993年。

モーゲンソー，『国際政治』岩波文庫，原彬久訳，2013年。

モンテスキュー，『法の精神（上・中・下）』野田良之訳，岩波文庫，1989年。

山影進（編・著）『主権国家体系の生成』ミネルヴァ書房，2012年。

第3章　満州国協和会と1930年代の
東アジア・日本の政治

趙　　頔

1．はじめに

　本論文は，満州国協和会と1930年代の東アジア・日本の政治との
関連を考察するものである。1932年（昭7）3月に傀儡国家「満州
国」（以下，煩雑を避けるために括弧を省略する。また，当時の表記は「満洲」
であったが，現在の表記は一般的に「満州」であり，本論文も「満州」を使
う。但し，引用の際，原資料の表記法を使う）は建国し，7月に満州国協
和会（1936年に満州帝国協和会と改称）が発足した。協和会は，日本の
敗戦・満州国の解体まで，満州国内の唯一の思想教化団体ひいては
国民組織団体であり，満州国の政治・社会に重要な役割を演じた。
協和会の成立・展開，その満州国における役割について，先行研究
が豊富に蓄積されている（平野，1972；鈴木，1973・1974；奥村，1993）。
　ところで関東軍は，対米対ソの長期消耗戦に備える，日本の中国
占領・統治，日本国内の政治体制の改造ひいては日本主導の東アジ
ア国際秩序の建設を目指して満州事変を引き起こし，満蒙領有を図
った。協和会は，中国占領区の統治体制，日本国内の新しい政治体
制，日本を中心とする東アジア共同体を問題意識に構想され，その

イデオロギーに，中国ひいては東アジア及び日本国内に協和会運動
を広げ，協和会体制を整備する内容があった。日中戦争開戦後，協
和会は確かに華北占領区の思想・政治団体の新民会の模範となっ
た。協和会は，日本国内の政治新体制の整備とも密接な繋がりを有
した。先行研究は以上の事実を指摘しているが，正面からそれを分
析する研究がこれまでわずかしかない（三谷，1992）。先行研究の成
果と不足をふまえ，本論文は協和会が東アジア・日本の政治に与え
た影響を追跡することを課題とし，紙幅の制限で取り扱う時期を
1930年代に限定する。本論文は，協和会の意義の再検討，帝国日本
の政治史，帝国日本と近現代東アジアとの関係の研究の深化に，手
掛かりになり得ると思われる。

　本論文は以下の分析視点を設定する。本論文は，イデオロギー・
組織・制度をともに視野に入れ，協和会が東アジア・日本の政治に
与えた影響を総合的に考察する。協和会のイデオロギーと，その組
織・制度の整備と運用の実態とはずれがあった。また協和会の経験
を東アジア・日本に広げた主な媒介の一つは元・現協和会員，協和
会の成立・展開に与った元関東軍幹部，満州国関係者であったが，
これらのものの協和会構想，協和会運用の経験が必ずしも一致しな
かった。本論文は考察の中で，以上の点に注意する。

　本論文は以下の構成と内容で展開する。第二節では，1932年から
1940年までの協和会の成立・展開を整理する。第三節では，日中戦
争開戦後，華北占領地に新民会が協和会を模範として成立・改組し
た状況を考察する。第四節では，1930年代の日本国内の政治新体制
の整備，大政翼賛会の成立に対する協和会の影響を考察する。

2. 協和会の成立と展開

A. 協和会の成立

1931年9月18日に満州事変が起こり，翌1932年3月に満州国は建国した。満蒙領有は1929年から陸軍少壮幕僚に検討され，1931年6月に至ると参謀石原莞爾を中心に関東軍が対ソ戦略・対米争覇戦の拠点，朝鮮統治・中国占領の根拠地として満蒙を領有しようとし，満蒙領有を以て日本国内の政治体制の改造も促そうとした。満州国は建国宣言に，国内各民族の協和，民意暢達，民生安定，以上のことを内容とする王道政治の実現及び東アジアの発展，世界の新しい国際秩序の促進と，建国精神を述べた。

協和会の前身の満州協和党は，満州国の建国とともに創立が準備された。1932年4月に小沢開作，山口重次を始めとする在満日本人団体の満州青年連盟の成員は協和党の創立を図り，宣言，綱領，章程を決めた。小沢らは満州事変以前から満州在住各民族の協和，それに基づく民衆的政治の成立を唱え，民族協和，民意暢達という満州国の建国精神も，小沢らの主張から影響を受けた。小沢らは協和主義宣伝及び上意下達・下意上達の団体として協和党を構想し，関東軍は満州国の独立国家の性質を示すため，軍の指導を受ける「党部」の結成を決定し，小沢らの協和党構想を採用した。協和党は，宣言に「現住諸民族の大同団結を計り一致協力を以て民衆政治の実現と経済機構の改変に万進する」と掲げ，綱領に「満蒙現住民族の協和を期す」，「封建的弊政を排除し民衆的政治の確立を期す」，「資本主義の専有経済を排し，共産経済を斥け，国家統制経済の確立を期す」，「治安維持に専念し以て民生の福利増進を期す」，「産業の興

隆を計り以て民度の向上を期す」の五か条を記した（満洲国史編纂刊行会・総論, 1970: 263）。石原参謀が進んで協和党の一国一党の性質を明確にしようとし，石原の提案で「満州協和党法（案）」も作成され，協和党の創立，協和党党費の国庫補助などを述べた。なお各種の文書に記していなかったが，小沢らは将来，協和党運動を東アジア，日本に広げ，中国協和党，日本協和党を結成することを期待した。4―5月の頃，協和党は創立準備を進めながら関東軍の討伐作戦の一環として宣撫工作に従事した。宣撫工作の中で協和党は地域別・職業別に中国人有力者を集め，協議会を開いた。

　1932年7月に満州国協和会は発足した。協和党の政党の性質，民衆的政治の主張が本庄繁関東軍司令官，溥儀執政，日系官僚，もう一つの在満日本人団体の大雄峯会の反対に遭い，5月に協和党は満州国協和会と改称された。7月に協和会は宣言，綱領，章程を決め，発会式を行った。協和会は思想教化団体と後退した一方，石原参謀，協和会幹部となった旧協和党関係者が，依然としてそれを一国一党的政治団体としていた。石原参謀は正に協和党が協和会に改称された後の6月に，「統制主義ニヨル民衆ノ代表機関」の協和会が将来，関東軍の内面指導下の満州国の主権者となり，「該会ノ立案企画セル最高政策ヲ政府之カ実行ニ当ル」という満州国政治体制の構想を固めた（角田, 1971: 101）。協和会の宣言，綱領，章程は，以下の内容であった。宣言は満州諸民族が「王道主義に則り，協和に努力し，共同発展せば」，満州国が「鞏固なる基礎の上に樹ち，更に積極的に対外発展を策することを得べし，斯くして初めて東亜の真正なる平和は確立せらる」と述べ，「本会の目的は，建国精神を遵守し，王道を主義とし，民族の協和を念とし，以て我が国家の基礎を鞏固ならしめ，王道政治の宣化を図らむとする」と述べた。綱

領は「本会は政治上の運動をなさざる」と述べながら，「王道の実
践を目的とし」，「農政を振興し産業の改革に努むることにより国民
生存の保障を期」して「共産主義の破壊と資本主義の独占を排」
し，「民族の協和と国際の敦睦」を図ると，政治的な「目標及綱領」
を掲げた。章程は，会の業務，会員の資格・種類，会の組織を規定
した。章程は，「本会は名誉総裁に執政を奉戴し会長に国務総理を
推戴す」，「本会の満洲国の建国精神作興竝王道政治の宣化を図るを
以て目的とす」と規定した。また章程は，会員が普通会員，正会
員，賛助会員の三種類であり，会の組織として会長・理事長・理事
会の下で中央に中央事務局，政経調査会を置き，地方に分会を結成
すると規定し，地方・全国連合協議会を設置すると規定した（満洲
国史編纂刊行会・総論, 1970: 264-267）。連合協議会が協和党時期の協議
会の発展であり，民意暢達の具体的な回路であった。

　発足直後の８月に，協和会は「満洲帝国協和会創立ノ理念」を公
布し，一国一党の協和会，協和会を基礎と中核とする満州国の政治
体制という協和会の中核的なイデオロギーを打ち明けた。文書は以
下の内容であった。「満洲国経綸ノ目標ハ太平洋ヲ中心トスル最後
ノ世界的争覇戦ニ備フルトニ在リ」。「東亜諸民族ヲ糾合シテ此ノ大
事業ニ当ル」ため，「満洲国ノ経綸ハ（中略）民族協和ニ根本着眼ヲ
置」くべきである。民族協和の実現のため，「君主専制政治及議会
専制政治ハ満洲国ニ適セズ，結局満洲国内ニ堅実ナル唯一政治国体
ヲ結成シテ民衆ノ支持ヲ獲得シ，之ニヨリ国家ノ根本国策ヲ決定セ
シムルヲ最モ適切ナリ」。「満洲帝国協和会ハ此ノ目的ノ為創立」さ
れ，「該会ガ三千万大衆ノ支持ヲ獲得シ得ルニ至ラバ之ヲシテ国家
ノ根本国策ヲ決定セシムベシ（中略）斯クテ満洲国ハ（中略）民族協
和ノ独立国家トナリ，東亜諸民族親善ノ見本，軈テハ世界文化ノ向

フ指針タルニ至ルベシ」（満洲帝国協和会, 1982: 16-18）。この文書は，協和会の基本文献の一つとなり，1940年代まで有効であった。

　ところが，同じく1932年8月に関東軍人事は交代され，石原らの協和会支持の参謀が転出し，小磯国昭中将が参謀長に就任した。小磯は協和会不要を放言し，協和会の政党化を予防する通牒を発し，また協和会の対抗団体の大満州正義団の結成を支援した。小磯の消極的な姿勢に直面して旧協和党関係者の協和会幹部は，会のイデオロギーの発展，会組織の強化，会勢の拡張に努めた。1933年3月に協和会は山口重次執筆の「満洲国協和会会務要綱」を中央事務局の職員に訓示した。要綱は満州国を「民族協和の理想郷」にすると同時に「全支部（那か――筆者注。なお「支那」は差別用語であり，本論文は原資料尊重のため，引用の際，原資料の用語を修正しない）本土に民族協和の運動を及ぼし（中略）全東亜に拡め東亜連盟を結成する」と，「会の根本精神」を述べた。協和会はイデオロギーに，東アジアに協和会運動を広げ，協和会体制を整備することを明言した。一方，要綱は「建国精神の実践躬行」，「国民の教化」，「会員の獲得」，「反国家思想及運動の排撃」と，「会の進むべき道」を思想教化の促進，会勢の拡張と設定した。要綱は，中央事務局・地方事務局・弁事処という各級の執行機関を改めて規定し，弁事処が分会の指導統制連絡を担うと規定した（橘・4巻17号, 1933: 31-32）。4月に協和会はさらに組織要綱を公布し，分会を規定した。分会は協和会の核心であり，原則上，職業別に結成され，弁事処・地方事務局を経由して中央事務局に直属する，という規定であった。その後，協和会は地方事務局の設置，分会の結成を進め，1934年2月に至ると地方事務局7か所，弁事処37か所，分会900か所を有し，会員が30万人に達した。それと同時に，協和会は東アジア共同体の実現のために対外活動を

展開した。1933年8月に協和会は日満青年大会を開催し，大アジア青年連盟結成を決議した。

　1933年秋から協和会は方針を変え，綱領の「王道の実践」を取り上げ，具体的には民意を調達し，民意代表者の役割を演じ，満洲国の政策決定への参加を試みた。1933年秋から日系官僚は協和会役員の不正行為をきっかけに協和会打倒運動を引き起こし，協和会内部も権力争いがあった。協和会は対外活動を中止して満州国の内政に専念すると決定した。協和会は，「王道の実践」という綱領を取り上げ，これまで多岐に亘る王道政治の意味を「天視民視，天聴民聴」，即ち王者が民意に従い政治を行うと解釈し，また「王道の実践」を民意の政治への反映，民意に基づく政治の促進とし，これこそ自らの使命であると主張した。綱領をふまえて1934年に協和会は，帝制実施問題を機に本格的に民意の調達，民意代表者としての政治活動を試みた。帝制実施問題は満州国建国以来の懸案であり，1934年初に本格化した。協和会は関東軍，政府の意思に逆らい，独自の判断で1月から満州国の主要都市に帝制請願市民大会を開き，帝制実施請願書を集めた。2月に協和会は進んで第一回全国連合協議会を開催し，帝制実施支持の声明書を決議した。会議で溥儀執政が「協和会成立以来，徳ヲ宣べ情ヲ達シ，績効頗ル著ハル」という訓詞を下した（満洲国史編纂刊行会・各論, 1971: 84）。帝制実施後，協和会は声明書の決議を以て民意の表出とし，帝制実施が民意に基づくものであり，王道政治の第一歩であると説き，民意による帝制の基礎づけという自らの功を誇った。第一回全国連合協議会開催の勢いに乗じ協和会は連合協議会規則を制定した。規則は連合協議会の運営を規定し，その中で議員の三分の二以上の賛成を以て議案が議決されるという一か条があった。

　ところが，関東軍，政府は，帝制実施問題をめぐる協和会の独走，請願書調達における協和会の組織力から脅威を感じ取った。関東軍，政府は，協和会の改組を断行した。

B. 協和会の改組・再編

　1934年9月に協和会は改組された。小山貞知を除き，小沢開作，山口重次らの旧協和党関係者は中央事務局からほとんど排除された一方，日系中堅官僚は新たに事務局幹部に任命された。中央事務局は機構を改革し，庶務・経理・組織・社会の四科を設置し，中央事務局委員からなる中央事務局委員会を設置した。改組により，協和会に対する政府の指導統制が強化される形で，政府と協和会とは一体化され始めた。

　1935年中，日系官僚の主導で協和会は中央事務局の機構改革・人事調整を継続して地方組織を整備し，また連合協議会制度を整備・運用していった。協和会は地方事務局を省事務局と改称し，一県一弁事処の方針で各県に弁事処を設置していった。それと同時に，協和会は各級連合協議会を積極的に開催していった。1935年1月から首都新京を始めとする9か省の地方連合協議会が開催された。2月に協和会は第一回工作員大会を開き，全国連合協議会の指導方針などを決めた。3月に第二回全国連合協議会が開催され，11月から県旗市連合協議会が開催され始めた。各級会議の開催につれ連合協議会制度は整備され，形成した。①連合協議会は県旗市・地方・全国の三級に分かれ，会議に分会代表から選出された議員のほか，当局・政府，軍，特殊会社などの代表も出席した。②連合協議会の機能は「宣徳達情」，即ち議員が人民の意見・希望を議案として提示し，当局・政府が議案について政策方針を説明することであった。

宣徳達情は「道義的」に過ぎず，会議は当局・政府に議案の実現を
求める権利がなく，当局・政府は議案の実現について義務がない。
③具体的な議案の提出・処理について，議案の提出に当り，議案の
内容に対する「弁法」（解決策）の提出も求められた。連合協議会規
則は議員の三分の二以上の多数決という議案の議決方法を規定した
が，会議は実際，満場一致制という議決方法をとった。また，全国
連合協議会に議案整理委員会が設けられ，政府と交渉して議案を事
前に整理し，政府の意思に反する議案を退けた。連合協議会制度
は，第一回全国連合協議会での執政訓詞に基づきその機能が「宣徳
達情」とまとめられ，形式上，協和会改組以前と連続性を保った
が，政府の指導統制の下で擬制的に民意を調達し，合意を産出する
ものとなった。日系官僚は，連合協議会制度を以て形式的に人民の
政治参加，民意の政治への反映を許し，それを通じて人民の不平不
満を解消して当局・政府の政策方針を人民に伝達し，各民族人民の
国民的統合と自らの満州国統治の正統性を強化し，統治の安定を保
障しようとした。第二回全国連合協議会で協和会次長・国務院総務
庁次長阪谷希一が連合協議会と政府との権利義務関係を否定し，会
議での議案が政府の参考資料に過ぎないと説いたのである。改組に
取り残された旧協和党関係者の協和会幹部は，協和会の維持と正当
性づけのため，連合協議会に対する日系官僚の姿勢を認めた。連合
協議会制度の整備・形成により宣徳達情が協和会の主なイデオロギ
ーの一つとなったものの実質的な民意の政治への反映が否定され，
また協和会はさらに独立性を失い，政府翼賛機関の性質を強めた。

　1936年7―9月に協和会は全面的に再編された。1934年末に関東
軍は人事交代を行い，南次郎大将が司令官に，かつて石原莞爾とと
もに協和会の成立を後押しした板垣征四郎少将が参謀副長に新任さ

れた。板垣の補佐もあり，南司令官は協和会を重視した。満州国の治安確保と産業開発のために南は，協和会を軍，官，民のすべてを包摂する挙国的思想・政治団体に再編し，満州国の国家機関にしようとした。1936年 3 月に南の代わりに植田謙吉大将が関東軍司令官に就任し，板垣が参謀長に昇任された。植田司令官の下で 7 月に，協和会は新しい章程，綱領を公布した。章程は，会を満州帝国協和会と改称し，会が「政府と表裏一体となり，建国理想の達成，道義世界の創造を図るを以て目的とす」と掲げた。章程は，会が「満洲帝国人民及本会の目的を達成せんとする者を以て構成」され，中央に中央本部，地方に省首都本部・県旗都市本部・支部を設置し，支部の下で分会を結成し，必要に応じて分会の下でさらに班を設置すると規定した。支部・県旗市・省首都・全国の各級連合協議会の設置も規定された（図 1 参照）。綱領は，「建国精神を顕揚し」，「民族協和を実現し」，「国民生活を向上し」，「宣徳達情を徹底し」，「国民動員を完成し」と会の目標を掲げた（満洲国史編纂刊行会・各論, 1971: 97-98）。

　進んで「満洲帝国協和会の根本精神」，「満洲国の根本理念と協和会の本質」は作成され，協和会の性質，協和会と軍，政府との関係を詳述した。 8 月から関東軍第三課政務班長花谷正中佐，同班の辻政信大尉は協和会員の古市春彦と協力して二文書を起草した。 9 月18日の満州国建国五周年記念を期に「満洲帝国協和会の根本精神」は植田司令官の声明として公表され，次のように協和会の性質を規定した。「満洲国の政治は民主主義的議会政治の轍に倣はず，専制政治の弊に陥らず，民族協和し正しき民意を反映せる官民一途の独創的王道政治」である。「協和会は満洲建国と共に生れ国家機構として定めたる団体にして建国精神を無窮に護持し国民を訓練し其理

図1　満州帝国協和会機構

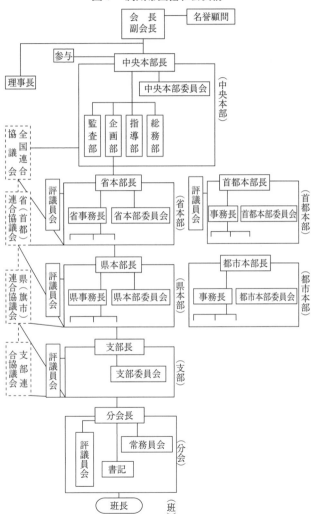

出所：満洲国史編纂刊行会・各論, 1971: 100

想を実現すべき唯一の思想的，教化的，政治的実践組織体なり」。
「建国精神の真髄は協和会の体得すべき唯一絶対のものなり　建国
精神の政治的発動顕現は満洲国政府に拠り其思想的，教化的，政治
的実践は協和会に拠るべく民意の暢達之に依りて期すべし　従って
協和会は政府の従属機関に非ず，対立機関に非ず，政府の精神的母
体なり，政府は建国精神即協和会精神の上に構成せられたる機関に
して其官吏は協和会精神の最高熱烈なる体得者たるべきものなり」
(稲葉ほか，1965：907)。同日，「満洲国の根本理念と協和会の本質」
は極密に政府・協和会関係者に交付され，以下の内容であった。満
州国の建国が「皇道に依る我帝国の世界政策」の第一段階であり，
満州国は「天皇を大中心とする皇道連邦内の一独立国家」であり，
その「育成は本質上天皇の大御心を奉じたる軍司令官の内面的指導
に依る」。関東軍司令官は「天皇の大御心を奉戴し」満州国を内面
指導するものの，「政治，経済等の細部に亘り自ら之を指導するが
如きは好みて之を行ふものに非ず」，「軍司令官の心を以て心とする
強力且公正なる」「真の協和会員よりなる政府並協和会の各首脳者」
は満州国の政治，経済を担当すべきである。協和会は「政府を抱擁
すべき精神的母体なり」。満州国の政治は欧米の議会政治，ソ連・
中国の専制政治をともに排除する，「真の協和会員を民衆の指導者
として民族協和王道楽土を実現せしむべき独創的王道政治」であ
る。協和会は党利党略に走る従来の政党ではなく，「唯一永久の思
想的，教化的，政治的組織実践体」であり，「真の協和会員が政府
に入り又は野に在りて政治経済を指導し国民を訓練し建国精神を以
て全国民を動員する」。将来，中国，印度，オーストリア，シベリ
アに同じく協和会体制を整備し，東京に「万国協和会本部」を設置
する (稲葉ほか，1965：908-911)。ところで，東京にいる石原莞爾は

「満洲帝国協和会の根本精神」について急速な組織拡大による協和会の官僚化を懸念し，文書の起草に多くの助言を送った。また石原は満州国の独立性を主張し，満州国の政治に対する関東軍の過度な干渉に反対し，「満洲国の根本理念と協和会の本質」に反発した。文書の不公表に，石原の反対が一因であった。

　1936年の再編を期に協和会は関東軍の内面指導を受け，政府の精神的母体として政府と一体化する挙国的思想・政治団体と設定され，満州国の国家機構となった。一国一党の結成，議会政治・専制政治をともに否定する一国一党制の創設，一国一党制の東アジア・世界への拡散と日本主導の新しい国際秩序の建設という協和会のイデオロギー，分会・各級地方支部・中央本部及び各級連合協議会という協和会の主な組織・制度は基本的に確定された。

C. 1937年以降の協和会

　1937年3月以降，協和会は会員資格を具体的に規定し，分会組織の規定を修正し，それにより協和会の性質が精鋭分子を中心とする国民組織となった。これまで協和会は会員資格を詳細に規定し，同志組織であったが，新しい協和会章程及び植田声明などの文書が，協和会の会員を満州国人民全体としながらなお「真の協和会員」を繰り返し，協和会が同志組織であるか国民組織であるかが不明確になった。1937年3—4月に関東軍，協和会で人事異動は行われ，3月に板垣征四郎の代わりに東条英機中将が関東軍参謀長に就任し，4月に協和会総務部長兼企画部長に東条系の甘粕正彦，指導部長に日系官僚の古海忠之が就任した。新旧職員の間に協和会の会員，組織をめぐって意見が不一致し，紛争の結果，協和会は同志組織から精鋭分子を中心とする国民組織となり，分会の組織も変えられた。

1937年8月に協和会は「満洲帝国協和会会員規則」を制定し、「満二十才以上の身心健全なる満洲帝国人民は本会の会員たることを得」と規定した。また協和会は「分会組織に関する規則」を制定し、分会組織の原則を職業別から地域別へと修正した。翌1938年1月に協和会は「分会組織並に分会活動指導要綱」を制定し、「分会は協和会精神を体得し、同一理念を有する自覚分子をもって」構成されると規定した（満洲国史編纂刊行会・各論, 1971: 103-105）。

1937年7月7日に日中戦争は開戦し、協和会が国民動員機関と再編された。日中戦争の開戦により満洲国は戦時体制を整備し、協和会が協和青少年団・協和義勇奉公隊の結成などの人民組織・訓練の工作を行った。工作の展開を背景に1938年8月に協和会は中央本部の機構を改革した。中央本部に従来の総務・指導・企画・監督の四部制の代わりに、企画局、総務・実践・補導の三部及び審査役室が設置され、企画局が協和会全般を指導した。中央本部では人事異動も行われた。

ところで、1937年9月に石原莞爾が関東軍参謀副長に任命され、10月に新京に到着した。石原は満州国の植民地化、協和会の官僚化を痛烈に批判し、関東軍の内面指導の撤回、協和会による満州国政治の運営を主張し、1938年6月に東条英機参謀長に「関東軍司令官ノ満洲国内面指導撤回ニ就テ」を提案した（角田, 1971: 235-238）。だが、石原の提案が東条に退けられた。

1939年から協和会は動員工作に応じ、連合協議会制度を再整備していった。1935年に連合協議会制度が形成された後、協和会は各級連合協議会を積極的に開催し続けた。全国連合協議会が毎年一回で開催され、省連合協議会、県旗市連合協議会も各地域で開催されていった。ところが、戦時政策の実施と人民の生活難の増大により、

会議の実際の運用状況として，議員が連合協議会の権限拡張を求める議案，当局・政府の政策を批判する議案を提出し，議場で当局・政府と論争した。満場一致という合意の擬制が維持できなくなった。そこで1939年に連合協議会制度は大きく修正され，従来の満場一致制という議案議決の方法の代わりに，衆議統裁制が採用された。議長が議員の意見を参考して議案の処理を決め，議員が異論を提示しなければ，議長の判断の通りに議案が処理される，という議決方法であった。なお議案の処理方法が会議での懇談による解決と，議案の実現を将来にかける中央本部一任という二つしかなかった。1940年に連合協議会の構成は変えられ，協和会役員，当局・政府の代表，軍の首脳，関係機関の幹部も会議の議員となった。

　このように1936年の再編でイデオロギー上，協和会は政府と対等の関係にある政府の精神的母体と設定されたが，協和会は実際，政府の指導統制下にあり続けた。日中戦争の開戦，戦時体制の整備により1940年に至ると協和会は，総力戦の協力機関に化した。

3．協和会と新民会

A．協和会と新民会の成立

　新民会の成立は旧協和党関係者の元協和会員の力に負おうところが大きい。1937年7月7日の日中戦争開戦の後，日本軍は華北地区を占領し，12月14日に南京陥落（12月13日）の祝祭気分の中で，北平（北京）に中華民国臨時政府を樹立した。占領区人民の抗日気運の解消と臨時政府の統治の安定のため，日本軍は臨時政府と表裏一体にある思想・政治団体の新民会の結成を図った。成田貢少佐はこの工作を担当し，当時，北京に政治人材がないため，北京在住の元協和

会員小沢開作，元満州国実業大臣・外交大臣・協和会長張燕卿に協力を求めた。小沢は1934年9月の協和会改組の際に会から排除された後（既述），日中間の民族協和の促進のために北京に転居した。日中戦争開戦の直後，小沢はもう一人の旧協和党関係者・元協和会員の山口重次と会い，山口に戦争の早期終結と戦争中の民族協和の保障のために協和運動を展開し，中国北部に協和会を結成すると勧められた。成田の協力要請を受けると小沢はそれに積極的に応じ，新民会の創立に精力的に活動した。一方，張は石原莞爾の斡旋で故郷千葉帰省中の山口と連絡をとり，面会した。

　新民会は，元協和会員に中心部を据えられ，小沢開作の政治理想，協和会構想に浸透されつつイデオロギー・組織・制度において同時期の協和会に模倣して発足した。12月24日に新民会は創立式を行い，綱領，章程，分会規則などを公布した。綱領は，「新政権ヲ護持シ民意暢達ヲ図ル」，「地産（産業）ヲ開発シ民生ヲ安ンズ」，「東方ノ文化道徳ヲ宣揚光被ス」，「剿共滅党ノ大纛ノ許ニ反共戦線ニ参加ス」，「友隣締盟ノ実現ニ万進シ人類平和ニ貢献ス」という五か条であり，「民意暢達」の文言が目立った。章程は，新民会が「新民主義ヲ奉シ政府ト表裏一体ノ民衆団体トシテ日満支ノ共栄ヲ顕現シ剿共滅党ノ徹底ヲ期シ世界平和ニ貢献スルヲ以テ目的ト」し，「中華民国人及本会ノ目的ヲ達成セントスル者ヲ以テ構成ス」ると述べた（原沢, 1940: 3, 5）。新民会は臨時政府首長の大統領を会長にしようとし，大統領が空席なので，新民会会長も空席であった。副会長が張燕卿であった。新民会の組織は以下の通りであった。新民会は中央に中央指導部を置き，地方に首都省・県道市の各級指導部を置き，基礎単位が分会である。県道市から全国までの各級連合協議会が設置される。

表1　新民会中央指導部の構成

部長	繆斌
次長	根本博
中央指導部委員会	小沢開作，宋介，塩月学，柯政和，張格，王朝佑，矢部遷吉
総務部長	小沢開作
教化部長	宋介
厚生部長	繆斌（兼任）

　1938年3月1日に新民会中央指導部は成立した。部長・次長の下で総務部・教化部・厚生部及び会長任命の専任委員からなる中央指導部委員会は設けられ，その重要職員が表1の通りであった。重要職員は日本人，中国人半分ずつで構成され，日本人職員がほとんど小沢系の元協和会員であり，中国人職員にも協和会関係者があった。小沢開作は会中心の総務部の部長の椅子を占め，中央指導部委員会にも入った。中央指導部委員の矢部遷吉は本来，奉天協和会事務長であり，石原莞爾，小沢開作と交友した。1937年末に矢部は小沢に招かれると，甘粕正彦の協和会中央事務局総務部長の誘いを断り，北京に向けた。張格は協和会中国語機関誌の主編であった。

　1938年初，『新民会指導要綱（第一草案）』（八巻, 1975: 373-376）は策定された。要綱は小沢開作，成田貢を中心に起草され，中国国民党広西軍閥の地方自治政策を参考しながら，山口重次の『満洲帝国協和会指導要綱案』の内容をほぼ原文のままに取り入れた。山口の要綱案は，1937年10月から執筆され始め，山口自らの協和会構想に基づき植田声明を解釈し，協和会の理想像を描くものであり，東アジアにおける協和会体制の整備，協和会の自主性・政府に対する優位性，協和会の一党独裁，協和会の各級連合協議会による各地域・

表2 『新民会指導要綱（第一草案）』と『満洲帝国協和会指導要綱案』

	『新民会指導要綱（第一草案）』	『満洲帝国協和会指導要綱案』
大綱	「一，更生中国ノ基本思想ハ新民主張ヲ堅持シ王道国家ヲ建設スルト共ニ東亜盟邦国家ノ結成ヲ目標トス　一，新民ノ理想ハ盟邦国家ノ結成ニ依ル人類絶対ノ平和ナリ　一，盟邦国家ハ，国防ノ共同，経済ノ共通，政治ノ独立，思想ノ一元ヲ結成ノ原則トス　一，政治ハ一国一会ニ依ル団体的自治ヲ原則トシ専制ヲ排ス」	「一，協和の理想は盟邦国家の結成に依る人類絶対の平和確立にあり　一，盟邦国家は国防の共同・経済の共通・政治の独立・思想の一元を結成の原則とす　一，政治は一国一党（中略）に依る団体的自治を原則とし官治専制を排す」
組織要綱	新民会活動の単位が分会であり，都市部では職能別に，農村部では地域別に分会を組織する。分会を各行政地域ごとに部門協議会に統合し，さらに部門協議会を県市連合協議会に，県市連合協議会を省道連合協議会に統合し，省道連合協議会を全国連合協議会に統合する。全国連合協議会は新民会の最高の意思決定機関である。	分会が協和会活動の単位であり，都市部では職能別に，農村部では地域別に組織される。分会を各行政地域ごとに部門協議会に統合し，さらに部門協議会を県旗市連合協議会に，県旗市連合協議会を省連合協議会に統合し，省連合協議会を全国連合協議会に統合する。全国連合協議会は協和会の最高の意思決定機関である。
政治指導要綱	新民主義のほか，「国内ニ他主義・主張乃至思想ノ存在ヲ否定スル」。新民会だけが政治に参加でき，新民会員だけが官公職に就職できる。新民会を中心とする「協議政治」体制を実現させる。即ち国家最高の政策方針を全国連合協議会で決定し，各地域の政策方針を該当地方連合協議会で決定する。	「協和主義に対立する一切の主義主張及思想が満洲国の政治に参与乃至は反映することを排撃する」。協和会だけが政治に参加でき，協和会員だけが官公職に就職できる。協和会は全国連合協議会で国家最高の政策方針を決定する，地方連合協議会で該当地域の政策方針を決定する。政府・当局はそれを執行する。

　国家全体の政策方針の決定などを述べた。要綱案は後に満州国に伝えられると，甘粕正彦，古海忠之らの顰蹙を買った。『新民会指導要綱（第一草案）』の大綱，組織要綱，政治指導要綱の主な内容，

『満洲帝国協和会指導要綱案』との比較は表2である。

B. 改組後の新民会と協和会

　1939年後半から新民会は改組され始め，小沢開作らの元協和会員がまず排除された。1938年中，新民会は民意暢達と民生安定を目指し，分会の結成，民衆の政治訓練，農村合作社の建設などを進め，その中で連合協議会制度の整備が力点の一つであった。1938年12月に新民会は各級職業分会連合協議会を初めて開催した。ところが，新民会は日本人に主導されたため，華北人民に日本軍の御用機関と白眼視された。1938年中の新民会は相当の予算を使って会勢を拡張し，諸工作を行ったが，諸工作が順調に進まなかった。それに加えて小沢開作の新民会の自主性の主張が臨時政府の懸念を招いた。予算の節減と諸工作の行き詰まりの打開のため，日本軍は新民会と軍宣撫班（占領区に人心収攬や社会秩序の回復を図る小部隊）を統合しようとしたが，小沢は統合に反対した。日本軍と小沢らの新民会幹部との対立の高まりの中で，1938年7月に武藤章大佐が「北支那方面軍」参謀副長に就任した。武藤は1936年6月—1937年3月に関東軍第二課長を務め，協和会の1936年7—9月の再編及び政府翼賛機関としての運用を経験したことがあり，また日中戦争開戦の可否をめぐって開戦論を主張し，石原莞爾と対立した。武藤は石原と結ぶ元協和会員による新民会の主導，新民会の在り方に不満し，東条英機系の予備役中将安藤紀三郎を新民会顧問に招請し，新民会の満州色を払拭しようとした。1939年8月に安藤が着任し，9月に新民会は人事を調整し，小沢らの元協和会員が退会した。

　1940年に入ると新民会は大幅に改組され，イデオロギー・組織・制度がさらに同時期の協和会に類似していた。1940年3月，新民会

は日本軍宣撫班と統合され，新しい綱領，章程を公布した。綱領は
「新民精神ヲ発揚シ王道ヲ表現ス」，「反共ヲ実行シ文化ヲ復興シ平
和ヲ確立ス」，「産業ヲ振興シ人民生活ヲ改善ス」，「善隣締盟以テ東
亜新秩序ヲ建設ス」という四か条を掲げた。民意暢達は消えた一
方，対中国・東アジア政策の1938年11月の第二次近衛声明に沿い，
東亜新秩序建設は追加された。章程は，「本会ハ臨時政府ト表裏一
体ノ関係ニ於テ王道ヲ実践シ東亜新秩序建設ノ先達トナリ道義世界
ノ創建ヲ図ルヲ以テ目的トス」と掲げた上で，中央指導部，地方指
導部を中央総会，地方総会と改称し，中央総会が中央事務総部など
の中央機関，中央委員会，全体連合協議会に構成され，地方総会が
事務局，委員会，該当連合協議会からなると規定した（原沢, 1940: 4,
9-10）。各級連合協議会が同級の新民会組織の附属機関となったこ
とは注意に値する。

　また『新民会指導要綱（第一草案)』の代わりに「新民会基本要
綱」，「新民会指導要綱」が決められた。基本要綱は，「新民会ノ使
命」を「王道和協ノ精神ニ基ク新民政治ノ実現ヲ理想トスル新中国
ノ建国母体タル団体ニシテ新政権ト表裏一体ノ関係ニ於テ之ヲ護持
シ（中略）国民党並共産党ニ対シ思想，民心把握ノ各部面ニ於テ闘
争ヲ行ヒ之ヲ克服シ抗日意識ノ一掃，民生ノ向上ニ努メ日満支ノ共
存共栄ノ顕現ニ万進スル」とし，政府と新民会との表裏一体を強調
した。指導要綱は，日中間の民族協和の促進のため，「本会ニハ相
当数ノ日本人ヲ加入セシム」と述べた（原沢, 1940: 16, 20）。

　それ以降，1940年中，新民会は同時期の協和会の連合協議会制度
に模倣し，自らの連合協議会制度を整備した。新民会は改組後，組
織の拡大により内部が混乱した一方，臨時政府の後身の華北政務委
員会（1940年3月成立）も施政が順調ではなかった。組織の強化と華

北人民の人心収攬のため，新民会は中央総会事務総部宣伝局所属の元協和会員桑原寿二の提案を受け，各級連合協議会の開催と連合協議会制度の整備を図った。9月から新民会は第一回全体連合協議会の開催を準備し始め，「定見なしに協和会に模倣することは不可であるが，貴重な協和会の経験を徹底的に活用することは尤も宜しい」と強調した（北京市档案館, 1989: 98）。12月に第一回全体連合協議会が開催され，翌1941年8月に北京特別市連合協議会も開催された。会議開催につれ連合協議会制度は次のように整備され，形成した。①会議に議員のほか，当局・政府，軍の代表も出席する。②連合協議会の機能は「上意下達・下情上宣」であり，即ち「各人民代表を集め，純正な民意を発揮し，行政当局と一堂で会い，行政当局が統治教化の方針を代表に説明し，代表が純正な民意を行政当局に捧げる」ことである（傍点筆者。北京市档案館, 1989: 110）。③議案の提出に当り，議案の内容に対する「弁法」も提出すべきである。議案の提出が当局・政府の指導を受け，また会議は議案を事前に整理する。議案の議決方法は衆議統裁制であり，主な処理方法は委員会一任である。

4．協和会と1930年代日本の政治

A．協和会経験の紹介と日本国内の政治体制改造の始動

　日中戦争開戦以前，日本国内に協和会の経験が注目され始め，また石原莞爾を中心とする「満州組」は当初の協和会構想をふまえ，日本国内の政治体制を一国一党制に改造しようとした。1936年9月18日の植田声明の公布により政党を始めとする日本国内の諸政治勢力ひいては社会一般は本格的に協和会に目を向け，協和会のイデオ

ロギー・組織・制度が紹介された。9月18日に各新聞紙は一斉に協
和会の再編を大きく報じた。『東京朝日新聞』（朝刊）が植田声明を
全文掲載し，声明についての植田の解説も掲載した。解説は，冒頭
に「一，民主々義的議会政治は不採用」と掲げ，「六，表裏一体の
関係」に協和会と政府との表裏一体を強調し，「七，関東軍の立場」
として「協和会精神は日本精神と一致し，国防上の要求に合致する
ものである」と述べた。

　政友会・民政党の両既成政党は，協和会のイデオロギーを議会政
治の否定，軍指導下の一国一党制の創設ととらえ，激しく反発し
た。この頃，日本国内の政治体制の改革（「庶政一新」）は検討されて
おり，植田声明の新聞記事が1か月半後の10月30日に報じられた，
政党内閣制の否定を主眼とする陸軍の議会制度改革の構想と相まっ
て，政友会・民政党に大きな刺激を与えた。両党の反発に直面し，
11月6日に陸相寺内寿一は閣議で陸軍に議会権限縮小の意思がない
と弁明したが，両党は陸相の弁明に満足しなかった。当時，議会制
度改革のために政府は議会制度調査会を組織した。11月16日の調査
会第二回総会で浜田国松（政友会），斎藤隆夫（民政党）らの代議士
は議会制度に対する陸軍の意思を首相広田弘毅に質し，浜田が特に
植田声明をとりあげ，協和会精神と日本精神とは一致するという声
明の解説から陸軍の日本国内の議会政治否定の姿勢が読み取れると
論じた。諸代議士の要請で12月2日に議会制度改革の懇談会は開催
された。寺内陸相は懇談会に出席し，軍の政治関与が不可であり，
植田声明と帝国議会の運用とは無関係であると述べ，諸代議士と質
疑応答を行った。以上の協和会をめぐる議論の高まりの中で，12月
18日に日満中央協会は日本国内の協和会に対する理解の深化のた
め，貴衆両議院の議員，協和会関係者を招請して懇談会を開催し

た。懇談会で各議員は，協和会の連合協議会制度の下意上達機能の状況から，協和会による満州国の政治が議会政治であるか専制政治であるかを質した。石原莞爾，板垣征四郎とともに協和会の成立に与った片倉衷少佐は，「協和会の協議会は，民意の暢達，上意下達の機関として，その運営は議員の能力と道義心にかかっている」。「今日，満洲の政治は議会政治は尚早であり，形式は独裁でも，正しい民意を暢達し，専断を排し，協和会の適正な運営は官僚独善主義を排す」と回答した（傍点筆者。片倉, 1978: 236）。懇談会の議事録は協和会創立宣言などの関連資料とともに，翌1937年1月17日に出版された。

　協和会イデオロギーの紹介で激化された陸軍と既成政党との対立は，広田弘毅内閣を倒壊に導いた。議事録出版の4日後の1月21日，第七十議会衆議院・本会議第三回会議で浜田国松は，協和会を再び取り上げ，陸軍の政治関与・勢力拡張を批判した。浜口は軍民一致と言っても政党が対立にこそ意義を有するため，協和会のような一国一党に至ることができないと説き，満州国が関東軍の威力によって協和会以外の団体を禁止し，一国一党制を強行しているとも述べた。浜田の演説に衆議院は拍手を送った一方，寺内陸相はそれを陸軍への侮辱とした。浜田と寺内とは激論し，ついに周知の切腹問答に至った。切腹問答で既成政党と陸軍との対立がピークに達し，2月2日，それを収められない広田内閣は総辞職した。

　広田内閣倒壊後，参謀本部第一部長心得・戦争指導課長石原莞爾らの「満州組」は後任内閣の組織に積極的に動き出した。石原グループは，後任内閣の下で日本国内の政治体制を改造し，自らの協和会構想に沿い一国一党制を作り上げようとした。だが，彼らの試みは成功できなかった。石原系の日満財政経済研究会は1936年6月に

「政治行政機構改革案」を作り，同志組織で党員百万人を有し首相が党首を兼任する一国一党の日本国権社会党の結成を述べた。広田内閣が倒壊すると，石原は満州事変，満州国建国，協和会成立の関係者をリードし，元老西園寺公望が提示し，既成政党も支持した宇垣一成内閣案を退け，林銑十郎元陸相を首相にしようとした。石原グループは，林内閣に板垣征四郎を陸軍大臣として送ろうとし，林内閣による日本国内の政治体制の改造を計画した。しかし，寺内陸相，梅津美治郎次官は板垣陸相案を固く拒否し，林はついに妥協し，寺内らの意見を認めた。板垣陸相案の失敗により石原グループは林内閣から離反して勢力も失っていき，その政治体制改造の計画が実行に移らずに終わった。

B.　協和会と大政翼賛会

　1940年の近衛新体制運動の原型は1938年の近衛新党運動であり，この新党運動は協和会関係者に後押しされ，協和会のような一国一党の結成を目指した。1937年6月に林銑十郎内閣の代わりに第一次近衛文麿内閣が成立し，一か月後に日中戦争は開戦し，長期化した。日中戦争の長期化とそれによる失業などの国内問題の深刻化に対応するため，1938年9月に秋山定輔（無所属），秋田清（政友会），久原房之助（政友会），麻生久（社会大衆党）らの代議士は近衛首相に挙国党の結成を勧めた。近衛は，8月末に陸相板垣征四郎に協和会のような新党の結成を勧められたことがあった。代議士たちの提案を受けると近衛は，新党運動に積極的に踏み出した。新党運動中，基礎的な新党案を作成したのが社会大衆党代議士亀井貫一郎，麻生久であったが，亀井は協和会を念頭に置き，一国一党で「『デモクラシイ』に非ず『独裁』に非ず」指導者原理に基づく新党という構

想を提示し，またこの新党が満州国の協和会，中国で結成されるべ
き一国一党の全民党と協力して東アジア共同体を築き上げることを
期待した（今井ほか，1974: 16）。新党を協和資政会と名づけることも
検討された。

　近衛新党運動は近衛の変心，各政党の関心の喪失及び1939年1月
4日の第一次近衛内閣の倒壊により下火した。1939年中，新党結成
という政界再編を超えて底辺から国民全体を再組織することが検討
された。国民再組織の方法，新しい国民組織の形態などの課題の議
論の中で，協和会が多く言及された。

　1940年6月から第二次近衛文麿内閣の下で近衛新体制運動は始ま
った。8月28日に新体制準備委員会は第一回会議を開催し，9月17
日まで6回の会議を開催した。準備会第二回会議で準備会幹事会の
新体制草案が提示された。草案は陸相東条英機の腹心となり軍務局
長を務めた，前記の武藤章のリーダーシップの下で，企画院の新体
制案による新体制の理念と，革新右翼に属する近衛首相のブレイン
である知識人団体の昭和研究会の新体制案による新体制の組織・制
度を組み合わせて作成されたが，二つの案の作成者がともに，協和
会と繋がりを有した。企画院総裁の星野直樹はそもそも満州国日系
官僚であり，1937年に東条英機が関東軍司令官に就任すると，国務
院総務長官として東条と協力し，満州国の産業開発を統轄した。一
方，昭和研究会及びその外郭団体昭和塾の成員に，橘樸などの協和
会の成立に関わった元協和会員があった。1939年7月に昭和研究会
の東亜政治研究会は満州国の政治を研究し，協和会を考察した。協
和会が政府と「表裏の組織」と認識され，また協和会の分会組織の
活発化，各級連合協議会の運用が注目された。なお，昭和研究会の
リーダーの後藤隆之助が1937年に大陸視察のために満州国に出張

し，満州国で協和会役員と相談し，石原莞爾とも面会した。企画院
と昭和研究会との両方の構想を整合した草案は，以下の内容であっ
た。新体制の政治組織体の「中核体」は，「指導者組織」で「政府
推進力の母体」であり，「最高指導者は総理大臣を以て之に充」て，
「構成員は最高指導者の指名に依る」。中核体は「政府及議会と密接
不可分の関係に立」ち，「上意下達，下意上通の機能」を有し，「戒
律的機能を具備する」。中核体の組織・制度として，中央部に執行
機関の中央本部と新体制促進中央協力会議を設置し，道府県・郡
市・町村に各級支部，地方協力会議を設置する（下中, 1954: 101-109）。
協力会議の構成・機能について，詳細な説明が用意された。

　ところで，新体制運動中，社会一般も協和会に関心を高めた。9
月21日に満州国に協和会第七回全国連合協議会が開かれ，日本国内
の各新聞紙は毎日，会議の日程を報じた。会議の開催をきっかけに
連合協議会制度も話題になった。『東京朝日新聞』（朝刊）は9月25
日に「話題の鍵」欄に連合協議会制度を紹介し，制度が「上意下
達，下意上達の実現をはかるもの」であり，会議で「私心なき真正
の民意」が議案として提出され，議案が衆議統裁で議決されると述
べた。

　1940年10月12日に大政翼賛会は発足し，「大政翼賛運動規約」を
発表した。規約は運動の目的を「万民翼賛，一億一心，職分奉公の
国民組織を確立し，その運用を円滑ならしめ，もって臣道実践体制
の実現を期する」と規定した。12月14日にさらに「大政翼賛会実践
要綱」は決められ，翼賛会が「常に政府と表裏一体協力の関係に立
ち，上意下達，下情上通を図り，もって高度国防国家体制の実現に
努む」国民組織であると述べた（傍点筆者。下中, 1954: 139, 143）。翼賛
会の組織は以下の通りであった。翼賛会は内閣総理大臣を総裁と

し，総裁の下で総務・常任総務，事務総長，顧問・常任顧問がある。中央部に中央本部は設置され，中央本部は事務局が中心であり，議会・企画・政策・組織・総務の五局を含める。道府県・郡六大都市・市町村の各級自治体に地方支部は設置され，支部長を頂き，各種の部局がある。市町村支部の下で部落会・町内会，さらに隣組は組織される。中央本部，各級地方支部の附属機関として，中央・道府県・郡六大都市の場合，協力会議は設置される。市町村・部落会町内会・隣組の場合，常会は協力会議の機能を果す（図2）。

協力会議制度は具体的に整備され，協和会の連合協議会制度と類似していた。「大政翼賛運動規約」は「中央本部に中央協力会議を附置す。中央協力会議に議長を置く，議長は総裁これを指名す（中略）中央協力会議員は総裁これを指名す（後略）」（第十二条），「道府県，郡，市区町村その他適当なる地域に本会の支部を置き各協力会議を附置す（後略）」（第十四条）と規定した（下中, 1954: 140）。大政翼賛会総務局協力会議部は，以下のように協力会議制度を規定し，その運用を指導した。協力会議は「御奉公のための全国民の家族会でありまして，職能職域各分野に於ける衆智全能を一堂に集め，よりよき翼賛の道を発見せんとするもの」である。協力会議の主な機能が上意下達・下情上通であり，下情上通を通じて「官民一魂一体となって臣道実践の極致を尽すことによって無限絶大の国力」を発揮する。それ故に下情上通の際，「対立観念よりする攻撃防衛や，形式的な質問応答や，議論の為めの議論」が不可である。地域・職域代表の議員のほか，翼賛会役員，政府の代表，議会の議員も協力会議の構成員である。議案提出について「協力会議の性格や使命の上に立って予め一般情勢や自己の職域地域の動向や特色を充分研究考慮して適切なる生きた議案を出されるやう努めらるべき」であり，

図2　大政翼賛会の組織

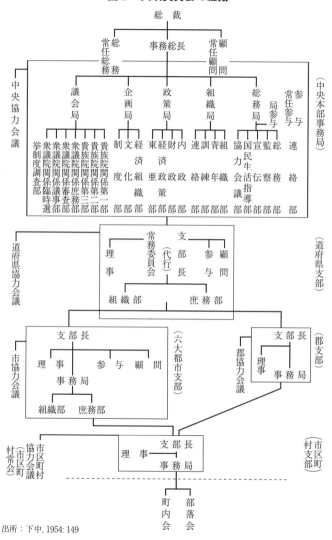

出所：下中, 1954: 149

また中央協力会議に議案調整委員会を設け，議案を整理した。議案
の議決方法は衆議統裁制である（大政翼賛会総務局協力会議部：1941）。

5．おわりに

　以上，1930年代における協和会の成立・展開，協和会が東アジ
ア・日本の政治に与えた影響を跡づけた。満州事変，満州国の建国
はワシントン体制及び日本国内の立憲体制に対する挑戦であった。
1936年の再編を期に確定された協和会のイデオロギーが，一国一党
の協和会，協和会による一国一党制，協和会体制に基づく日本主導
の東アジア・世界の新秩序を主な内容とし，ワシントン体制及び日
本国内の立憲体制への具体的なアンチテーゼであった。だが，実際
の組織・制度の整備と運用の状況として，1934年9月から協和会は
既に政府の指導統制下に置かれ，組織・制度も執行機関の強化，連
合協議会制度の形骸化と民意の政治への反映の不承諾など，政府翼
賛の方向で整備・運用された。1936年の再編の後，協和会は政府と
一体化する思想・政治団体となり，満州国の国家機関となったが，
協和会に対する政府の指導統制，協和会の政府翼賛機関の性質がむ
しろ強化された。1937年7月から満州国の戦時体制の整備により，
協和会は戦争協力機関と化した。なお協和会は自主的に対外活動を
行わなかった。このように協和会のイデオロギーとその実態とは一
致しなかった。侵略戦争の結果の満州国では，侵略者の日本人と侵
略された各民族人民との協和，協和会に対する人民の自発的な支持
が本来不可能であった。満州国は関東軍の軍事力，日系官僚の強権
的な支配によってしか維持されず，協和会が勢い軍・政府に従属し
た。また，1936年再編の後，関東軍司令官東条英機，東条と結ぶ満

州国の日系官僚も満州国を植民地と見做し，治安の保障，資源の収
奪，戦時体制の早期構築を優先とし，協和会を満州国内の人民統制
の道具とした。

　協和会は日本の中国占領区の統治体制及び日本国内の新しい政治
体制の先駆となり，華北占領区の新民会，日本国内の大政翼賛会が
協和会の経験を大きく取り入れた。ところが，最初に日本の中国占
領区，日本国内に協和会の経験を広げたのが主に石原莞爾，小沢開
作などの協和会成立の立役者であり，彼らは協和会の同志組織の性
質，協和会による下意上達及び人民の自発性の引き出し，協和会の
自主性・政府に対する優位性，協和会の対外活動の展開を重視し，
満州国に失敗した自らの協和会構想を中国占領区，日本国内に実現
しようとした。だが，新民会の改組・定着，大政翼賛会の成立は，
協和会を政府翼賛機関とした東条英機グループに後押しされた。そ
の結果，新民会，大政翼賛会は協和会と同じく一国一党的政治団体
と設定された一方，協和会のイデオロギーと組織・制度の実態との
不一致も受け継いだ。なお新民会，大政翼賛会は，協和会よりも政
府翼賛機関の性質が強かった。

　さて，1941年以降，日本・満州国・中国の「親善」を示して促す
ため，大政翼賛会の中央協力会議，新民会の全体連合協議会，協和
会の全国連合協議会は互いに代表を派遣していった。この代表派遣
が東アジア「共栄」の象徴として大きく宣伝され，協和会イデオロ
ギーの，協和会体制に基づく日本主導の東アジアの国際秩序は形式
上，実現された。

　それでは，太平洋戦争開戦後，大政翼賛会，協和会，新民会はど
のように影響し合い，連動したのか。この問題への考察を，将来の
課題としたい。

※本論文は，2020年度科学研究費助成事業（若手研究，研究課題番号20K13402）の研究成果の一部である。

［文献］（発行・出版年順）
【原資料】
橘樸主編『満洲評論』
満洲帝国協和会編『協和運動』
小山貞知『満洲国と協和会』，満洲評論社，1935年
原沢仁麿編『中華民国新民会大観』，公論社，1940年
小山貞知『満洲協和会の発達』，中央公論社，1941年
大政翼賛会総務局協力会議部編『協力会議に就て』，大政翼賛会協力会議部，1941年
下中弥三郎編『翼賛国民運動史』，翼賛国民運動史刊行会，1954年
小林龍夫・島田俊彦解説『現代史資料7　満洲事変』，みすず書房，1964年
稲葉正夫ほか編集・解説『現代史資料11　続満洲事変』，みすず書房，1965年
満洲国史編纂刊行会編『満洲国史』総論・各論，満蒙同胞援護会，1970・1971年
角田順編『石原莞爾資料（増補）　国防論策篇』，原書房，1971年
山口重次『満洲建国の歴史——満洲国協和会史』，栄光出版社，1973年
今井清一・伊藤隆編『現代史資料44　国家総動員2』，みすず書房，1974年
片倉衷『回想の満洲国』，経済往来社，1978年
満洲帝国協和会編『満洲帝国協和会組織沿革史』，不二出版，1982年
北京市档案館編『日偽北京新民会』，光明日報出版社，1989年
【先行研究】
平野健一郎「満洲国協和会の政治的展開——複数民族国家における政治的安定と国家動員」，『年報政治学』23号，1972年
鈴木隆史「満州国協和会史試論」（一）（二），『季刊現代史』2・5号，1973・1974年
八巻圭子「中華民国新民会の成立と初期工作状況」，藤井昇三編『1930年代中国の研究』，アジア経済研究所，1975年

三谷太一郎「満州国国家体制と日本の国内政治」，『岩波講座近代日本と植民
　　地 2　帝国統治の構造』，岩波書店，1992年

奥村弘「地方統治における満洲国協和会の位置――満洲国協和会第七次全国
　　連合協議会の分析をとおして」，山本有造編『「満洲国」の研究』，京都大
　　学人文科学研究所，1993年

堀井弘一郎「新民会と華北占領政策」（上）（中）（下），『中国研究月報』539
　　-541号，1993年

赤木須留喜『近衛新体制と大政翼賛会』，岩波書店，1984年

伊藤隆『大政翼賛会への道――近衛新体制』，講談社，2015年

第4章　米中貿易摩擦と戦後国際秩序の行方

長久明日香

1．はじめに

　トランプ政権発足後に深刻化した米中貿易摩擦は，2020年1月に「第1弾の合意」に達したにも関わらず，その後も情報通信分野を中心に摩擦は継続し，米中関係は悪化の一途をたどっている。こうした状況は一部で米中「新冷戦」として注目されているが，なぜこれほどまでで米中関係は悪化したのだろうか。米中「新冷戦」という指摘は，米中間の主導権争いに焦点を当てているが，それを米中関係悪化の要因とみてよいのだろうか。今日の新型コロナウイルス感染症拡大の危機においても明らかであるように，現在の米中はどちらも「自国第一主義」に終始し，世界を主導する意思も能力も欠いている。つまり，むしろ，今日の国際政治の最大の問題は，感染症拡大のようなグローバルに広がる問題への対処のために国際社会を主導する国や勢力が存在しないことと言える。

　そして，米中対立が深刻化する背景には，これまで国際的な協力の基礎となってきた戦後国際秩序の危機があるのではないだろうか。このような国際秩序の危機はトランプ政権成立以前から指摘さ

れており，現在の米中対立の本質は何なのか，なぜ収束しないのか
を考えるためには，この戦後国際秩序の危機から理解する必要があ
る。

　以下では，まず第二節で，国交正常化後の米中関係がどのように
展開し，現在のような対立状況に至ったのか，その過程を振り返
る。そして，第三節では，戦後の国際秩序とはどのようなものであ
り，それがどのように米中関係の悪化に影響を与えているのか，そ
の背景を指摘する。第四節では，近年注目されている一帯一路構想
とインド太平洋構想について検討した上で，最後に，戦後国際秩序
を維持するための方策について考えたい。

2．米中関係の展開——関与から競争・対立へ——

A．安定した米中関係

　冷戦期の米国の対中政策は，1960年代までは中国をソ連とともに
封じ込めの対象とする一方で，国交正常化後は関与政策が中心であ
った。まず，1969年の中ソ国境紛争を境に中ソ対立が深まると，ニ
クソン政権は対中関係の改善を模索し，1972年の大統領訪中を機に
外交関係を樹立した。その後，カーター政権の下で，1979年によう
やく国交正常化が実現し，本格的に米中関係が展開されることとな
る。具体的には，米国から中国に対し，軍事交流などによる情報協
力，武器売却を含む軍事協力，留学生の受け入れによる科学技術協
力などが積極的に行われていた。ただし，国交正常化後の歴代政権
は，発足当初は中国に対して強硬な姿勢を示すが，のちに穏健化
し，対中関係を改善するために関与政策を展開するという傾向があ
った。

　このような関与政策は，冷戦を背景とした米中間の戦略的提携という側面を持つ。冷戦において米国の最大の敵はソ連であり，ソ連を包囲するための戦略的カードとして中国は米国の外交戦略の中で大きな存在意義を持っていた。そのため，冷戦の終結によって，米国にとって中国の戦略的意義は大きく損なわれることになる。しかし，冷戦終結後も米国の対中政策は，基本的には関与政策が継続されていく。その背景には，米国において，1970年代から80年代にかけて楽観的な中国観が受け入れられていたことがある。つまり，中国を米国中心の国際秩序に組み込み，中国が経済成長を遂げることで，中国がルールに基づく既存の秩序を受け入れ，また，国内においても自由化や民主化が進むという期待があった。このような楽観論が受け入れられていたことで，米国における対中感情も改善されていった。対中接近が始まった1970年代の米国世論は，まだ文化大革命のイメージが強く，中国の政治体制や全体主義的な指導者に対する不信が強く，むしろ台湾への共感が強かったが，1980年代には，対中感情が改善し世論調査において中国に対して好意的な回答の割合が70％以上を占めるまでになっていた（フリードバーグ，2013, p. 109）。

　しかしながら，この楽観的な中国観は2つの事件によって揺さぶられることになる。まず，1989年の天安門事件では，中国の抑圧的な政治体制や人権問題が再び注目されることになり，対中楽観論に疑念が生じ始めていた。さらに，1996年の台湾海峡危機がこうした対中感情の悪化に拍車をかけることになる。初めて総統を国民の直接選挙によって選出することで民主化を進めようとする台湾に対し，中国が弾道ミサイル発射実験を行って選挙に干渉しようとしたことは，対中楽観論への懐疑を強めるどころか対中脅威論を生むこ

とにもなった。

　そして，冷戦の終結と二つの事件は，政権レベルでも中国に対する警戒感を高めていた。例えば，天安門事件後も貿易などの経済的な交流は拡大した一方で，武器の売却は全面的に禁止され，国防当局，情報機関，国防産業での交流は控えられるようになり，軍事的な連携はほぼなくなった。そして，1996年の台湾海峡危機によって，中国はもはや米国にとって戦略的なパートナーではなく，潜在的な脅威になりつつあると認識されるようになった。そして，中国が台頭する中で東アジアにおいて，米国にとって好ましい力の均衡を保全するための政策が追求されていく。それは，冷戦の終結にも拘らず，太平洋における米軍を強化し，さらには，日本や韓国などとの同盟を強化するという方針に現れていた。しかしながら，ブッシュ（父）政権は，天安門事件後に，弾道ミサイル・核兵器・化学兵器の不拡散，環境問題等において中国は依然重要な協力相手であるとして戦略的意義を再定義し，また，クリントン政権は，「包括的関与政策」を発表して更なる米中協力を進め，さらに貿易面においては中国の世界貿易機関（WTO）への加盟を支持するなど，対中政策の基本はやはり「関与」であった。また，ブッシュ（子）政権も，当初は中国を戦略的なライバルと認識し，強硬な外交政策を計画していたが，2001年9月11日の同時多発テロ以降は，中国を既存の国際秩序における「責任あるステークホルダー」（Zoellick, 2005）として扱うことを表明し，関与政策はより進展したと言える。

　以上のように，国交正常化後の米国の対中政策は「関与」が基本であったことに対し，中国の外交政策の基本は「韜光養晦，有所作為（能力を隠して好機を待ち，為すべきことをする）」であった。米中国交正常化の時点では，世界は戦争と革命の時代であるとして，冷戦

環境における国防の観点から，中国はソ連に対抗して米国と連携する戦略を採っていた。一方で，1970年代末には，政権を掌握した鄧小平国家主席の下，国内においては改革開放政策をとり始め，1980年代半ばには，戦争と革命の時代が終わり，「平和と発展」が世界の潮流であると宣言した。こうした宣言の背景には，当時の見方として，今後米ソが衰退し，世界は中国をはじめとした発展途上国が台頭する多極化の時代に向かっているという鄧国家主席の判断があった。しかしながら，1980年代末から1990年代初頭には，東欧で共産党支配が崩壊して民主化が進み，ソ連の解体によって冷戦が終結し，さらに，中国は天安門事件後の制裁と国際的非難の中で孤立状態に陥った。こうした状況下において，国内には経済改革を放棄し，米国とその同盟国に対して対決的な姿勢をとることを主張する強硬派が台頭しつつあった。こうした政策変更を求める声への対応として，鄧国家主席は1991年夏に共産党指導部に向けて24字指針を伝達した。それは，「冷静観察，站穏脚跟，沈着応付，韜光養晦，善於守拙，絶不当頭（冷静に観察し，前線を固め，沈着に対処し，能力を隠して力を蓄え，決して先頭に立ってはならない）」というものであり，この一部がその後の中国の外交・国内政策の全般的な指針となった。こうした指針が出されたのは，天安門事件や冷戦の終結の中で，鄧国家主席が自国の総合力の弱さを痛感して，強硬派の主張を強く諫め，まず，「改革開放」を通じた国内経済の成長を優先することが必要とし，そのためには自国を取り巻く環境の安定化が決定的に重要であると考えていたからである。つまり，当時の中国には，強硬な手段で力を誇示することがかえって国力を損なうという認識があり，それによって，他国に脅威とみなされない，控えめな態度を採ることで周辺国と友好な関係を築くことが目指されるよう

になったと言える。

　そして，この「韜光養晦」路線が対米政策においても実践された
ことによって，当初は対中強硬政策を採っていた米国の歴代政権を
軟化させることにも成功し，米中関係を好転させた。例えば，天安
門事件後，中国の人権問題を最恵国待遇の付与条件に結び付けよう
としていたクリントン政権に対しても，「増加信頼，減少麻煩，発
展合作，不搞対抗（信頼を増進し，トラブルを減らし，協力を発展させ，対
抗しない）」という方針の下で，政治的対話と経済的交流を促進し，
最終的には，無条件での最恵国待遇の付与を引き出した。また，台
湾海峡危機の際も，米国は空母 2 隻を台湾海峡に派遣して中国を牽
制したが，これに対してもさらに対抗するのではなく，対話・協調
を進めることで，1998年には，クリントン政権との間で，米中「戦
略的・建設的パートナーシップ」の合意に至った。そして2001年に
同時多発テロが発生すると，「国際テロリズムに断固反対，米国と
の協力」を明確に打ち出すことで，当初は中国を「戦略的競争者」
とみて強硬な姿勢を示していたブッシュ（子）政権からの信頼を得
ることに成功した（青山・天児, 2015, p. 36-38）。

　このような「韜光養晦」路線の成果は，中国経済の成長としても
現れ，中国の国力が増大する中で，中国の外交戦略は，次第に「平
和的発展」へと進化していくことになる。中国の経済的発展を，国
内総生産（GDP）で見ると，1980年代の2020億ドルから1990年には
3902億ドル，さらに2000年には 1 兆1985億ドル上昇に上昇し，世界
第 6 位の規模になった（青山・天児, 2015, p. 39-40）こうした中で，
2002年に発足した胡錦濤政権は，同時多発テロ事件後に米国の関心
が中東へと向かったことによってアジアにおける米国の戦略的圧力
が低下したことを「戦略的好機」と捉え，「平和的発展」というス

ローガンの下で協調的な外交を進めた。例えば，戦略的互恵関係という枠組みの下での日本との関係修復，「両岸関係の平和的発展」という枠組みの下での台湾との交流拡大，東南アジア諸国連合（ASEAN）諸国との自由貿易協定（FTA）交渉開始に合意するなど，パートナーシップ外交を推進した。さらには，地域協力メカニズムの構築にも積極的に乗り出し，ASEAN＋3（日中韓）の定例化や，朝鮮半島の核問題をめぐる6者会議の開催，さらには東アジア共同体論を推進することで，中国を取り巻く国際環境の改善に努めていたと言える。

　以上のように，1980年代から2000年代後半までは米中両国が互いに慎重な態度を示したことで，安定した米中関係が維持され，これがアジア太平洋の国際秩序と安定の基礎だったと言える。

B. 戦略的協調から戦略的対峙へ（阿南，2013）

　前項で見たように，国交回復以降の米中は協調関係を維持していたが，2010年までに，徐々にその関係が変容していった。その背景には，まず中国の対外政策の転換があった。具体的には，2008年頃から「韜光養晦」路線の見直しが進められ，その後，2009年の外交使節会議において，「堅持韜光養晦，積極有所作為（能力を隠して好機を待ちつつ，積極的に為すべきことをする）」というスローガンの採用が表明された。この変化は，基本的には「韜光養晦」路線を維持しながら，増大した国力に合わせて，自国の利益をより積極的に追求する，ということを意味している。そして，特にこの頃から，南シナ海，東シナ海における海洋権益や領土問題に関して中国の強硬姿勢が目立つようになった。当時，国連海洋法条約における排他的経済水域（EEZ）の境界画定問題とそれに伴う島嶼の取り扱いが中国

と周辺国の間で重要な外交案件として浮上していたこともあり，日本，ベトナム，フィリピンとの対立がエスカレートしていった。例えば，2008年12月，中国の国家海洋局の中国艦船 2 隻が尖閣諸島周辺の日本の領域に現れ，数時間にわたって停泊・徘徊を続けた。その後も，このような中国の艦船による海上巡視は活発化し，そうした流れの中で，2010年 9 月には，日本の海上保安庁の巡視船と中国の漁船との衝突事故も発生した。さらに，南シナ海では，2009年に南シナ海のほぼ全域をカバーする「九段線」を中国の主権が及ぶ領域として主張し，大型の巡視船を配備して，ベトナム漁船の拿捕とベトナム漁民の勾留が頻繁に行われるようになった。また，2012年 4 月には，フィリピンが領有を主張するスカボロー礁で中国漁船を拿捕したフィリピン軍と中国の監視船が 2 か月間対峙し，最終的にはフィリピン軍を撤退させるという事件も発生した。

　こうした中国の強硬路線への転換の背景には，中国の大国としての自信の深まりがあったと考えられる。そのような自信を深める大きなきっかけとなったのが，米国のリーマンブラザースの経営破綻に端を発するグローバル金融危機への対処である。中国は金融危機後の景気低迷に対して，インフラ投資を中心に 4 兆元（当時のレートで約64兆円）に上る国内景気刺激策を打ち出した。その結果，中国自身が早期に金融危機を脱しただけではなく，中国経済に依存する近隣のアジア諸国も2009年末までに金融危機前を上回る経済成長率を達成し（『通商白書』2010年度版，第 2 章 1 節 2 ），中国の対応はアジア経済の回復に貢献したと評価された。さらに，2008年の北京オリンピック，2010年の上海万博といった世界規模のイベントを成功裏に終わらせたことや，2010年には GDP で日本を抜き，世界第 2 位となったことなども国際社会における中国のプレゼンスを高めたと

考えられ，中国の大国意識の高揚に寄与したと言える。

　以上のように，胡錦濤政権下の2008年もしくは2009年頃からすでに中国の対外強硬路線は強まりつつあったが，2013年に成立した習近平政権では，「中華民族の偉大な復興」というナショナリスティックなスローガンのもと，対外強硬路線がさらに強化されていくことになる。習近平政権では，もはや「韜光養晦」という言葉は使われなくなり，胡錦濤政権において「積極有所作為」と改変された部分をさらに強化する「奮発有為（奮起して成果を上げる）」というスローガンが掲げられ，より積極的に外交上の成果を上げることが強調されるようになった。例えば，2013年1月の中央政治局の会議において，習国家主席は，「核心的利益の問題で取引しない」と発言し，主権，安全，発展利益の問題において譲歩しない姿勢を強調した。そうした核心的利益には，南シナ海や東シナ海における主権，領土に関わる問題も含まれており，海洋における強硬姿勢が強化されていく。例えば，2013年11月に，東シナ海の広い範囲に，戦闘機による緊急発進（スクランブル）の基準となる「防空識別圏（ADIZ）」を設定したと発表した。これには，日本がすでに防空識別圏を設定している尖閣諸島上空も含まれており，尖閣諸島をめぐる両国の緊張を高めることになった。また，南シナ海に関しては，2014年以降，南沙諸島において大規模な埋め立てや滑走路の建設を進め，西沙諸島において地対空ミサイルや戦闘機が配備され，スカボロー礁においても埋め立てが準備されるなど全域で軍事拠点化が進められた。

　一方で，2009年に発足した米国のオバマ政権は，発足当初は対中「関与」を強調し中国と良好な関係を築こうとしたが，その後より強硬な姿勢へと変化しており，歴代の政権が当初は対中強硬的でのちに穏健化したこととは逆の方針転換を行ったと言える。発足当初

のオバマ政権は，安全保障面においては徐々に対中警戒感を深めつつあったが，気候変動などの環境問題，感染症などの公衆衛生問題，さらにはグローバル金融危機への対応などのグローバル課題に関して米中が共に取り組み，世界を主導していくことを意識していたと考えられる。こうした考えが明確に示されたわけではなかったが，2008年頃には，オバマ大統領と関係のある外交政策専門家が米中は対等な協力関係の下で今後の世界を主導すべきという米中「G2論」を提案していた（Bergsten, 2008）。また，2009年7月の「米中戦略・経済対話」の初会合で オバマ大統領は「米中関係が21世紀の形を決める」と述べるなど，対中関与政策を拡大・深化させる意図があったことは明らかであった。さらに，2009年11月には，オバマ大統領が初めて訪中し，胡錦濤国家主席との間でまとめられた共同声明では，米中が互いに相互不安と相互不信を高めるような言葉と行動を避けるべきであるとして，戦略的相互信頼の構築と強化が謳われた。実際，オバマ政権は，2009年中は，中国の人権問題やチベット，ウイグルなどの少数民族への弾圧に対する批判を控え，中国側への配慮を示した。しかしながら，前述のように，中国はこの頃大国としての自信を深め，特に周辺海域における強硬外交が目立つようになっていた。また，2009年前後から，グーグルをはじめとする外国メディアへの規制を強化し，さらに劉暁波へのノーベル平和賞授与取り消しを求めて各国に水面下で圧力をかけるなど，米国の不満を高めるような強硬姿勢を示すことが多くなった。

　そして，2010年初めにはオバマ政権はより強硬な対中政策へと軌道修正していく。1月には，インターネットに対する中国政府の検閲・監視を批判し，台湾への武器売却を決定した。また，2月には，それまで控えられていたダライ・ラマ14世との面会にも踏み切

った。こうしたオバマ政権の態度硬化の背景には，当初進められた対中関与政策の深化や中国への配慮が中国の対外政策を穏健化させることに失敗しただけでなく，むしろ米国の宥和的な姿勢が中国に米国凋落の兆しと捉えられ，中国の高圧的な行動を引き起こしたという批判があった。そして，それがオバマ政権は対中弱腰外交であるという評価を生み，そのマイナスイメージを払しょくするためにも政策転換の必要があったと言える。また，これまで良好で安定した米中関係を最も支持していたアメリカ経済界が中国市場に対して不満を示し始めたのもこの頃であった。当時，中国政府が国内企業に補助金を提供し，一方で外国企業に対しては技術移転を強要し，知的財産権を侵害していることへの不満が募っていた。また，グローバル危機後の失業率の高まりは，中国との間での貿易不均衡に対する不満を高めるなど，これまで米中の良好な関係を後押ししていた経済面においても強硬姿勢を促す要因が増加していった。

　オバマ政権は発足時からアジア重視の姿勢を示していたが，2011年11月頃から，戦略文書や政権首脳陣による政策演説や論文で，「アジア・ピボット」や「アジア・リバランス政策」として明確に「アジア太平洋シフト」を打ち出すようになり（例えばClinton, 2011），これが米国の対中強硬姿勢を強化したと捉えられている。「アジア・リバランス政策」は，アジアにおける中国の台頭が顕在化する中で発表されたために，「中国封じ込め」政策と解釈される傾向があるが，本来リバランス政策は，台頭する中国と友好関係を築きつつ，日本や韓国などアジアの同盟国との関係を深め，かつ東南アジアとの関係も深化させる，といういわばアジアにおける全方位的な関係強化を目指すものであった（ベーダー, 2013, p. 32-33）。また，この「アジア・リバランス政策」の採用によって，オバマ政権がアジ

アにおける力の均衡の維持やバランシングの要素を強化したのは確かだが，その一方で対中「関与」を完全に放棄したわけではなかった。このような「関与するがヘッジする」という戦略はコンゲージメント政策と呼ばれ（フリードバーグ, 2013, 第4章），従来の米国政権はバランシング重視から関与重視に移行することで最終的にはこの政策にたどり着いていた。オバマ政権は歴代の政権とは逆のルートで伝統的な対中コンゲージメント政策にたどり着いたに過ぎなかったと言える。

　以上のように，2010年頃から米中両国が協調的な姿勢を硬化させたことで，米中関係は戦略的協力から戦略的対峙へと変化しつつあった。ただし，オバマ政権はまだ中国を対話の相手とみなし，最後まで関与政策と対中批判とのバランスをとっていたと言える（佐橋, 2020）。

C. 米中「新冷戦」？

　米国では，2017年1月にトランプ政権が成立したが，トランプ大統領は大統領選挙中から中国に対する貿易赤字を問題視し，批判を強めていた。政権発足1年目は米中間で対話のメカニズムが設定され，貿易不均衡是正のための「100日計画」に合意したが，貿易不均衡に対する米国の不満は収まらず，2018年3月にトランプ大統領が通商拡大法232条に基づく鉄鋼・アルミニウム製品に対する追加関税措置を実施した。それ以降，米中間で関税引き上げの応酬が続き，2019年には米中が互いにほぼすべての輸入品に対して平均20％を超える高関税をかけあう状況となった。2020年1月に，1年8か月の交渉を経て，「第一段階の合意」に至ったと発表したが，2020年春以降は，新型コロナウイルスの世界的な拡大によって米中経済

のデカップリング（切り離し）論すら現実味を帯びるようになった。そして，現在の米中対立は貿易面にとどまらず，南シナ海やサイバースペースにおける攻防など軍事面にもおよび，「新冷戦」の時代になったという指摘すらある。

トランプ政権における対中政策の特徴は，大統領自身がむしろ対中脅威論をあおり，対中不信を高めたことで，対中関与政策をとる余地がほとんどなくなったことである。ここまで見てきたように，米国の対中政策は，基本的には「関与」であり，天安門事件や中国の強硬な外交姿勢によって，米国メディア・世論が対中批判を強めても，大統領や政府は，最終的に関与を維持する政策が追求されてきたと言える。そのため，トランプ大統領自身の強硬姿勢が米国の対中政策を大きく変化させたことは否めない。

しかしながら，対中政策の変容は，単なる貿易問題でもトランプ大統領個人の資質によるものでもなく，政府レベルで対中関与よりもバランシングを重視することにコンセンサスが出来つつあることによってもたらされている。例えば，2017年12月に出された『国家安全保障戦略』の中でも，中国はロシアと並ぶ競争相手と位置づけられており，今や対中批判や対中警戒感は全政府的なものとなっている。さらに，世論レベルでも対中警戒感は高まり続けている。ピュー・リサーチセンターの世論調査によると，中国に好ましい印象を持たないと答えた人の割合は，2018年は47％だったが，2019年には60％となっている。また，米シカゴ外交問題評議会の世論調査においても米中関係を「ライバル」と答えた人の割合は2018年の49％から2019年には63％に上っている（小竹, 2020, p. 89-90）。また，このような対中感情の悪化は党派による大きな違いは見られないという。つまり，2021年1月に新政権に移行した後も米中関係は引き続

き悪化するとみられている。

　一方で，貿易戦争が現在のような「新冷戦」へと発展するきっか
けとなったのは，2018年10月にペンス副大統領がハドソン研究所で
行った演説だと言われている。この演説では，貿易問題だけでな
く，通貨操作，強制的な技術移転，知的財産権の侵害，南シナ海等
における航行の自由，イスラム教徒などに対する弾圧などの人権問
題など，中国に対する批判が多くの次元で展開された。これによっ
て，それ以前の貿易や経済面に関する摩擦から，安全保障・政治面
も含む全面的な対立へと発展していった。2019年以降は，次世代通
信規格5Ｇなどの攻防だけでなく，人工知能（AI），バイオテクノ
ロジー，ロボット技術等，多くの最先端技術をめぐって両国が争う
ようになったが，この背景には，中国が「中国製造2025」などを掲
げて国家主導で最先端技術を強化しようとしていることや，国家権
力による先端技術の不正な取得が行われていることへの米国の不満
がある。そして，こうした不満が米中間の貿易交渉では解決され
ず，権威主義国家である中国に技術覇権を奪われることが米国の安
全保障すら脅かしかねないという警戒感を生むようになった。この
ように米中関係の悪化が権威主義体制への批判や安全保障問題にも
波及することで，米中関係は「新冷戦」状態にあると指摘されてい
る。そして，このような懸念の背景には，「トゥキディデスの罠」
（アリソン, 2017）のような権力移行論の考えがある。こうした考えに
基づけば，現在の米中対立を衰退する米国と台頭する中国の間の主
導権争いと捉え，自由民主主義国を率いる米国と権威主義体制や中
国モデルを広めようとする中国との争いは必然であるとし，熱戦に
ならないようコントロールする必要があると言える。

　しかし，米中対立をこうした主導権争い，民主主義対権威主義と

いう対立軸で見ることは正しいのだろうか。特に，新型コロナウイルス感染症が世界に拡大する中で見えてきたのは，米国も中国もともに「自国第一主義」であり，世界を主導する意思も力も欠いているということである。つまり，イアン・ブレマーがすでに2012年に指摘したように，現在は「Gゼロ」後の世界（ブレマー，2012）であり，世界を主導する中心国が存在しないということが実態である。そして，このことが現在の国際秩序の危機を生み，さらにこの国際秩序の危機が両国の対立を助長しているのではないだろうか。

3. 戦後国際秩序の成立と変容と危機

　戦後の国際秩序は，一般にリベラル国際秩序と呼ばれるが，2017年英国のEU離脱の決定と米国におけるトランプ大統領の当選後，その危機が大きく取り沙汰されるようになった。しかし，そもそもリベラル国際秩序自体が曖昧な概念であるため，リベラル国際秩序とは何なのか，そしてなぜ近年危機に陥っているのか整理する必要がある。その上で，本稿では，現在の米中対立との関係についても考えていく。

A. 戦後のリベラル国際秩序
　まず，リベラル国際秩序とは，第二次世界大戦後の冷戦という国際構造の下で，米国主導で形成された西側の国際秩序と言える。リベラル国際秩序概念の主要な提唱者であるアイケンベリーによると，リベラル国際秩序とは，「開放的であり，緩やかにルールに基づいた秩序」のことを指すという（Ikenberry, 2011, p. 18）そして，この秩序は，経済開放性，多国間制度，安全保障協力，民主主義国の

結束という多面的な要素に基づいて構築された（Ikenberry, 2018, p. 17）。そして，これらの要素は，冷戦下において，米国を中心とする北大西洋条約機構（NATO），日米安全保障条約等，2 国間，多国間の取り決めによる政治的枠組みと国際通貨基金（IMF），関税及び貿易に関する一般協定（GATT）のような国際経済制度として発展した。米国はこれらの政治的，経済的枠組みを提供することで同盟をつなぎ止め，世界経済を安定化し，協力を促進することでリベラルな価値を擁護してきた。

　このようにリベラル国際秩序は多分に冷戦という国際環境に規定されて発展してきたにもかかわらず，冷戦終結後，この秩序の外縁をそのまま旧共産主義国や多くの新興国まで拡大することで，リベラル国際秩序は西側の国際秩序から真にグローバルな秩序に発展すると考えられた。そして，こうした考えは，米国の対中関与政策と同じ原理で正当化されていたと言える。つまり，まず，米国主導のリベラル国際秩序の開放的なシステムに包摂することで，それらの国が経済成長を遂げれば，徐々に西側と同様のリベラルな価値観や規範を共有するようになり，自由な市場経済とともに自由民主主義も受け入れられる，という期待である。しかしながら，実際には，冷戦後，リベラル国際秩序に参入した国は，リベラルな価値や規範を完全に受け入れたわけではなかった。その一方で，リベラル国際秩序の開放的な経済システムには順調に組み込まれていったことで，経済のグローバル化が進展した。ソ連崩壊による冷戦の終結は，当時，リベラル国際秩序の勝利と捉えられていたが，現実には，リベラルな価値の共有を伴わないリベラル国際秩序の外縁への拡張と経済のグローバル化が起こっていたと言える。そして，このことが現在のリベラル国際秩序の危機の源泉となっている。

B. 権威主義の台頭とリベラル国際秩序からの逸脱

　冷戦終結後，旧共産主義国を中心に開放的な経済システムへの新規参入が急速に進んだ。例えば，1995年にGATTから発展改組した世界貿易機関（WTO）には，中国が2001年に，ロシアの加盟は2012年まで実現しなかったが，中東欧諸国は概ね2000年代に加盟を果たした。また，ロシアの加盟によって，WTOの加盟国数は156か国となり，その貿易額は世界全体の98％を占めるようになった。金融面においても，IMFが主導する自由な国際金融市場への参入が進み，多くの海外直接投資が新規参入国に向けられた。その一方で，民主主義やルールベースといったリベラルな価値の受け入れは一向に進まなかった。例えば，ソ連崩壊後，一時は民主化した旧共産主義国も，ロシアのプーチン大統領やハンガリーのオルバン大統領などに代表される強権的なリーダーの登場によって，権威主義体制となっている。また，中央アジア諸国は冷戦終結後も権威主義体制を維持し続けていた。それらの国々よりも一足先にリベラル国際秩序に参入していた中国も，経済面では改革開放を進める一方で，共産党一党支配を維持し続けている。

　そして，このようにリベラルな価値の未定着は徐々に権威主義的なリーダーシップを強化するようになる。なぜなら，新規参入国では，自由主義経済が導入される一方で，市場のルールや民主主義が根づいていないために，汚職や腐敗が蔓延し，また貧富の格差を是正するための再分配政策や福祉政策がほとんどないことで，国民の不満が高まり，国内政治が行き詰まると，社会の安定のために強い指導者が求められるようになるからである。また，冷戦終結後に深まった経済のグローバル化がもたらした負の側面も権威主義の台頭を促した。そもそも経済のグローバル化は1980年代に西側先進諸国

で実行された新自由主義改革を契機として進展した。この改革では，主に規制緩和，民営化，減税などが実施され，さらなる自由化を進めるために政府の役割が大幅に削減された。これは，資本移動を厳しく制限し，政府の介入を認めつつ可能な範囲で自由化を進めるという戦後のブレトンウッズ体制の「埋め込まれた自由主義」の放棄とも言えた。そして，この改革によって，特に資本移動の自由化が進められ，国際金融市場が活性化し，海外直接投資が急増したことが，新興国の経済発展を促進した。一方で，国際金融市場の発展は，投機的行動による金融危機の誘発とその急速な国際的伝播という新たな問題も生んだ。そして，危機の発生による政治，経済，社会の混乱が，危機突破型の指導者とそれを支えるポピュリズムを生むことになる。例えば，アジア通貨危機後，政治が不安定化したタイでは，軍事クーデターによる政権交代が起こり，またフィリピンやインドネシア等でも権威主義の傾向が強まった。また，2009年のグローバル金融危機後は，これまでリベラル国際秩序を支えてきた自由民主主義国においても，長期の景気低迷によって経済格差が拡大し，反グローバル化の主張の強まりとともにポピュリズム勢力の台頭や権威主義への支持が上昇している。以上のように，現在，リベラル国際秩序は，その国内基盤から揺らいでいると言える。

　さらに，2009年以降のグローバル金融危機から国家主導の政策でいち早く立ち直った中国やロシアのような権威主義大国は，その後リベラル国際秩序に対抗するような強硬な外交を展開し始め，国際社会を不安定化させている。例えば，ロシアは2014年にクリミア半島の併合やウクライナ東部の紛争への介入を行い，平和的な解決を求める国際連合の安全保障理事会決議に対しては拒否権を行使して対抗した。また，中国は，前述のように南シナ海において軍事拠点

化を進めていたが，これに対して2016年7月に常設仲裁裁判所が違法判決を下した。しかし，中国政府はこの採決は無効であると正面から否定し，受け入れないとした。以上のように，こうした中国とロシアの周辺地域への強制外交は明らかに国際社会の不確実性を高め，戦後の国際リベラル秩序の不安定化を引き起こしていると言える。

C. リベラル国際秩序の危機

　現在のリベラル国際秩序において注目されるのは，中国とロシアのような新規参入国だけではなく，これまでリベラル国際秩序を主導してきた米国自身がこの秩序から逸脱する行動をとり始めていることである。米国はこれまでも自国に都合の悪い国際ルールや条約を無視することはあったが，そうした行動は一時的なものであり，全体としては，自由や民主主義といったリベラルの価値を守り，リベラル国際秩序を維持する立場をとると考えられてきた。しかしながら，米国はそのパワーの衰退とともに徐々にリベラル国際秩序を維持する負担に耐えられなくなってきていた。それは，オバマ政権期の対外政策にすでによく表れている。例えば，シリアの化学兵器使用問題でもはや米国は「世界の警察官ではない」として軍事介入を避け，また，初期の対中政策において，G2論が唱えられたのも秩序維持の負担を中国と分担することを狙っていたからとも言える。さらに，米国では，自己責任論の強さから公的な福祉制度が脆弱なため，グローバル金融危機後の国内経済の低迷による格差拡大の問題は他の先進国以上に深刻化した。そして，格差の拡大によって国内政治の分極化が進み，ポピュリズムの主張への支持が高まったことで生まれたのが，「自国第一主義」を掲げるトランプ政権で

あった。第 2 節で触れた中国に対する関税引き上げは明らかに
WTO の原則に反するものであったが，それだけでなく，政権発足
直後に環太平洋自由貿易協定（TPP）から離脱し，2017 年には気候
変動抑制に関するパリ協定からの離脱も表明し，2018 年にはイラン
核合意から離脱するなど，多くの多国間枠組みから距離を置くよう
になった。さらには，リベラル国際秩序の根幹ともいえる WTO
からの離脱すらも示唆するようになった。このように，リベラル国
際秩序の保護者であった米国自身がリベラル国際秩序を維持するこ
とに負担を感じ，「自国第一主義」を掲げることで，リベラル国際
秩序からの逸脱やその不安定化に関心を払わなくなったと言える。

　以上のように，現在，リベラル国際秩序からの逸脱が頻発するこ
とで国際社会が不安定化している。その背景には，冷戦終結という
国際構造の根本的な変化に対応して，リベラル国際秩序が適切に改
訂されなかったことがある。冷戦後，新規参入国が国内体制を変更
することでリベラル国際秩序に適応することが期待されたが，リベ
ラル国際秩序自体は冷戦終結後の状況に応じた新たな政治的枠組み
と経済的枠組みを構築することはなかった。そのため，新規参入国
である中国やロシアが既存の秩序に不満を感じ，その変更を求める
ことは必然だったと言える。その上，リベラル国際秩序の主導者で
あった米国までも秩序から逸脱し始めたことで危機が深刻化してい
る。

　また，現在のリベラル国際秩序の危機をもたらしているもう一つ
の要因は，米国に代わるリベラル国際秩序の担い手がいない，とい
う点である。リベラル国際秩序の「ルールに基づく」という特徴
は，秩序の主導者がルールを作成するということだけでなく，主導
者自身の行動もルールによって規制されることを意味している。現

在の米国はこうしたリベラル国際秩序からの拘束を解こうとしているわけだが，それは同時に秩序の指導者ではなくなることも意味している。一方で，中国はトランプ政権の関税引き上げや保護主義的な政策を批判し，自由貿易体制の維持を訴えているが，それだけでは秩序の主導者とは言えない。中国は，自由民主主義という重要なリベラルの価値を受け入れていないことは言うまでもなく，自由貿易に関しても自由貿易秩序の維持を訴えるが，為替管理の権限を維持し続け，知的財産権分野における国際ルールを適切に運用しているとは言い難い。現在の中国の主張は，自国は途上国であるからルールを逸脱してもよいが，他国に対しては厳格なルールの実施を要求するというものであり，結局リベラル国際秩序のフリーライダーでしかないのである（シャンボー, 2015）。

4. 新たな国際秩序の萌芽？
——一帯一路構想とインド太平洋構想——

A. 中国の「一帯一路構想」

前節では，中国は既存の秩序のフリーライダーであるという指摘を紹介したが，近年では，むしろ中国は既存の秩序に挑戦しているという見方が広がっている。そうした見方を引き起こしたきっかけが，2013年頃から中国が提唱し始めた「一帯一路構想」である。中国政府は，この構想によって既存の秩序に対抗する意図はないとし，そうした見方を冷戦思考として批判しているが，中国の意図がどうであれ，「一帯一路構想」がリベラル国際秩序に与えた影響は大きい。そのため，ここでは，中国の「一帯一路構想」が登場した背景とその後の経過を見ることでその意義を国際秩序の観点から検

討する。

　まず，「一帯一路構想」登場の背景には，オバマ政権のアジア・
リバランス政策と国際秩序は転換点にあるという中国の認識があ
る。まず，すでに第2節でみたように，オバマ政権はアジア・リバ
ランス政策を打ち出すことで，対中政策においてバランシングを重
視するようになっていた。それに対し，習政権では，当初，オバマ
政権が目指していたG2論に近い，「新型大国関係」という概念を
提示することで，米国との関係改善を図ろうとした。しかし，中国
の主張に核心的利益の尊重が含まれることを警戒したオバマ政権
は，この提案を受け入れなかった。むしろ，アジア太平洋において
TPPを推進し，日本などの同盟国との関係を強化するようになっ
た。そして，このような新型国際関係の挫折とほぼ同時期に「一帯
一路構想」は登場している（高原, 2020, p. 19）。

　また，2009年以降のグローバル金融危機の中で，中国が大国とし
ての自信を深めていたことはすでに指摘したが，このことは中国の
国際秩序に対する見方も変えている。つまり，中国の存在感が高ま
ったことで米中間のパワーバランスは大きく変化しており，国際秩
序も転換点をむかえているという認識が生まれたのである。その上
で，こうした国際秩序の変化に応じた「新型国際関係」の構築が必
要とされた。「新型国際関係」とは，経済的利益を媒介として結び
付くウィンウィンの関係であり，そこからパートナーシップ関係，
最終的には人類運命共同体へと至る，というものであるという。そ
して，この関係は，自由や民主主義と言った西側の価値観によって
は説明されず，中国の伝統や考えが重視される「中国的特色のあ
る」外交理念に基づくとされた。「一帯一路構想」はこうした外交
理念を実現する場として位置づけられている（川島, 2020, p. 62-69）こ

のような経緯で登場した「一帯一路構想」の具体的内容を以下では見ていく。

　一帯一路構想の最大の特徴は，アジア（中国）とヨーロッパを海・陸両面で結び付けるという点にある。まず，2013年9月にカザフスタンで「シルクロード経済帯」として陸のシルクロードが提起された後，10月にインドネシアで「21世紀海上シルクロード」を発表し，その二つを合わせて，2014年に提唱されたのが，「一対一路構想」であった。この構想の資金供与体制として，2014年7月にBRICS新開発銀行（資本金1,000億ドル），12月にシルクロード基金（資本金400億ドル及び1000億元），2015年12月には，アジアインフラ投資銀行（AIIB，資本金1000億ドル）を設立している。

　このような「一帯一路構想」につながる動きは，陸と海でそれぞれ別々に進展していた。まず，陸のシルクロードは，2000年以降の西部大開発に端を発するとされる。つまり，もともとは，中国国内の西部辺境の開発が目標とされていたわけだが，西部の開発からその先にある中央アジアとの連結が目指されるようになる。また，米国がアジア・リバランスを唱えるようになると，東へ進んで米国と対立することを避ける，中国版リバランスとして，西進論が唱えられるようになる。また，中国の経済発展とともに天然ガス等のエネルギー源の供給が求められるようになり，中央アジアへ向けて鉄道，パイプラインの敷設が進められるようになった。そうしたことをきっかけに中国の中央アジアにおける存在感は高まっていき，2010年代には「意図せざる帝国」が形成されていると言われるようになっていた。そして，陸のシルクロードは中央アジアにおける中国の存在を「意図せざるもの」とは言い難いものとし，「意図せざる帝国」から「意図的な」システムへの転換を意味しているのかも

しれない（山本, 2015, p. 7）。また，陸のシルクロードにおいて，中国が「核心的地域」と捉えている国として，中国，ロシア，カザフスタン，タジキスタン，キルギス，ウズベキスタン，ベラルーシが挙げられる。これらの国は，かなり強度の高い権威主義の国々であり，山本吉宣は陸のシルクロードは「権威主義のシルクロード」と言っても過言ではない，としている（山本, 2015, p. 10）。

　海のシルクロードの起源としては「真珠の首飾り」が発端とされる。これは，中国が中東から南シナ海にかけて作り上げたネットワークであり，港湾施設，寄港地の網として形成された。これらは，インド洋における海上輸送路の確保のためとされる一方で，中国がインド洋に中国海軍を進出させる足掛かりと捉えられ，ホルムズ海峡，アラビア海，マラッカ海峡，南シナ海に影響力を強めるための戦略と捉えられていた。ただし，「真珠の首飾り」という呼称やインド洋への進出の問題は，2005年に米国の国防省に提出された報告書で指摘されたことで注目を集めたものであり，中国自身は海外に基地を作ると言った戦略的行動ではないと主張していた。一方で，2004年には，中東やアフリカから輸入されるエネルギー源の80%以上がマラッカ海峡を通るというマラッカ・ジレンマが存在することを，当時の胡錦濤国家主席が再三指摘しており，中国の海洋への関心はこの頃から高まっていたと言える。米国などでは，海のシルクロードは，まさに「真珠の首飾り」であるという指摘があるが，海のシルクロードは，インフラ建設という非軍事的な次元を真正面に据えたうえで，中国自身が打ち出したものであった。

　一帯一路は海陸両面が特徴的であると指摘したが，米中間で争点になる可能性が高いのは海のシルクロードである。もともと中国は大陸国家であり，これまで海上において長期的なシステムを形成し

ようとしたことはなかった。しかし，経済発展に伴って，1970年代から80年代には海洋への関心が高まったという。そして，軍事面においても1993年頃から海軍力の優先的発展が強調されるようになり，急速に海軍力が強化されている。2015年の『中国の軍事戦略』では，近海防御だけでなく遠洋護衛の重要性も指摘されるなど新しい海洋重視の視点も現れている（青山，2016，p.119）。このような中国の海洋重視の姿勢は対米関係を悪化させる可能性がある。まず，中国が陸のシルクロードを構想している領域においては，既存のシステムが存在せず，むしろインフラ整備，中央アジアの安定，反テロなどの面で，米国を始めとする他の国との共通の利益に資する面もある。これに対して，海のシルクロードには米国が維持する既存の航路，既存のシステムが存在している。中国が米国の影響を避けて独自のルートを並行するように打ち立てれば，海洋に二つの競合するシステムが存在することになり，それがアメリカとの対立を深めることにもなるのである。

　さらに，一帯一路構想は，国際的なルールメイキングにおいても，米国と対立する可能性がある。例えば，一帯一路構想を財政面で支えるために2013年に設立されたAIIBでは，独自の制度ガバナンス，融資基準が検討されているという。それらが世界銀行やアジア開発銀行（ADB）といった米国中心に形成された既存のルールと大きく異なるものとなれば，アメリカのリーダーシップ，既存の国際秩序への挑戦と受け取られかねない。ただし，実際の運営を見ると，AIIBでは，IMFや世界銀行などの国際金融機関で高い地位についていた人を引き抜くことでガバナンスが強化されており，既存の国際ルールに則った形で進められているという指摘もある（高原，2020，p. 20）。

　以上のように，中国が既存のリベラル国際秩序に不満を持ち，その部分的変更を求めていることは確かであるが，その一方で現状では対抗秩序を形成しようとしているとまでは言い難い。そうした意味では中国は既存の秩序の枠内の批判者あるいは抵抗者に過ぎないと言える（Schweller and Pu, 2011）。しかしながら，中国のそうした限定的な意図にも拘らず，国際社会に大きな混乱を招いているのは，中国がリベラル国際秩序のどのような部分についてどこまで変更を求め，またそうした変更によって，どのような秩序となるのか明確に示すことが出来ていないからである。既存の国際秩序を弱めるような行動をとる一方で，それを補うような新たな規範や原則を示さないということは，やはり無責任な行動と言え，他国からの支持を得にくい状況を生み出している。

B.　インド太平洋構想

　現在，中国の「一帯一路構想」に対抗する構想として注目されているのが，「インド太平洋構想」である。「インド太平洋構想」は，2018年6月に，日米豪印協議で4か国が合意したと発表されたことから，この4か国が構想の中心国とされる。その一方で，インド太平洋地域には，関係国全てを含むような国際会議や国際制度は存在しない。また，この構想に対する各国の呼称もバラバラで，日本と米国は「自由で開かれたインド太平洋」，豪州は「安定し繁栄するインド太平洋」，インドは「自由で開かれた包摂的なインド太平洋」としており，現状では，日米豪印の4か国がインド太平洋に関する構想をそれぞれに持っているに過ぎないと言える。

　ただし，4か国の構想には共通している点もある。それは，「インド太平洋の経済及び安全保障面での意義を重視し，法の支配，航

行の自由，紛争の国際法による平和的解決などの普遍的な価値を尊重し，経済開発において市場経済と連結性を重視する点」（石川, 2020, p. 217）である。一方で，構想実現のための具体的な行動計画を出しているのは日米だけであり，2017年11月の安倍首相とトランプ大統領の首脳会談では，日米が主導してインド太平洋を自由で開かれたものとすることによって，この地域全体の平和と繁栄を確保することに合意していることから，「インド太平洋構想」は，一応，日米中心の構想と言える。

　インド太平洋構想は，一帯一路構想への対抗と考えられているが，この構想の萌芽は2000年代からあった。例えば，安倍首相は第一次安倍内閣の時から，日米印豪協力を掲げて4か国戦略対話を推進し，2007年には，4か国の海軍演習も行われた。また，2007年8月の安倍首相のインド国会での演説において，太平洋とインド洋が自由の海，繁栄の海として，一つに結合されつつあることを指摘し，日本とインドのパートナーシップを自由と民主主義，基本的人権の尊重と言った基本的価値と戦略的利益を共有するものと表現している（外務省, 2007）。さらに，第二次安倍内閣以降は，「民主主義の安全保障ダイアモンド」を提唱した。それは，日米豪印を結んだ4角形の安全保障協力で，太平洋とインド洋を結んで，民主主義の国々が安全保障協力を行い，海洋，通商の安定を維持し，繁栄を図っていこうとするものであった。そして，そこでは南シナ海などでの中国の海洋進出に対抗しようとする意図を鮮明にしていた。このように，安倍首相は太平洋とインド洋の交差を強調する演説を何度も行っていたが，外交戦略としての「自由で開かれたインド太平洋」は，2016年の第6回アフリカ開発会議（TICAD Ⅵ）での安倍首相の基調演説で発表されたものが最初である。そこでは，「太平洋

とインド洋，アジアとアフリカという二つの海，二つの大陸の結合が世界に安定，繁栄を与える」としたうえで，「力と威圧と無縁で，自由と法の支配，市場経済を重んじる場として育て，豊かにする責任を日本が担う」（外務省，2016）としている。また，日本の政策は，第1に，法の支配，航行の自由などの基本原則の推進，第2に連結性の向上などによる経済的繁栄の追求，第3に，海上執行能力支援などの平和と安定確保のための取り組みの3本柱であるとされている。そのうえで，具体的な施策としては，2015年から5年間でADBと連携して約1100億ドルの「質の高いインフラ投資」をアジアで行うことや2016年5月には，「質の高いインフラ輸出イニシアティブ」によって2000億ドルの資金を供給するとした（石川，2019，p. 223）。

　米国においても，オバマ政権のアジア太平洋への戦略的リバランス政策に関連して，2010年には，クリントン国務長官が初めてインド太平洋という概念を示しており，「インド太平洋」への関心は高まっていた。それは，太平洋からインド洋，中東を視野に入れた地政学的な概念であり，広域地域における経済的な通商路，海洋の安定，経済の発展などを目指すものであった。また，2011年10月のクリントン国務長官の論稿においても，「インド亜大陸から米国西海岸まで，この地域には太平洋とインド洋という二つの大洋があり，船の航行と戦略によりますます統合されている」として，太平洋とインド洋の統合の進展が議論されていた（Clinton, 2011）。

　トランプ政権成立当初は，前述のように対中貿易問題に終始し，同盟国や関係国に対して共通の対中政策を示して主導する姿勢を欠いていたが，日本の戦略を取り込む形で，「インド太平洋」に関する外交戦略が形成されていった。トランプ政権において，初めて

「インド太平洋構想」に言及したのは，2017年10月のティラーソン国務長官の演説であった。そこでは，「中国がルールをベースとした秩序に挑戦しており，隣国の主権を揺るがしている。インドはグローバルな安定，平和，繁栄のために価値とビジョンを共有する信頼できるパートナーを求めており，米国がそのパートナーである」と述べており，中国が台頭する中でインドがルールを基盤とする地域秩序で重要な戦略的役割を果たすことを強調した。これは，重要な戦略的地域としてインドと南アジアが登場したと認識し，インド洋地域と太平洋を統合したアプローチが米国の戦略上の課題となったことを示していた。さらに，2017年11月に開催された APEC サミットでの演説で，トランプ大統領は，「多様な文化と夢を持つ，主権を持ち独立した諸国民が協力して繁栄し，自由と平和のうちに発展する」というビジョンを明らかにした。また，2017年12月の「国家安全保障戦略」では，インド太平洋で世界についての自由なビジョンを持つ国と抑圧的なビジョンを持つ国の間の地政学的な競争が起きているとし，インド太平洋を欧州，中東を越えて最も重要な地域と位置付けている。2018年7月のインド太平洋ビジネスフォーラムにおけるポンペオ国務長官の演説では，「自由」は全ての国が他国の威嚇から主権を守ることが出来ることとよき統治及び国民が基本的な権利と自由を享受できること，「開かれた」は全ての国が航路と空路を自由に利用できることを意味し，領域および海上紛争が平和的に解決されることを望むことが指摘された。そのうえで，デジタル技術，エネルギー供給，インフラ開発の面で米国の民間セクターの投資を促すために1億1300万ドルを提供することも表明された。こうした政府の試みを米国議会も2018年12月にアジア再保証推進法を制定することで後押ししている。この法律では，「イ

ンド太平洋構想」の推進による人権の尊重や法の支配の拡大を目指し，東南アジアや太平洋島嶼国へのインフラ支援や軍事面での能力構築支援のために5年間で15億ドルの資金提供を行うことが示された。このように，米国は，経済，ガバナンス，安全保障を三大分野とし，経済分野では，公平で互恵的な貿易を前進させ，高い水準の経済と商業的な関与を進め，主権と自治を尊重し，インド太平洋への民間投資を促進しているという。そして，ガバナンスの面が米国ビジョンの核心的な柱となっており，米国は，透明性・開放・法の支配の推進，人権と基本的な自由の保護を主な内容としている（石川, 2020, p. 237）。

　以上のように，日米の「インド太平洋構想」には，当初，中国の台頭への対応という意味合いが強かったと言える。しかし，そのような対中牽制の要素は，豪印，さらにはASEAN諸国からの懸念を招いた。豪印のインド太平洋構想のビジョンには，もともと「包摂性」という言葉が含まれており，中国を排除しないことを意味していた。そのため，2018年の4か国での合意においても「包摂的な」という言葉が含まれることになった。こうした「包摂性」の概念は，日中関係の改善を背景として日本政府も2018年以降，受容し始めている（石川, 2020, p.238）。例えば，2018年1月の施政方針演説において，安倍首相は「自由で開かれたインド太平洋戦略を推し進める」としたうえで，「この大きな方向性の下で中国とも協力して増大するアジアのインフラ需要に応えていく」としている。また，2018年5月の李国強総理訪日時には，「第三国における日中民間経済協力に関する覚書」が締結された。さらに，同時期，日本政府は「自由で開かれたインド太平洋戦略」から「自由で開かれたインド太平洋構想」へと名称を変更することで，対中牽制の意味を弱めつ

つある。

　一方で，米国にとっての「インド太平洋」は依然として対中対抗戦略の要素が強いと言える。例えば，2019年6月1日に米国防総省が発表した「インド太平洋戦略報告書」では，中国を「法の支配に基づく秩序の価値と原則を棄損する」「修正主義国家」と明記し，中国は軍事力や経済力を用いて短期的にはインド太平洋の地域覇権を追求し，長期的にはグローバルな超大国になることを目指していると断じた。そして，中国の挑戦を受ける現覇権国アメリカがインド太平洋戦略を実施するにあたり，パートナーシップが主要な政策の一つとしてあげられている。

C. 米中を包摂する秩序構想の必要性

　もしこのまま「一帯一路構想」と「インド太平洋構想」が対抗的な国際秩序として発展すれば，世界は再び二極化してしまう可能性がある。こうした懸念があるために，例えば，ASEANは，一帯一路構想やインド太平洋構想に参加することで，米中のどちらかに加担することになってしまうのではないか，として参加を躊躇するのである。日本にとっても，「インド太平洋構想」を「一帯一路構想」への対抗として利用するのは，リベラル国際秩序を維持するための外交戦略としては，近視眼的すぎると言える（田中，2020, p. 133）。日本としては，やはりそうした分断を避けるための対策を採る必要があるだろう。

　二つの秩序への分断を避けるためには，まず，普遍的価値を強調しすぎないことが重要である。日本は，「インド太平洋構想」を進めるにあたって，法の支配や紛争の平和的解決，航行の自由などの規範には触れているが，地域諸国の政治体制の多様性に鑑み，民主

主義や人権などの普遍的な価値を前面に押し出していない点で米国とは異なっている（小谷, 2019, p. 65）普遍的価値を強調し，それを中国に押し付けようとすることはむしろ国家主権や内政不干渉といった原則にこだわる中国の姿勢を助長するだけである。

　次に，グローバル経済を支える機能的なインフラに基づく協力を進めることも重要である。経済のグローバル化が進んだ今日の世界では，各国がどれほど「自国第一主義」を掲げて自国のことのみに専心しようとしても，すでに各国は多面的に「つながってしまっている」。今回の新型コロナウイルス感染症の世界への急速な拡大が良い例である。これまで，米国は貿易・金融のネットワークを維持し，交易路の保全，通信ネットワークの構築などといった公共財を提供することでリベラル国際秩序を支えてきた。こうしたインフラが開かれた経済システムを支えてきたのであり，リベラル国際秩序の下で台頭してきた中国を含む新興国もこれらのインフラに大きく依存している。たとえリベラルな価値に否定的な国であってもリベラル国際秩序のこうした機能までも否定することは出来ない。したがって，中国やロシアは今後もリベラル国際秩序のルール，規範，制度を選択的に利用しつつ，その一方で，その質や水準を徐々に低下させるような部分的な対抗を続けると考えられる。こうした状況下で，リベラル国際秩序を維持するために日本が採りうる措置はどのようなものが考えられるだろうか。

　日本はこれまでもリベラル国際秩序を維持するために様々な努力を行ってきた。例えば，米国離脱後のTPPをTPP11としてまとめ直し，さらにEUとの間での経済連携協定（EPA）を締結するなど，米国が自国第一主義に走る中で多国間の貿易自由化を推進してきた。また，本節で見たように，「インド太平洋構想」を米国ととも

に進めることで，米国を多国間の枠組みに引き戻し，中国との第三国における民間経済協力を進めることで，「一帯一路構想」のプロジェクトに透明性やルールへの配慮を促している。現在，こうした日本の試みはバラバラに行われているが，今後，これらを統合し，かつて目指されたアジア太平洋自由貿易圏（FTAAP）のような最終的には米中を包摂する新たな協力枠組みを提唱することで，リベラル国際秩序の危機を救うことが出来るかもしれない。その際，構想への支持を集めるためには，開放的でルールに基づくものでありながら，政治体制などについては一定の多様性を認める必要があるだろう。

5．おわりに

　現在の米中対立激化の背景には，戦後の国際協力の基盤となってきたリベラル国際秩序の危機，あるいは機能不全がある。中国のような，新たにリベラル国際秩序に参入した国が既存の国際秩序やルールに不満を持つことは理解できる。そのうえ，米国まで秩序から逸脱しようとしていることで，リベラル国際秩序は瀕死の状態に陥ったと言える。米中対立はそういう意味では秩序のリーダーをめぐる対立というよりもむしろどちらもその責任を拒否していることによって生じている。そして，自国第一主義は新たな国際秩序をもたらすことはない。しかし，現在のようにグローバリゼーションが進み，国家間関係が複雑化した世界において，各国がそれぞれ自国第一主義を貫き，国際協調をせずに発展することは不可能である。国家間協力を促進するための国際秩序は維持される必要がある。

　現在，世界には，中心国が存在しないという現実を踏まえ，日本

はリベラル国際秩序を維持するために，米中両国を含む多国間協力を生み出す枠組みを構築する努力をするしかない。日本は，戦後のリベラル国秩序の下で成長し，その果実を得てきた国である。今度は，国際秩序再興のために責任を果たすべきであると言える。

［文献］

青山瑠妙，天児慧［2015］『超大国・中国のゆくえ 2』東京大学出版会

青山瑠妙［2016］「台頭を目指す中国の対外戦略」『国際政治』第183号

阿南友亮［2014］「海洋に賭ける習近平政権の『夢』─『平和的発展』路線の迷走と『失地回復』神話の創成」『国際問題』No. 631（2014年5月）

阿南友亮［2013］「協調と対峙の米中関係─未解消の冷戦構造」国分良成・小嶋華津子編『現代中国政治外交の原点』慶応大学出版会

アリソン／グレアム・［2017］『米中戦争前夜』ダイヤモンド社

池嵜航一［2019］「リベラルな国際秩序論の再検討：G・ジョン・アイケンベリーの議論を手がかりに」『北大法学論集』70（1）

石川幸一［2019］「自由で開かれたインド太平洋構想─その意義，内容，課題─」平川等編『一帯一路の政治経済学』第10章

外務省［2007］「インド国会における安倍総理大臣演説『二つの海の交わり』」

外務省［2016］「TICAD Ⅵ開会にあたって・安倍晋三日本国総理大臣基調演説」

川島真，遠藤貢，高原明生，松田康博編［2020］『中国の外交戦略と世界秩序─理念・政策・現地の視線』昭和堂

川島真［2020］「習近平政権下の外交・世界秩序観と援助」川島等編『中国の外交戦略と世界秩序』第3章

小竹洋之［2020］「米国の変質と対中政策の転換─強硬論を後押しする民意─」宮本編『技術覇権』第3章

小谷哲男［2019］「アメリカのインド太平洋戦略：日米同盟へのインプリケーション」平成30年度外務省外交・安全保障調査研究事業『インド太平洋地域の海洋安全保障と「法の支配」の実体化に向けて─国際公共財の維持

強化に向けた日本外交の新たな取りくみ』第 4 章

佐橋亮［2020］「米国の対中国政策 ‐ 関与・支援から競争・分離へ」宮本編『技術覇権』第 2 章

清水美和［2009］『「中国問題」の核心』筑摩書房

シャンボー／デイビッド［2015］『中国グローバル化の深層』朝日新聞出版

鈴木一人［2019］「日本はリベラル国際秩序の担い手になりえるのか」『国際政治』第196号

田中明彦［2020］『ポストモダンの「近代」―米中「新冷戦」を読み解く』中央公論新社

高原明生［2020］「中国の一帯一路構想」川島等編『中国の外交戦略と世界秩序』第 1 章

平川均, 真家陽一, 町田一兵, 石川幸一［2019］『一帯一路の政治経済学：中国は新たなフロンティアを創出するか』文眞堂

フリードバーグ／アーロン・L.［2013］『支配への競争』日本評論社

ブレマー／イアン［2012］『「G ゼロ」後の世界―主導国なき時代の勝者はだれか』日本経済新聞出版社

ベーダー／ジェフリー・A.［2013］『オバマと中国』東京大学出版会

宮本雄二編［2020］『技術覇権―米中激突の深層』日本経済新聞出版社

山本吉宣［2015］「中国の台頭と国際秩序の観点からみた『一帯一路』」『PHP Policy Review』Vol. 9, No. 70

Bergsten, C. Fred, 2008, "A Partnership of Equals —How Washington Should Respond to China's Economic Challenge", *Foreign Affairs* July/August 2008.

Clinton, Hillary, 2011, "America's Pacific Century", *Foreign Policy*, October 11, 2011.

Ikenberry, G. John, 2011, *Liberal Leviathan: The Origins, Crisis, and Transformation of the American World Order*, Princeton University Press.

Ikenberry, G. John, 2018, "The End of Liberal International Order?", *International Affairs*, 94: 1, January.

Pence, Mike, "Remarks by on the Administration's Policy Toward China", The Hudson Institute, Washington, D.C., Issued on: October 4, 2018.

Schweller, Randall L. and Xiaoyu Pu, 2011, "After Unipolarity: China's Vision of International Order in an Era of U.S. Decline", *International Security* Vol. 36, No. 1.

Zoellick, Robert B., 2005, "Whither China: From Membership to Responsibility?", Remarks to National Committee on U.S.-China Relations, New York, September 21, 2005.

第5章　太平洋戦争に於ける
日本外交とその国際関係

寺 本 康 俊

1．はじめに

　本論は，明治後半期以降から昭和前半期までの戦前の時期，その中でも，主として，太平洋戦争の開戦期から終戦期に於ける時期の日本外交と日米交渉をめぐる外交を俯瞰し，それがもたらした歴史的な意味を再考察するものである。

　その際，政治・外交上の代表的な先行研究や基本的資料などに基づき，激動の時期を経験した太平洋戦争の開戦期と終戦期に於ける日本の外交政策，及びこの時期の日本と米ソ両国との国際関係の推移について再検討する。そして，その際，本論で使用したこの時期の代表的で重要な先行研究や基本的資料の一部を紹介する。

　そうすることによって，明治後半期以降，特に太平洋戦争の開戦と終戦の時期に於ける困難な国際環境の中で，日本がどのようにしてそのような究極的な苦境に対応して，終戦を迎え，戦後日本の復興につなげることができたかを検討する。

2．「歴史の教訓」とは

　人類はこれまで数え切れない幾度もの戦争を行い，莫大な人的犠牲を払ってきた。こうした悲惨な歴史を繰り返さないために，これまでの近現代に於ける人類の「歴史の教訓」を学ぶことは非常に重要である。

　戦後，ドイツの大統領リヒャルト・フォン・ヴァイツゼッカー（Richard von Weizsäcker）が，その有名な演説の中で述べているように，過去に目を閉ざす者は，現在のことを理解しえず，非人間的な行為を心に刻もうとしない者はそうした危険に陥りやすいことを指摘している(1)。私たちは，これまで人類が多くの悲惨な経験をし，膨大な人数の尊い人命を失い，多大な惨害を被った過去の政策，事例などの歴史を検討し，参考にすることによって，今後，人類が辿るべき方向性が理解できると思われる。

　また，イギリスの著名な歴史家であるアーノルド・J・トインビー（Arnold Joseph Toynbee）は，その著書の中で，歴史を学ぶ意義について，「歴史の教訓」とは，人類がこれまで経験した破滅的な歴史的知識を学ぶだけでなく，「過去において衰亡した人びとがやったのと同じ間違い」をすることなく，「効果的に行動すること」である，即ち，過去の失敗を再び繰り返さないことであると述べている(2)。

　そして，米国の外交史研究の権威アーネスト・R・メイ（Ernest R. May）は，政策担当者にとっての歴史の知識を正確に理解し，それを活用することの重要性を唱え，統治者にとって「歴史は無限の宝庫」であり，新たに政府の要職に就くものが歴史を知っていれば，

その後経験するであろう挫折感に対して「心理的準備」ができること，歴史上の先例が一般法則をつくる源泉となることを指摘している。
(3)

3．戦前期の日中，日米戦争への推移

　日本の近現代の外交を振り返るとき，かつて，司馬遼太郎が『坂の上の雲』で，明治期の日本を描いたが，戦前の日本外交には光と影の両側面があった。

　明治後半期から昭和戦前期に向けての日本外交に於いて，その対中関係と対米関係はどのような関係にあったのかを考える。

　幕末の時期に不平等条約の締結で辛酸を嘗めた日本は，日清戦争，日露戦争によって，その後，国際的地位を高め，不平等条約を改正することができ，第1次世界大戦後の1920〜1930年代のワシントン会議，ロンドン会議の時期には，事実上，世界の3大国として，国際舞台に台頭した。日本は，日露戦争の戦勝によって，南満州に於ける利権をロシアから譲渡され，また韓国を保護化した後，併合し，遅ればせながら帝国主義国家という位置付けを得ることになった。

　日本は南満州におけるロシアの旧権益を継承し，その後，満鉄を中心にその利権を拡張し，南満州鉄道の初代総裁に就任した後藤新平は，満州に50万人以上の日本人移民を行う「殖民的高等政策」を構想していた。昭和期に入ると，「幣原外交」，「田中外交」の時期
(4)　　　　　　　　　　　　(5)　　　(6)
を経て，満州事変，満州国の建国という経過を辿った。日露戦争で「10万の生霊と20億の戦費」を犠牲にして租借した南満州は，昭和期には，松岡洋右外相の言葉によれば，日本にとって「重大な関

係」にある地域として，「我が国の生命線」と表現されていた。[7]

　こうした状況下で，昭和恐慌などの影響により国内の経済情勢が窮迫する中で，中国大陸で「満州国」が建国された後，満州に日本人の移民を行うことが提案された。それは1932年からの「試験移民」の時期を経て，1936年から関東軍，拓務省によって「20カ年百万戸送出計画」に従い500万人を送出する計画が作成された。また，日満両国政府が発表した「満州開拓政策基本要綱」の下で本格的な満州移民，満州開拓がいわゆる「国策移民」として開始され，国内から満州開拓団が組織的に送り込まれた。[8]

　満州移民は，若い少年を送る青少年義勇軍と経済的な困窮状況などの事情を抱える日本内地の母村を分ける分村移民という形態が考えられていたが，多くの分村計画は実施できず，道府県単位の派遣となった。[9]

　昭和前半期には，日本は中国大陸での張作霖爆殺事件，満州事変，日華事変，華北分離工作などを行い，日中戦争は泥沼化した。さらに，日本は日米戦争直前には中国大陸から東南アジアのインドシナ半島南部まで侵攻して行った。[10]

　その一方，日本は，ドイツと「日独防共協定」（1936年11月）を締結し，その後，その強化をめぐって政府と陸軍で議論が交わされていた。しかし，平沼騏一郎内閣の時に欧州のみならず日本を驚かせた「独ソ不可侵条約」（1939年8月）が成立した。これは，日独防共協定の秘密付属協定書第2条[11]の，両国は，「相互ノ同意」なしには，ソ連との間で「本協定ノ精神ト両立セザル一切ノ政治的条約ヲ締結スルコトナカルヘシ」という規定からすれば，明らかに矛盾するものであった。

　しかし，近衛文麿内閣の下で，松岡洋右外相は「日独伊3国同

盟」をついに締結した。⁽¹²⁾

　有田八郎前外相によれば，日本としては，3国同盟の目的は，日華事変（日中戦争）の解決，日ソ国交の調整，南方政策の促進，米国の参戦防止，米国の対日開戦の防止であった。⁽¹³⁾

　この背景には，ドイツのリッベントロップ外相の意向を受け，ドイツが「正直なブローカー」として日ソ国交の仲介の労を取ることを示唆したスターマー特使の提案があった。ドイツは，日独伊3国の同盟にソ連を加えることによって，英仏両国と戦うために米国の参戦を防止すること，英仏両国とソ連との2正面戦争を避けるという構想を抱いていた。⁽¹⁴⁾いわゆる，「四国協商」構想である。⁽¹⁵⁾松岡は，3国同盟，4国協商の威力によって，日本の東南アジアに向けた南進政策に対して，米国を牽制し，干渉させないことを考えていた。⁽¹⁶⁾

　近衛文麿首相の回想によると，3国同盟の締結には，2つの具体的目標があった。第1に，米国の参戦を防止し，戦火の拡大を防止することであり，第2に，対ソ親善関係の確立であった。即ち，第1の対米関係については，米国に対しては，この時期，松岡の言う「毅然たる態度」で臨むしかないこと，第2の対ソ関係については，独ソ不可侵条約後の独ソ親善関係を日ソ関係に拡大して，出来得れば日独ソ3国の連携関係を構築して，英米両国に対する地歩を強固にし，日華事変（日中戦争）の処理に資するというものであった。⁽¹⁷⁾

　また，松岡によれば，ドイツ側からの示唆に乗じて，「僕の握手しようとするとする当座の真の相手は，ドイツでなくしてソ連である。……独ソを味方につければ，いかな米，英も，日本との開戦を考えようはずがない」と考えていた。⁽¹⁸⁾

　義井博氏の研究によれば，日本側の「近衛資料」の中で，四国連合が結成されれば容易に世界戦争は起きず，戦争になっても敗けな

いことが指摘されていた。[19]

　有田八郎によると，当時のドイツの外交政策の目的は，3国同盟によって米国の第2次世界大戦への参戦防止を図ることであったが，その際，ドイツは，日本の南方進出を促すことによって，一方で米国の注意を東アジアに釘付けにすること，他方でヨーロッパでの対英戦争遂行のため，ドイツの背後での後顧の憂いを除くためにソ連との関係改善を考えていた。[20]

　有田は，近衛らがこの時期に期待した独ソ関係は，元々，親善関係ではなく，逆に不親善関係にあると考えており，独ソ関係は，後の独ソ開戦に繋がる本来的に危うい関係であった。[21]

　松岡外相は，ドイツ政府の対ソ政策の変更によって「四国協商案」の見込みがなくなった後，「日ソ中立条約」を辛うじて締結した。[22][23]この背景として，当時，ソ連は，ドイツが西部国境方面にドイツ軍が増強されていることを知っており，ドイツの対ソ戦の脅威を感じていたことがあった。[24]

　果たして，その後，ドイツによる対ソ開戦によって，「四国協商」の構想は潰えた。近衛によれば，日本は当時のドイツのナチス政権に対して，独ソ不可侵条約，独ソ開戦によって，2度にわたる背信行為を受けた。[25]

　当時の松岡外相の外交顧問であった斎藤良衛は，3国同盟が効果をあげるためには日ソ国交調整が欠くべからざる根本問題であり，この両者が不可分の関係として3国同盟が締結され，日ソ国交調整が成立しなければ，3国同盟は無意味有害となるものであったことを述べている。[26]

　また，当時の大橋忠一外務次官の見解によると，米国は，3国同盟や日ソ中立条約の締結の威力に怯え，日本が最も苦しんでいる日

中戦争の解決に手を貸すほど甘い国ではなかった。[(27)]

　さらに，当時，重光葵駐英大使は，日本が防共協定でソ連を敵とし，日中戦争で中国を決定的な敵とすることになり，さらに3国同盟で英米両国を敵とすることになり，その代償は地理的関係から望むことが不可能なドイツの援助でしかないことを指摘していた。[(28)]

　細谷千博氏の研究によれば，それは松岡の「瀬戸際政策」であり，太平洋戦争の勃発がその破綻を立証した。[(29)]また，三宅正樹氏と義井博氏の研究によると，米国は3国同盟によって牽制されるどころか，日本が独伊枢軸陣営に入ったとして，日本に対する態度を著しく硬化させ，日米関係をますます悪化させた。[(30)]

　このような情勢の推移の後，懸案の日米交渉の最終段階に於いて，米国のコーデル・ハル（Cordell Hull）国務長官から，いわゆる「ハル・ノート」[(31)]が，1941年11月26日，日本側に提出された。

　その内容は，日米交渉を実施するためには，中国とインドシナ半島から日本軍が撤退することを迫る条件であり，この時点で，東条英機陸相は，先の荻窪会談（10月12日）での「駐兵問題だけは陸軍の生命であって，絶対に譲れない」[(32)]という強い主張のように，当時の陸軍にとって中国からの撤兵は到底受け入れることはできないものであり，日米戦争は時間の問題となった。また，日本が締結していた日独伊3国同盟は太平洋地域の平和の構築と維持に反することはできないという条件があり，日独伊3国同盟は効力を発揮し得ないことになるものであった。

　その一方，米国側では，ハル国務長官が，翌朝，スティムソン国務長官に対し，「私は，それから手を引いた。今や，あなたとノックス，即ち，陸海軍の手中にある」と述べて，同日，米国の陸海軍は太平洋方面の全ての軍隊に戦争への警報を送った。[(33)]

　当時，イギリスは対ドイツ戦争で苦戦し，世界の兵器廠であった米国の参戦を切望していた。日本が真珠湾を攻撃し対米開戦を行った時，チャーチルは，その回想録の中で，ルーズベルトとすぐに連絡を取った後，米国の参戦について，「われわれは，ついにその時，戦争に勝ってしまった (So we had won after all!)[34]」，また「イングランドは生きるであろう。……ヒットラーの運命は決まった。……日本人については，彼らは粉々に砕かれるであろう。あとは圧倒的な力をただ適当に使うだけのことだけのことであった (England would live …… Hitler's fate was sealed. …… As for the Japanese, they would be ground to powder. All the rest was merely the proper application of overwhelming force)」，そして「終結はもはや間違いない (there was no more doubt about the end)[35]」と述べていた。

　日本軍の中国からの撤退が日米交渉の最終的な条件となったという点では，日中戦争とその後の日米戦争とはリンクしていたと言える。こうして，日露戦争以降，日本が獲得した中国に於ける南満州権益の拡大は，満州事変，日中戦争などを経て，結果的には，日本を太平洋戦争に向かわせることに関係することになった。

4．終戦期の日本外交と国際関係
――ヤルタ協定からポツダム宣言にかけて――

　歴史上，最初の被爆地となり，人的，物的に甚大で極めて悲惨な災害を被った広島であるが，当時，日本政府が，日本を取り巻く国際関係の中で，どのようにして米国やソ連に対して交渉を展開し，それに対して米国やソ連がいかに反応したのか，その結果，日本政府にいかなる対応を行うことになったのか，また，それは戦後日本

の政治・外交体制にどのような影響を与えることになったのか，などを考えることは重要である。そうしたことは，過去の悲惨な事例を学ぶのみならず，現代や将来の日本外交を複雑な国際情勢の中で考える時，終戦期の日本外交と日本を取り巻く国際的な情勢の内容やその解決の難しさの本質を理解し，現代や将来に於ける国内や国際社会の平和と安定を考えるという観点から，大きな意味がある。

　1943年10月，米英ソ3国外相会議がモスクワで開かれた際，ハル国務長官は，スターリンから，連合国がドイツを敗北させた後，ソ連が対日参戦することの言明を得ていた。[36]

　終戦の年の1945年2月4日から，クリミヤ半島のヤルタで，ルーズヴェルト，チャーチル，スターリンの米英ソ3首脳会談が開かれた。会談の際，ルーズベルトは，事前にスターリンに緊急の書簡を送り，テヘラン会談（1943年11〜12月）での米国からのソ連への対日参戦に関する依頼とその原則的合意に関連させて，樺太と千島列島についてソ連の領有権を認めることを最終的に伝えていた。[37]米国には日本を降伏させるための地上戦力がなかったことも，米国がソ連の協力を得ようとした理由であった。[38]

　このヤルタ会談の結果，2月11日，「ヤルタ協定」が結ばれ，その中で，「ドイツが降伏し，ヨーロッパでの戦争が終結後，2または3ヵ月」（in two or three months after Germany has surrendered and the war in Europe has terminated）で，ソ連が連合国側に立って対日参戦を行うことが決められた。[39]

　但し，それには，次の諸条件が掲げられていた。南樺太のソ連への返還，大連商港の国際化とソ連の優先的利益，旅順港のソ連海軍基地としての租借，東清鉄道及び大連を出口とする南満州鉄道の中ソ共同運営，その際のソ連の優先的利益の維持と中国の満州主権の

維持，千島列島のソ連への引き渡し[40]

　五百旗頭真氏の実証的な研究によれば，ヤルタ協定では，当時の米ソ首脳の間で，日露戦争で日本が獲得した樺太南部については「返還（the southern part of Sakhalin …… shall be returned）」を，その一方，千島列島（クリル諸島）では「引き渡す（The Kuril islands shall be handed over）」という表現によって，両者は区別されていた[41]。

　米国国務長官のエドワード・ステチニアス（Edward R. Stettinius, Jr.）が後から聞いたところでは，ヤルタ会談に於いて，スターリンはルーズヴェルトに対して，かつての日露戦争の敗北に対して，当時のソ連最高人民会議や国民を納得させるためには一定の利権が必要であることを述べ[42]，また，後任の国務長官ジェームズ・バーンズ（James F. Byrnes）の回想によれば，米ソ両首脳間で対日参戦の代償として千島列島を「引き渡す」ことが秘密裏に合意されていたことを知ったのは，彼自身の国務長官就任（7月3日）後，暫く経った後からであった[43]。また，バーンズによれば，ルーズヴェルトが秘密にしていたのは，ソ連が日本と中立条約を締結していたこと，ドイツとの戦争に集中していたソ連が日本の攻撃を避けるためであったとしている[44]。

　そこには，第1次世界大戦を引き起こした深刻な反省の上に立ち，連合国が署名した大西洋憲章（1941年8月14日）やカイロ宣言（1943年12月1日）の領土不拡大という崇高な理念は，顧慮されていなかった[45]。

　日本は，戦況が悪化していた1943年9月10日，重光葵外相の訓令により，佐藤尚武大使がモロトフと面談し，戦争終結のために特使派遣を提案したが，ソ連側から独ソ両国間の激戦の最中であることを理由に拒否されていた[46]。

　その後，1945年4月5日，モスクワで，ソ連のモロトフ外相が，佐藤大使に対して，事情の根本的変化のため，日ソ中立条約について翌年4月以降の満期終了，不更新を告げた。その時，佐藤大使が，今後，それまでのあと1年間は効力を有し，中立条約を遵守されることを質問したが，モロトフはそのことを確認した。即ち，なお1年間の有効期間は残存し，5年間の中立条約期間の満了の後，中立条約締結前の状態に戻ることを述べた。⁽⁴⁷⁾日本は，その後，ソ連側のモロトフやマリク駐日ソ連大使の発言によって，中立条約のあと1年の存続を前提としつつ，日米戦争の終結のためにソ連の斡旋に期待し続けることになった。⁽⁴⁸⁾

　5月7日，ヨーロッパ戦線でドイツが無条件降伏を行うと同時に，トルーマン大統領から対日降伏勧告声明が出され，日本側を取り巻く情勢は急速に悪化していた。日本では，5月11，12，14日，最高戦争指導会議構成員会議が開催され，日米間の激戦が行われている状況下でのソ連の参戦は日本の死命を制せられるという認識によって，（1）日本としては極力，ソ連の参戦防止に努める，（2）さらに進んで，ソ連の好意的中立を獲得する，（3）延いては，戦争終結に関してソ連によって日本に有利な仲介を行わせる，という3つの目的を挙げることで意見が一致した。⁽⁴⁹⁾しかし，6月3，4日，広田弘毅元外相とマリク大使との間で会談がなされたが，具体的な進展はなく，6月6日の最高戦争指導会議，同月8日の御前会議に於いて，国力の現状，世界情勢判断も危機的状況にあるとしながらも，あくまで戦争を完遂することが決定された。⁽⁵⁰⁾しかし，6月22日，天皇から最高戦争指導会議の構成員である首相，陸相，海相，外相，陸軍参謀総長，海軍軍令部総長の6人に対し，戦争継続と同時に，戦争の終結に向けての時局収拾についての発言があった。⁽⁵¹⁾

そうした状況の中で，日ソ両国間で，広田・マリク会談が再開された（52）。その後，戦局がさらに悪化するにつれて，戦前，3度内閣を組織した近衛文麿元首相を特使として派遣することが7月12日に決定されたが，7月17日からのポツダムでのトルーマン，チャーチル，スターリンの連合国3首脳によるポツダム会談が直後に予定されていることもあり，ソ連側からの回答は特使派遣の目的が不明瞭として交渉は進展しなかった（53）。

ついに，7月26日，「ポツダム宣言」が，米国，英国，中国の3国の名前で発表された（54）。その最終項の第13項で，日本国軍隊の無条件降伏と「日本の他の選択は，迅速かつ完全な破壊となる」（The alternative for Japan is prompt and utter destruction）ことを表明していた（55）が，当時の日本政府はこのことが現実の悲惨な事態となることを予期できなかった。

日本政府では，最高戦争指導会議構成員会議が27日午前に，午後には閣議が開かれた。この最高戦争指導会議構成員会議では，東郷茂徳外相がこのポツダム宣言は有条件の講和であり，もし拒否すれば極めて重大な結果をもたらすおそれがあること，しかしソ連との交渉を進めている関係上，暫くはソ連のその後の出方を見て，対応を決めることを述べた。これに対し，豊田副武軍令部総長はこの宣言は不都合として戦争継続の大号令を出すべきだと主張したが，鈴木貫太郎首相は外相の意見を取り上げ，閣議でも基本的に外相意見の方針を採ることになったが，新聞発表に際しては「ノーコメント」ということになった（56）。翌28日の一部の新聞発表では，政府は「黙殺」すると表現した。同日，情報交換会議で，統帥部から強硬な意見が出た結果，鈴木首相は，「私はあの共同声明はカイロ会談の焼き直しであると考えている。政府としては何ら重大な価値あり

とは考えていない。ただ黙殺するだけである。我々は戦争完遂に飽くまでも邁進するのみである」という重大な声明を行った。しかし，翌日，これが新聞や放送で発表されると，国内外に大きな反響を及ぼした。

　トルーマンの回想によれば，ポツダム会談で，スターリンが日本による近衛派遣の電報を読み，それを拒否することを説明している時，米国側のラジオ傍受によって，ラジオ東京が「日本政府は戦争継続を決定した」ことを再確認したことの報告があった（our radio monitors reported that Radio Tokyo had reaffirmed the Japanese government's determination to fight）ことを述べている。しかも，その際，日本政府によってポツダム宣言が「考慮する価値がない（unworthy of consideration）」，「不条理（absurd）」，「横柄（presumptuous）」なものとして言及されていたことが，伝えられていた。

　このことについては，後に，鈴木首相は，当時の軍部の抗戦意識に押されてやむなく発言したが，「この一言は後々に至る迄，余の誠に遺憾と思う点であり」と述べ，また東郷茂徳外相，そして，トルーマンによれば，米国の原爆投下の釈明やソ連の対日参戦の理由になったと指摘している。

　入江昭氏の研究によれば，東郷外相がソ連を仲介としようとする近衛派遣にこだわったこと，鈴木首相が総帥部の強硬論に屈して黙殺声明を出したことがその後の重大な事態を招いたことを前提としつつ，英国外務省は鈴木首相の黙殺声明を国内政治上の必要に迫られたと考え，ポツダム宣言の拒否とは受け取らなかったが，米国政府にはそのことが伝わらず，原爆投下に繋がったことを指摘されている。

　こうして，8月6日に広島市に，9日には長崎市に，甚大な人的

被害，惨禍を与えた原爆が投下された。

　8 月 8 日午後 5 時（現地時間），モスクワで，佐藤尚武大使がモロトフ外相を訪問すると，モロトフは，（1）日本がポツダム宣言を拒否したことにより，日本の対ソ調停の申し入れはその基礎を失ったこと，（2）ソ連は連合国の要請に基づいて，戦争の終了を促進し犠牲者の数を少なくし，一般的平和の回復に資するために対日参戦するという理由に基づいて，翌 9 日に対日参戦を宣言する旨を伝えた。佐藤大使の回想によると，「もはや万事休すであって，形勢を盛り返すことなど，とうてい望みのない」ことを覚悟し，佐藤は油橋重遠書記官に対して「やはり来るものが来た」という思いを語った。[64]

　スラヴィンスキーの研究によると，日ソ中立条約の有効期限が 5 年であること，同条約第 1 条の両締約国は「平和及友好ノ関係」を維持し，相互に「領土ノ保全及不可侵」を尊重するという規定からすれば中立条約違反であり，また武力行使を必要とするような妥結が困難な対立は両国間にはなく，武力解決の必然性はなかったことを考察している。[65]

　日本時間の 8 月 9 日未明，ソ連軍が満州国境を越えて南下してきた。日本政府は，同日，午前11時，最高戦争指導会議構成員会議を開き，ポツダム宣言受諾について議論を行った。東郷茂徳外相は，国体の護持のみの「1 条件論」を主張する一方，阿南惟幾陸相は個体護持のほかに，保障占領（占領の限定化），武装解除（日本側が実施），戦争犯罪人の処罰（日本側が実施）という条件を付するという「4 条件論」を主張し，両者が厳しく対立することになった。この意見の厳しい対立は，閣議でも同様であった。[66] この緊迫した状況下で，鈴木貫太郎首相は，明治憲法下での全会一致制度下での閣内の

意見対立による総辞職という事態を回避するためや，首相の権限が
限定されているために，天皇の判断を仰ぐことにした[67]。

　そこで，午後11時30分，天皇の臨席の下での御前会議が開かれる
ことになった。しかし，この御前会議でも，東郷外相と阿南陸相の
意見が対立し，外相の１条件論を支持したのは米内光政海相，平沼
騏一郎枢密院議長，陸相案の４条件論を支持したのは梅津美治郎参
謀総長，豊田副武海軍軍令部総長であり，それぞれ３対３で，議論
は平行線を辿った。ついに，日付けが変わった10日午前２時，鈴木
首相は天皇の判断を仰いだ。

　天皇は，外相案の１条件論に賛成することを述べられ，「皇室と
人民と国土が残っておれば国家生存の根基は残る。是れ以上望なき
戦争を継続することは元も子もなくなる虞れが多い」，「機械力を誇
る米英軍に対し勝利の見込み」はなく，従って３国干渉時の明治天
皇の判断に従い，「大局上忍び難きを忍び人民を破局より救い」と
いう判断を示された[68]。

　天皇のこの「聖断」によって，ポツダム宣言の受諾について，天
皇の国家統治の大権に変更を加えないという条件を付けて，受け入
れが決まった[69]。

5.「バーンズ回答」と天皇の「御詔」

　しかし，その後の状況は容易ではなかった。状況は，さらに混迷
を極めることになった。連合国側では，11日，米英ソ中４国政府を
代表して，米国政府から，国務長官バーンズによる，いわゆる「バ
ーンズ回答」が発せられ[70]，12日未明に日本側が傍受し，正式回答は
13日朝に届いた。

その内容は，最も議論となったものが，第1項と第3項であり，当時の日本の指導者層，軍部指導者にとっては，非常に衝撃的で，即座には受け入れ難いものであった。[(71)]

　即ち，第1項で，天皇と日本政府の国家統治の権限は連合軍最高司令官の「制限の下」に置かれることが記されており，これは原文の英語では「subject to」となっていた。東郷外相の判断によれば，保障占領下に於いて，降伏条件の実施の枠内では統治権が制限されることはあり，やむをえないが，「天皇の地位は厳存する」と考えていた。[(72)]但し，従属的な意味合いを含んでおり，外務省では，渋沢条約局長らが中心となって検討した結果，軍部の強硬な反発を懸念し，そのまま直訳した意味の従属とは翻訳せずに，工夫を凝らして「制限の下」と敢えて意訳した。[(73)]

　波多野澄雄氏の最近の研究によれば，スティムソン陸軍長官は，この項目は天皇の存在を間接的に認めたものであり，日本人に安心を与えるものと考えており，また，日本の方でも，外務省当局も天皇の存続を間接的に認める含意があると考えていた。[(74)]

　それまで，ワシントンの上層部では，何か月もの間，天皇に対する適切な政策について，議論がなされていた。スティムソンによれば，バーンズ回答は，天皇が連合国最高司令官の命令に服従することの意味は，「暗黙裡に，天皇の地位を承認していた」(it implicitly recognized the Emperor's position)[(75)]のであった。

　また，第4項では，最終的な日本政府の形態は，ポツダム宣言に従って，「日本国民の自由に表明する意思」(The freely expressed will of the Japanese people) により決定されることが記されており，「最終的な日本政府の形態」については，原文の英語では，「The ultimate form of Government」となっていた。この第4項の解釈が特に問

題となった。13日の閣議では，首相を除く12名は回答に満足すべき[(76)]
とし，残り3名が国体護持が困難となる惧れがあり，むしろ玉砕，
死中活を求むるにしかずという徹底抗戦を主張した。[(77)]

このことについて，鈴木首相は，日本国民が自主的に判断し，解
決することは外国に任せることではなく，国体護持につながる千載
一遇の機会であり，この機会を逸することは国家の滅亡につながる
ことを，閣僚に対して述べた。[(78)]東郷外相は，国民の自由意思により
政府の形態を決定するということは，ポツダム宣言（第12項）にも
既にある文言であり，その意味するところは日本人以外の外部から
干渉をすべきでないことであり，また当時の国民の忠誠心からすれ
ば国体の変革はないこと，これ以上の条件交渉は連合国側の強硬派
に口実を与え，交渉が決裂することになるという判断を示し，受諾
することが必要であるという見解を述べた。[(79)]但し，この考え方は，
当時の戦前からの国体の観念からすれば相反するもので，日本の指
導者層からは受け入れ難い恐れがあり，そのため，外務省は，the
ultimate form of Government は日本統治という根本的な国体を意
味する政治形態ではなく，日本国の政府と翻訳した。[(80)]

このような外務省の苦慮と工夫があったが，8月12日から13日に
かけて，阿南陸相から反対の意向が鈴木首相に伝えられ，状況は紛
糾した。陸軍側は天皇大権の護持について連合国側に再照会を要求
し，外相等の即時終戦の見解と厳しく対立することになった。[(81)]

12日午後6時半，東郷外相が木戸内府（内大臣）に懸念表明を伝
えた後，9時半，木戸は首相に面会を求めて天皇の受諾意思の旨を
伝え，首相も賛成した。[(82)]

日本側では，その後，閣議，皇族会議，最高戦争指導会構成員会
議などによる協議が開催されたが，議論は容易に決着せず，つい

に，14日午前10時50分，御前会議が再度，開催されることになった。

　鈴木首相の求めに応じて，天皇は，世界の現状と国内の事情とを十分検討した結果，「これ以上戦争の継続は無理」だと結論され，再び外相案を採られた。また，国体問題については，「この回答文の文意を通じて先方は相当好意を持って居る」ものと解釈する。さらに，この上，さらに戦争を続ければ，「我邦が全く焦土」となり，国民がこれ以上の戦禍を被ることは「実に忍び難い」と述べられ，最終的に日本が絶滅するという結果に比較して，少しでも国民という「種子」が残れば，「復興と云う光明」が考えられると述べられ⁽⁸³⁾た。

　こうして，天皇による異例の長い意見の開陳によって，再び終戦の聖断が下され，終戦が最終的に決定付けられたのである。いわゆる「御諚」である。

　同日，終戦の詔勅案が閣議に付議，副署され，午後11時，発布された。

　この終戦詔書は，8月15日正午，天皇による，いわゆる「玉音放送」によってラジオ放送され，広く国民に知らされた。

　五百旗頭真氏の先駆的な研究によると，この時期，米国では軍部（統合戦争計画委員会）によってソ連との協力による日本分割占領計画が8月16日付けで作成されていた。⁽⁸⁴⁾天皇による終戦，早期降伏の決断は，日本分割占領の極めて重大な危機から日本を救ったのであった。

　8月15日，トルーマンは，日本軍の降伏する問題について決裁した「一般命令（指令）第1号」⁽⁸⁵⁾（9月2日公表）の内容をスターリンに送ったが，スターリンはトルーマンへの16日の返書に於いて，ソ連

が占領すべき地域に千島列島全部を加えること，さらに釧路から留萌以北の北海道の北半分をさらに加えることを要求したが，18日，トルーマンは前者については認める一方，後者については日本本土である北海道，本州，四国，九州の日本軍隊の降伏はマッカーサー元帥に委ねることが自分の意図であるとして，婉曲に拒否した。これも，日本の頭越しに決定されかねなかった分断占領の重大な危機であった。[86]

　トルーマンがこの瀬戸際でスターリンの要求を拒否した背景として，トルーマンによれば，ポツダム会談でトルーマンはスターリンと会見して，米国や西欧諸国が，戦後の米ソ冷戦を予見させる「将来直面するものを直接に見ることになった」と述べていた。ソ連の外交政策については，米国が当時，非常な苦難に向かっているという結論に基づき，その米国の困難に乗じて利益を得ようとしていると考えていることが明らかになったこと，トルーマンはソ連に対日参戦させたい強い意向があったものの，ポツダム会議の苦い経験に鑑み，「ソ連には日本の管理に一切参加させない」決意を固め，従って，日本降伏後に於ける日本に対する指揮と管理はマッカーサーに管理させることを決めていた。[87]

　9月2日，日本の降伏文書調印式当日，スターリンは，「ソ連国民に対する呼びかけ」の中で，日露戦争の敗北を挙げ，それを第2次世界大戦の戦争が汚名を晴らしたこと，南樺太と千島の占領がソ連と太平洋を結ぶ手段となり，日本の侵略から防衛する基地として役立つことを意味すると述べていた。[88]

6．終戦期の満州の混乱と朝鮮半島の分断

　ソ連の参戦後，日本の敗戦が決定的になると，満州開拓団の逃避行の悲劇が生まれた。『満州開拓史』によれば，終戦後の外務省の調査では，在満州邦人は約155万人で，その内，開拓団関係者は約27万と推定されていたが，一般邦人の死亡者17.6万人の中で，開拓団の死亡者は，戦死自決約1.2万人，病死約6.7万人を含めて約8万人が死亡し，在満邦人数の14％の開拓民が犠牲者の半数を占めた。さらに，開拓団の引き揚げの状況は悲惨を極めた。[89]

　そして，朝鮮半島については，米国は，8月9日以降，急速に満州，朝鮮半島を南下するソ連に対抗するため，8月10日から11日にかけて，米国のSWNCC（国務・陸軍・海軍3省調整委員会）に於いて，米ソ両国による38度線を境とする，分断占領案が作成された。[90]

　トルーマンによれば，日本本土への最初の上陸が主要目的であった米軍にとって，その安全性を犠牲にすることなしには，北朝鮮に速やかに軍隊を送る方法はなかった。[91]

　8月16日，スターリンはトルーマンへの返書で，「一般命令（指令）第1号」の中の南北朝鮮半島については異議を唱えず，南北朝鮮半島についてはそれぞれ米ソが分割占領することが，スターリンによって承認された。[92]

　こうして，修正後の「一般命令（指令）第1号」は，日本，北緯38度以南の朝鮮半島の地域にある日本軍は米国側に，満州，北緯38度以北の朝鮮半島，樺太，さらに千島諸島を加えた地域にある日本軍はソ連側に降伏することが，9月2日，公表された。[93]

7.　おわりに

　戦前期に於ける日露戦争の勝利後，日本は南満州における権益を
ロシアから譲渡され，中国大陸に権益を保持することになり，それ
は，昭和戦前期になると，満州事変などによりさらに拡大され，つ
いには中国大陸から東南アジアにまで兵力を進駐させることなっ
た。日米交渉の終盤に於いては，「ハル・ノート」によって中国，
インドシナ半島からの撤退が日米交渉の条件とされたが，それは日
本の陸軍が中国撤兵を受け入れることができず，最終的には日米戦
争につながることになった。この意味で，日露戦争後に於ける日本
の満州利権の獲得が，その後の満州事変，日中戦争などの事態の推
移を経ながら，結果として，日中戦争が日米戦争にリンクして行く
ことになった。

　また，終戦期の時期の日本は，激変する国際関係の中で，かつて
ない混乱に陥り，万一，対応を誤れば，さらに日本本土での激戦と
なり，人的，物的被害が極度に拡大し，国家の分断の危機的状況に
なる可能性があったが，最終的には，天皇の２度にわたる決断によ
って終戦が決定された。それは，日本国と国民の存続のために取ら
れた究極の選択であった。

　日本外交と国際関係に於いて，忘れてはならないのは，日本だけ
ではなく，中国，東南アジア諸国，米国などの膨大な数の尊い人命
が悲惨な犠牲になったこと，当時，米ソ冷戦が開始され始め，厳し
い国際情勢の中で，終戦期の日本の外交政策決定が混乱を極める究
極的な状況の中で，多くの政府指導者の議論と苦悩，そして天皇の
最終的判断によって戦争の最終的終結が決定されたことなどの状況

があったことである。

　今後に於ける日本の外交政策決定を考える際，私たちは，国内外の幾多の尊い生命の犠牲を顧み，これまでの貴重な「歴史の教訓」を踏まえ，平和でより良い日本と国際社会を構築してゆく責務があるであろう。

　［注］
（1）　リヒャルト・フォン・ヴァイツゼッカー，永井清彦訳『荒れ野の40年—ヴァイツゼッカー大統領演説全文』岩波書店 1986年 16頁
（2）　A. J. トインビー著，松本重治編訳『歴史の教訓』岩波書店 1957年 20頁
（3）　アーネスト・メイ著，進藤榮一訳『歴史の教訓—戦後アメリカ分析』中央公論社 1977年 viii, 244, 246-247頁，その後，進藤榮一は，同書の解題の中で，メイの研究手法を「歴史政策学」と位置付け，評価している。（同『歴史の教訓—アメリカ外交はどう作られたか』岩波書店 2004年 315-319頁）
（4）　鶴見俊輔『後藤新平（第2巻）』勁草書房 1965年 910-911頁
（5）　「幣原外交」については，幣原平和財団編著『幣原喜重郎』幣原平和財団 1955年が基本的文献である。また，実証的な研究書として，服部龍二『（増補版）幣原喜重郎』吉田書店 2017年がある。
（6）　田中内閣の外務政務次官森恪については，山浦貫一編『森恪』森恪伝記編纂会 1940年を参照。
（7）　松岡洋右『動く満蒙』先進社 1931年 41, 53, 112, 223-225頁。松岡洋右については，服部聡『松岡外交』千倉書房 2012年を参照。
（8）　詳細については，満州移民史研究会編『日本帝国主義下の満州移民』龍渓書舎 1976年 3, 6-107頁を参照，また，基本的資料として，満州開拓史復刊委員会企画編集，全国開拓自興会監修『満州開拓史』全国拓友協議会 1980年が詳細である。
（9）　二松啓紀『移民たちの「満州」』平凡社 2015年 47, 68頁
（10）　戦前期の日本の満蒙権益をめぐる国際関係を俯瞰するものとして，川

島真・服部龍二編『東アジア国際政治史』名古屋大学出版会 2007年，麻田雅文『満蒙―日露中の「最前線」』講談社 2014年を参照。

(11)　外務省編纂『日本外交年表竝主要文書1840―1945（下巻）』原書房 1965年（文書）353-354頁

(12)　3国同盟については，日本国際政治学会太平洋戦争原因研究部編著『太平洋戦争への道（第5巻：3国同盟・日ソ中立条約）』朝日新聞社 1987年（新装版），及び三宅正樹『日独伊三国同盟の研究』南窓社 1975年を参照。

(13)　有田八郎『人の目の塵を見る―外交問題回顧録―』大日本雄辯會講談社 1948年 70-78頁

(14)　近衛文麿著，田中寛次郎編輯『（近衛文麿手記）平和への努力』日本電報通信社 1946年 18-19頁，前掲『人の目の塵を見る―外交問題回顧録―』64-67頁，有田八郎『馬鹿八と人は言う――一外交官の回想―』平和堂 1959年 127-128頁，斎藤良衛『欺かれた歴史―松岡と3国同盟の裏面』読売新聞社 1955年 188-189頁

(15)　前掲『太平洋戦争への道―開戦外交史（第5巻：3国同盟・日ソ中立条約）』261-265頁，工藤美智尋『日ソ中立条約の研究』南窓社 1985年 75-77頁

(16)　前掲『太平洋戦争への道（第5巻：3国同盟・日ソ中立条約）』261頁

(17)　前掲『（近衛文麿手記）平和への努力』19-23頁

(18)　前掲『欺かれた歴史―松岡と3国同盟の裏面』81頁，大橋忠一『太平洋戦争由来記』要書房 1952年 63-67頁

(19)　義井博『日独伊3国同盟と日米関係』南窓社 1977年 81, 86-87頁，「四国協商」構想については，他に，前掲『日独伊三国同盟の研究』，三宅正樹『スターリン，ヒトラーと日ソ独伊連合構想』朝日新聞社 2007年などを参照。

(20)　前掲『人の目の塵を見る―外交問題回顧録―』85頁

(21)　同上 74頁

(22)　外務省編纂『日本外交文書（第2次欧州大戦と日本〔第1冊〕日独伊3国同盟・日ソ中立条約）』六一書房 2012年 347-348頁，日本側では前掲『日ソ中立条約の研究』，ロシア側ではボリス・スラヴィンスキー著，高橋

実・江沢和弘訳『考証日ソ中立条約』岩波書店 1996年を参照。

(23) 前掲『馬鹿八と人は言う――外交官の回想―』134-135頁，前掲『太平洋戦争への道―開戦外交史（第5巻：3国同盟・日ソ中立条約)』279-301頁

(24) 同上『考証日ソ中立条約』岩波書店 1996年 121-123頁，大橋忠一『太平洋戦争由来記』要書房 1952年 98-99頁，前掲『日ソ中立条約の研究』89-93頁

(25) 前掲『（近衛文麿手記）平和への努力』25頁

(26) 前掲『欺かれた歴史―松岡と3国同盟の裏面』188-189頁

(27) 前掲『太平洋戦争由来記』105頁

(28) 重光葵著，伊藤隆・渡邊行男編『重光葵手記』中央公論社 1986年 223-224頁

(29) 前掲『太平洋戦争への道（第5巻：3国同盟・日ソ中立条約)』226-227頁

(30) 前掲『スターリン，ヒトラーと日ソ独伊連合構想』139-140頁，前掲『日独伊3国同盟と日米関係』141-143頁

(31) 外務省編纂『日本外交文書（日米交渉―1941年―下巻)』外務省 1990年 187-201頁，外務省編纂『日米交渉資料』原書房 1978年 489-496頁

(32) 前掲『人の目の塵を見る―外交問題回顧録―』176, 204-205頁，後に，来栖三郎対米特使派遣の際にも，当時の東条首相は，撤兵問題は断じて譲れない旨を述べていた。（来栖三郎『日米外交秘話』創元社 1952年 97頁）

(33) Henry L. Stimson and McGeorge Bundy, *On Active Services in Peace and War*, Happer & Brothers, N. Y., 2007, p. 389 （ヘンリー・L・スティムソン／マックジョージ・バンディ著，中沢志保／藤田怜史訳『ヘンリー・スティムソン回顧録（下巻)』国書刊行会 2017年 90頁）。戦前の日米関係の推移については，簑原俊洋編『「戦争」で読む日米関係100年』朝日新聞出版 2012年を参照。

(34) Winston S. Churchill, *The Second World War: The Grand Alliance* (vol. III), Cassell, 1950, p. 539 （ウィンストン・チャーチル著，毎日新聞社翻訳委員会訳『第二次大戦回顧録〔第12巻〕』毎日新聞社，1952年，9

頁）

(35)　Winston S. Churchill, ibid., pp. 539-540（同上『第二次大戦回顧録〔第12巻〕』10頁）

(36)　コーデル・ハル著，朝日新聞社訳『回想録』朝日新聞社 1949年 211-213頁

(37)　アンドレイ・グロムイコ著，読売新聞社外報部訳『グロムイコ回想録—ソ連外交秘史』読売新聞社 1989年 138-141頁

(38)　前掲『考証日ソ中立条約』296頁

(39)　U.S. Department of State, *Foreign Relations of the United States: Diplomatic Papers — The Conferences at Malta and Yalta 1945*, United States Government Printing Office, Washington, 1955, p. 984

(40)　Ibid.

(41)　五百旗頭真『米国の日本占領政策（下巻）』中央公論社 1985年 76-78頁，五百旗頭真『日米戦争と戦後日本』大阪書籍 1989年 70頁，毎日新聞社図書編集部訳・編『太平洋戦争秘史—米戦時指導者の回想』毎日新聞社 1965年 243-244頁（バーンズ）。千島列島（クリル諸島）は，幕末明治以来，条約上は，日露通好（和親）条約（1855年），樺太千島交換条約1875年）によって日本領土となっていた。（外務省編纂『日本外交年表竝主要文書1840-1945（上巻）』（文書）原書房 1965年 5-6, 57-61頁）

(42)　エドワード・R・ステチニアス著，中川五郎訳『ヤルタ会談の秘密』六興出版社 1953年 83-84頁

(43)　前掲『太平洋戦争秘史—米戦時指導者の回想』244頁

(44)　ジェームズ・F・バーンズ，中部日本新聞社外信部・同東京総局渉外部訳『率直に語る』中部日本新聞社 1947年 26頁

(45)　前掲『米国の日本占領政策（下巻）』87-88頁

(46)　油橋重遠『戦時日ソ交渉小史（1941年〜1945年）』霞ヶ関出版 1974年 127-131頁，佐藤尚武『回顧八十年』時事通信社 1963年 474-476頁

(47)　外務省編纂『日本外交文書（太平洋戦争—第3冊）』外務省 2010年 1799-1801頁，外務省欧亜局東欧課作成（編集・解題：竹内桂）『戦時日ソ交渉史（下巻）』ゆまに書房 2006年 902-905頁，前掲『考証 日ソ中立条約』311-313頁，前掲『回顧八十年』477頁，外務省編纂『終戦史録』新聞

月鑑社 1952年 263-266頁，前掲『戦時日ソ交渉小史（1941年〜1945年）』191-192頁

(48)　ボリス・スラヴィンスキー著，加藤幸廣訳『日ソ戦争への道』共同通信社 1999年 374-375頁。

(49)　前掲『終戦史録』328-334頁

(50)　同上『終戦史録』347-381頁

(51)　迫水久常「終戦の真相」31-32頁，前掲『終戦史録』410-419頁，木戸幸一著・木戸日記研究会（代表岡義武）『木戸幸一日記（下巻）』東京大学出版会 1966年 1212-1213頁

(52)　前掲『日本外交文書（太平洋戦争―第3冊）』1825-1826頁，前掲『終戦史録』420-423頁

(53)　同上『終戦史録』424-430頁

(54)　U.S. Department of State, *Foreign Relations of the United States: Diplomatic Papers* ― *The Conferences of Berlin* (*The Potsdam Conference*) *1945*, Volume II, United States Government Printing Office, Washington, 1960, pp. 1474-1476

(55)　Ibid., p. 1476

(56)　東郷茂徳『時代の一面』原書房 1985年 353-354頁，前掲『終戦史録』508-511頁

(57)　下村海南『終戦記』鎌倉文庫 1948年 90頁（引用文中の旧字体の漢字は，新字体に変換した），前掲『終戦史録』508-513頁

(58)　Harry S. Truman, *Memoirs by Harry S. Truman* ― *Year of Decisions*, vol. one, Doubleday, N. Y., 1955, pp. 397（ハリー・S・トルーマン著，加瀬俊一監修，堀江芳考訳『トルーマン回顧録（第1巻：決断の年)』恒文社 1966年 279-280頁）

(59)　Ibid.

(60)　鈴木貫太郎述『終戦の表情』（月刊労働文化別冊）労働文化社 1946年 32頁

(61)　前掲『時代の一面』355頁，Harry S. Truman, op. cit., *Memoirs by Harry S. Truman* ― *Year of Decisions*, vol. one, 421（前掲『トルーマン回顧録（第1巻：決断の年)』301頁）

(62) 入江昭『日米戦争』中央公論社 1978年 307-308頁

(63) 前掲『日本外交文書（太平洋戦争―第3冊）』1882-1884頁，前掲『戦時日ソ交渉史（下巻）』940-942頁

(64) 前掲『回顧八十年』497-499頁，前掲『戦時日ソ交渉小史（1941年〜1945年）』217-219頁，前掲『終戦史録』546-547頁

(65) 前掲『考証日ソ中立条約』350-351，355頁。条約の内容は，上記の注(22) を参照。

(66) 前掲『終戦史録』565-579頁

(67) 前掲『終戦の表情』34-37頁

(68) 保科善四郎『大東亜戦争秘史』原書房 1975年 147頁

(69) 鈴木内閣の下での天皇の「聖断」の詳細なプロセスについては，前掲『日米戦争と戦後日本』，及び，最近の研究である波多野澄雄『宰相鈴木貫太郎の決断』岩波書店 2015年を参照。

(70) 前掲『日本外交文書（太平洋戦争―第3冊）』1925-1928頁

(71) 前掲『終戦の表情』41-43頁，前掲「終戦の真相」50-52頁，前掲『日米戦争と戦後日本』123頁，詳細は，前掲『終戦史録』，及び，江藤淳監修，栗原健・波多野澄雄編『終戦工作の記録（下巻）』講談社 1986年を参照。

(72) 前掲『時代の一面』363-364頁，前掲『日本外交文書（太平洋戦争―第3冊）』1929-1930頁，ウォルド・H・ハインリックス著，麻田貞雄訳『日米外交とグルー』原書房 1969年 344頁

(73) 前掲『終戦史録』630-635頁，前掲『宰相鈴木貫太郎の決断』186頁

(74) 前掲『宰相鈴木貫太郎の決断』184-186頁

(75) Henry L. Stimson and McGeorge Bundy,, op. cit., *On Active Services in Peace and War*, pp. 626-627（前掲『ヘンリー・スティムソン回顧録（下巻）』345-347頁），萩原徹『大戦の解剖』読賣新聞社 1950年 107頁，日本外交学会編，植田捷雄監修『太平洋戦争終結論』東京大学出版会 1958年 242-243頁

(76) 前掲『終戦の表情』41-42頁，迫水久常「降伏時の真相」『近衛文麿公・手記 最後の御前会議』（雑誌『自由国民』第19巻第2号・特輯）時局月報社 1946年 69頁

(77)　同上「降伏時の真相」69頁

(78)　前掲『終戦の表情』42-43頁

(79)　前掲『時代の一面』363-364頁

(80)　前掲『終戦史録』630-631, 633-634頁, 前掲『日米戦争』308頁

(81)　前掲『終戦の表情』41-42頁, 前掲『大東亜戦争秘史』原書房 1975年 149頁, 前掲『時代の一面』363-368頁, 前掲『終戦史録』648-653頁

(82)　前掲『木戸幸一日記（下巻）』1225頁, 前掲『終戦史録』650-653頁

(83)　前掲『終戦記』150-152頁（引用文中の旧字体の漢字は, 新字体に変換した）, 経緯の詳細については, 前掲『日米戦争と戦後日本』123-124頁を参照。

(84)　前掲『米国の日本占領政策（下巻）』216-218頁

(85)　ソ同盟外務省編, 川内唯彦・松本滋訳『第2次世界大戦中の米英ソ秘密外交書簡（米ソ編）』大月書店 1957年 242-246頁, 前掲『日本外交年表竝主要文書1840-1945（下巻）』640-643頁,

(86)　五百旗頭真「幻の日本分割案」『歴史読本』1980年8月号 78-79頁, 前掲『米国の日本占領政策（下巻）』249-250頁, Harry S. Truman, op. cit., *Memoirs by Harry S. Truman — Year of Decisions*, vol. one, pp. 439-441（前掲『トルーマン回顧録（第1巻：決断の年）』323-325頁）, 前掲『第2次世界大戦中の米英ソ秘密外交書簡（米ソ編）』246-248頁

(87)　Harry S. Truman, op. cit., *Year of Decisions*, vol. one, pp. 411-412（前掲『トルーマン回顧録（第1巻：決断の年）』292-293頁）, 前掲『日ソ戦争への道—ノモンハンから千島占領まで』493頁

(88)　末澤昌二・茂田宏・川端一郎編著『(改訂版) 日露（ソ連）基本文書・資料集』RPプリンティング 2003年 65-67頁

(89)　前掲『満州開拓史』503-507頁及び後編。当時の満州の悲惨な状況については, 同上『満州開拓史』, 満ソ殉難者慰霊顕彰会編『満ソ殉難記』満ソ殉難者慰霊顕彰会 1980年, 合田一道『死の逃避行』富士書苑 1978年, 広島県については広島県民の中国東北地区開拓史編纂委員会編著『広島県満州開拓史（上巻）』同委員会発行 1989年などを参照。

(90)　ブルース・カミングス著, 鄭敬謨・林哲共訳『朝鮮戦争の起源（第1巻)』シアレヒム社発行, 影書房発売 1989年 179-181頁, 李圭泰『米ソの

朝鮮占領政策と南北分断体制の形成過程』信山社 1997年 48-50頁

(91)　Harry S. Truman, *Memoirs by Harry S. Truman — Years of Trial and Hope*, vol. two, Doubleday, N. Y., 1956, p. 317（ハリー・S・トルーマン著，加瀬俊一監修，堀江芳考訳『トルーマン回顧録（第2巻：試練と希望の年）』恒文社 1966年 219-220頁）

(92)　前掲『第2次世界大戦中の米英ソ秘密外交書簡（米ソ編）』242-247頁，前掲『米ソの朝鮮占領政策と南北分断体制の形成過程』49, 51頁

(93)　前掲『日本外交年表竝主要文書1840-1945（下巻）』640-641頁

［主な参考文献］

外務省編纂『終戦史録』新聞月鑑社 1952年

外務省編纂『日本外交年表竝主要文書1840-1945（上・下巻）』原書房 1965年

外務省編纂『日本外交文書（日米交渉―1941年―下巻）』外務省 1990年

外務省編纂『日本外交文書（太平洋戦争―第3冊）』外務省 2010年

外務省編纂『日本外交文書（第2次欧州大戦と日本〔第1冊〕日独伊3国同盟・日ソ中立条約）』六一書房 2012年

外務省欧亜局東欧課作成（編集・解題：竹内桂）『戦時日ソ交渉史（下巻）』ゆまに書房 2006年

U.S. Department of State, *Foreign Relations of the United States: Diplomatic Papers — The Conferences at Malta and Yalta 1945*, United States Government Printing Office, Washington, 1955

U.S. Department of State, *Foreign Relations of the United States: Diplomatic Papers — The Conferences of Berlin* (*The Potsdam Conference*) *1945*, Volume II, United States Government Printing Office, Washington, 1960

ソ同盟外務省編，川内唯彦・松本滋訳『第2次世界大戦中の米英ソ秘密外交書簡（米ソ編）』大月書店 1957年

近衛文麿著，田中寛次郎編輯『(近衛文麿手記) 平和への努力』日本電報通信社 1946年

鈴木貫太郎述『終戦の表情』（月刊労働文化別冊）労働文化社 1946年

幣原平和財団編著『幣原喜重郎』幣原平和財団 1955年

松岡洋右『動く満蒙』先進社 1931年

山浦貫一編『森恪』森恪伝記編纂会 1940年

木戸幸一著・木戸日記研究会（代表岡義武）『木戸幸一日記（下巻）』東京大学出版会 1966年

迫水久常「終戦の真相」

迫水久常「降伏時の真相」『近衛文麿公・手記 最後の御前会議』（雑誌『自由国民』第19巻第2号・特輯）時局月報社 1946年

下村海南『終戦記』鎌倉文庫 1948年

有田八郎『人の目の塵を見る―外交問題回顧録―』大日本雄辯會講談社 1948年

有田八郎『馬鹿八と人は言う―一外交官の回想―』平和堂 1959年

大橋忠一『太平洋戦争由来記』要書房 1952年

斎藤良衛『欺かれた歴史―松岡と3国同盟の裏面』読賣新聞社 1955年

佐藤尚武『回顧八十年』時事通信社 1963年

油橋重遠『戦時日ソ交渉小史（1941年〜1945年)』霞ヶ関出版 1974年

保科善四郎『大東亜戦争秘史』原書房 1975年

東郷茂徳『時代の一面』原書房 1985年

Harry S.Truman, *Memoirs by Harry S. Truman ― Year of Decisions* (vol. one), *Years of Trial and Hope* (vol. two), Doubleday, N.Y., 1955, 1956（ハリー・S・トルーマン著，加瀬俊一監修，堀江芳孝訳『トルーマン回顧録（第1，2巻）』恒文社 1966年）

リヒャルト・フォン・ヴァイツゼッカー，永井清彦訳『荒れ野の40年―ヴァイツゼッカー大統領演説全文』岩波書店 1986年

Winston S. Churchill, *The Second World War: The Grand Alliance* (vol. III), Cassel, 1950（ウィンストン・チャーチル著，毎日新聞社翻訳委員会訳『第二次大戦回顧録〔第12巻〕』毎日新聞社，1952年）

Henry L. Stimson and McGeoge Bundy, *On Active Services in Peace and War*, Happer & Brothers, N.Y., 2007（ヘンリー・L・スティムソン／マックジョージ・バンディ著，中沢志保／藤田怜史訳『ヘンリー・スティムソン回顧録（下巻）』国書刊行会 2017年）

ジェームズ・F・バーンズ，中部日本新聞社外信部・同東京総局渉外部訳

『率直に語る』中部日本新聞社 1947年

毎日新聞社図書編集部訳・編『太平洋戦争秘史─米戦時指導者の回想』毎日新聞社 1965年

満州移民史研究会編『日本帝国主義下の満州移民』龍渓書舎 1976年

満州開拓史復刊委員会企画編集，全国開拓自興会監修『満州開拓史』全国拓友協議会 1980年

日本外交学会編，植田捷雄監修『太平洋戦争終結論』東京大学出版会 1958年

日本国際政治学会太平洋戦争原因研究部編著『太平洋戦争への道（全7巻，別巻資料編）』朝日新聞社 1987年（新装版）

萩原徹『大戦の解剖』読賣新聞社 1950年

入江昭『日米戦争』中央公論社 1978年

江藤淳監修，栗原健・波多野澄雄編『終戦工作の記録（上・下巻）』講談社 1986年

五百旗頭真『米国の日本占領政策（上・下巻）』中央公論社 1985年

五百旗頭真『日米戦争と戦後日本』大阪書籍 1989年

五百旗頭真『占領期』読売新聞社 1997年

五百旗頭真編『日米関係史』有斐閣 2008年

寺本康俊『日露戦争以後の日本外交』信山社 1999年

簑原俊洋『排日移民法と日米関係』岩波書店 2002年

簑原俊洋編『「戦争」で読む日米関係100年』朝日新聞出版 2012年

千葉功『旧外交の形成』勁草書房 2008年

高原秀介『ウィルソン外交と日本』創文社 2006年

服部聡『松岡外交』千倉書房 2012年

麻田雅文『満蒙─日露中の「最前線」』講談社 2014年

波多野澄雄『宰相鈴木貫太郎の決断』岩波書店 2015年

波多野澄雄編著『日本外交の150年』日本外交協会 2019年

川島真・服部龍二編『東アジア国際政治史』名古屋大学出版会 2007年

服部龍二『(増補版) 幣原喜重郎』吉田書店 2017年

A. J. トインビー著，松本重治編訳『歴史の教訓』岩波書店 1957年

アーネスト・メイ著，進藤榮一訳『歴史の教訓─戦後アメリカ分析』中央公論社 1977年

ボリス・スラヴィンスキー著，高橋実・江沢和弘訳『考証日ソ中立条約』岩
　波書店 1996年

ボリス・スラヴィンスキー著，加藤幸廣訳『日ソ戦争への道』共同通信社
　1999年

ブルース・カミングス著，鄭敬謨・林哲共訳『朝鮮戦争の起源（第 1 巻)』
　シアレヒム社発行，影書房発売 1989年

李圭泰『米ソの朝鮮占領政策と南北分断体制の形成過程』信山社 1997年

第6章　覇権と戦争
──米中覇権競争とその理由──

永 山 博 之

1. はじめに

　本章は，過去の覇権交代とそれが戦争になる可能性を一般論とし
て議論し，その結果が現在の米中紛争に持つ意味を考える。目的
は，米中紛争が戦争になる可能性はあるのかどうかという問題に現
時点でわかる範囲での答えを出すことである。このため，米中対立
を現在の覇権国アメリカから見た視点と，挑戦国（に見える）中国
から見た視点に立って分析し，この対立がなぜもたらされたのか，
対立の現段階をどのように見ればいいのか，という問いを課題とし
て立てて，議論する。

　第1に，2節で過去の大国間紛争を覇権競争と考える立場を紹介
する。この立場では，国際政治は本質的に覇権競争であり，「誰が
ボスなのか」を決めることが国際政治の本質であったと考える。問
題は，覇権国（ボス）の地位は永遠ではなく，覇権国の地位低下は
挑戦国の出現と覇権国との対決をもたらすということである。この
解決の手段が戦争になると，大戦争によって決着がつけられること
になる。国際政治における過去の大戦争のうち，かなりの数の戦争

はこのような覇権戦争であった。

　第2に，3節で過去の覇権争いが戦争になった事例とならなかった事例を検討する。アリソンの分析を援用して，覇権競争が戦争にならなかった少数のケースを主に検討し，過去に戦争が回避された場合にどのような要因が作用していたのかという問題を考察する。逆に言えば，この分析は，覇権競争は戦争になることが基本であり，戦争にならなかった事例は特殊な要因が働いていたためだという立場に立っている。

　第3に，4節でアメリカから見て，中国の挑戦（とアメリカに見えるもの）は何を意味しているのか，という問題を取り上げる。中国と対決することは必要なのか，妥協的なすり合わせは不可能なのか，中国との対決という路線に行き着いた理由は何なのかという問題を考える。

　第4に，5節で中国が，米国の態度をどのように見ているか，中国自身の政策をどのように見ているかについて考える。中国はアメリカの覇権に挑戦するという意識はあるのか。アメリカの覇権が存在することを認めているのか，現在および過去の国際秩序とそこにおける自国の地位をどのように見ているのか，アメリカとの協調可能性をどの程度に見積もっているのかという問題を検討する。

　第5に，6節で以上の分析を踏まえて，現時点（2021年前半）でのアメリカと中国の対立関係をどのように見るべきなのかという問題に一定の答えを出す。現在の米中対立は戦争の前触れなのか，回避の可能性はどの程度あるのか，この対立の今後の影響はどのような形で他に波及するのか，という問いに答える。

2. 覇権競争の性質

　政治学者グレアム・アリソンは，アメリカと中国の関係は，過去の覇権競争と似ている点が多く，このような事例が戦争に転化したことが多かったことを考えると，米中関係が戦争になる可能性も否定できないとした（アリソン, 2017）。アリソンは，過去の覇権競争の典型例は，トゥキュディデス『歴史』におけるアテネとスパルタの戦争（ペロポネソス戦争）であるとして，覇権を争う二大国間の対立関係が戦争に転化する状況を，「トゥキュディデスの罠」と呼んだ。

　紀元前5世紀，アテネはペルシャ戦争の勝利を契機として，戦争のために構築した同盟（デロス同盟）を，実質的にアテネを盟主とするアテネ帝国に変質させた。デロス同盟はアテネを中心とする海上通商帝国であり，アテネは通商上の利益と，アテネに対する同盟国の貢納金によって富裕化した。アテネのライバルであったスパルタは，アテネに対して陸軍力においては優位に立っていた（海軍力ではアテネが優勢）。スパルタは，アテネの力の伸長に対して警戒しており，アテネとスパルタは，一度は戦争の危機に立ったこともあった（第一次ペロポネソス戦争）。しかし，アテネとスパルタは互いに戦争を望んでおらず，「三十年不戦条約」という勢力圏不可侵協定を結んだ。これでいったん戦争の危機は遠のいたが，中立国であるケルキュラとメガラに関わる戦争への関与をめぐって，アテネとスパルタは互いの戦争につながりかねない積極策を取った。両国の指導者は個人的には友人関係にあり，戦争を望んでいなかったが，相手国を脅威とみなして開戦を主張する国内の強硬な意見を抑えられなくなった。スパルタは開戦を決定した。スパルタはアテネとの戦争

は短期に決着すると考えており，アテネもそうだった。しかし実際には戦争は三十年続いた。スパルタはアテネに勝利したが，疲弊しきっており，その後コリントやテーベに取って代わられ，さらに北方のマケドニアの勢力拡大によってギリシャ世界は全体として没落した。結局アテネとスパルタの戦争は，双方の没落に終わった。

　トゥキュディデスは，アテネとスパルタの対立が双方を破壊する大戦争に至った原因として，アテネの勢力拡大とそれに対するスパルタの恐怖を挙げた。アテネとスパルタは，相手国の勢力拡大が自国の安全を危うくするものだと考えた。国家は，自国の勢力範囲を拡大し，富を蓄積しようとする行動をやめることはできない。そして国家は，自国が他国から尊敬され，他国に優越し，他国が自国に跪拝することを望む。これらの原因は，相互作用し，戦争への動きを促進した。アテネとスパルタ，特にその指導者が戦争を避けようと努力しながら，それに失敗したのは，このような原因が国家の行動を動かしていたからであり，個人の意思や努力によってこれらの原因を超越することができなかったからである。このことを指摘したために，トゥキュディデスの本は，国際政治学，特にその中のリアリズム理論の原型を作り上げたと評価されている。人間の行動パターンは，基本的に大きく変わることはないとする前提に基づき，人間行動の基本パターンを抽出したことで，トゥキュディデスの著作は古典としての地位を確立した。

　ここでの問題は，トゥキュディデスの問題設定，つまり戦争を望まなかったアテネとスパルタが結果的に戦争に立ち至った基本的な行動パターンは，それ以外の個別の紛争に対してどのように影響するのかということである。アリソンは，15世紀から現代までに覇権や影響力を複数の国が争った16の事例を取り上げ，それが戦争にな

ったかどうかを検討した。16の事例のうち，戦争になった事例は12であり，戦争にならなかった4つの事例は，15世紀のスペインとポルトガル，20世紀初頭のイギリスとアメリカ，20世紀後半のアメリカとソ連，1990年代以後のイギリス，フランスとドイツである。

　これらの事例が，「覇権競争」の事例として適切なのかどうかについては，疑問がある。また，人文社会系の学問分野，つまり人間の行動を扱う学問においては，自然とくに物理や化学の世界でいうような強い「法則性」は成り立たない。国際社会でトップの地位を取る国同士の争いが戦争になった例が多かったという「傾向」は，「覇権争いは必ず戦争になる」という「法則」が成立することを意味しない。闘争の切迫性，当事国の認識など，覇権闘争の深刻さの「程度」が異なり，また覇権闘争以外の「外部要因」が重要性を持つ状況があるためである。

　従って覇権競争は戦争になるという「法則」があると言ってしまうと，それは言い過ぎである。しかし，歴史上，大戦争が覇権競争に関連して起こったことは，ほとんどの人が認めざるを得ないことである。重要なことは，当事者にとって大戦争は，はじめの時点においては，自国が覇権を獲得，維持し，ライバルを叩き潰すチャンスだとは，考えられていなかったということである。大戦争は当事国に与える被害が大きい。勝っても負けても被害は甚大である。また戦争で必ず勝つ保証はない。負ければ何もかもなくしてしまうことになりかねない。多くの場合，大戦争の参加国は正確なリスク評価を行おうと努力していた。アテネとスパルタは，双方とも戦争には消極的であった。アテネの指導者ペリクレスとスパルタの王アルキダモス2世はともに戦争を回避するために努力した。にもかかわらず戦争は起こった。トゥキュディデスは，国内で戦争を支持する

意見に，慎重派が抵抗しきれなくなった過程を描いている。しかし，なぜ慎重派は，戦争のリスクが大きいことを理解しながら，積極派を抑圧または説得することができなかったのか？　逆に積極派は戦争のリスクを理解できない愚かな人々だったのか？

　戦争は政策選択の結果であり，政策選択は一定の目的合理性を前提としたプロセス，言い換えれば自国の状態をよりよくしようとする努力である。アテネとスパルタは，ペロポネソス戦争の結果が悲惨であり，自国の地位を根こそぎ掘り崩す結果になるとあらかじめ知っていれば，戦争を回避するためにより大きな努力を払ったかもしれない。しかし未来を見通すことは常にできない。ペリクレスのような賢明な指導者であってもそれはむずかしい。

　また，戦争を始めるかどうかの決定は，通常最後の段階でなされる。小競り合いが起こっても，それを直ちに大戦争を始める理由と見なす指導者はあまりいない。それまでのあいだに，各国は可能な範囲で自国の利益を追求し，国内の意見を調整し，その上で相手国との関係を調整することになる。重要なことは，国家は自国の発展と安全を当然の目標として追求することである。どの国も自国の経済的利益を追求する。その上で自国を防衛するための軍を建設する。より安心を確実にするために仲間＝同盟国を拡大しようとする。このような政策は，他国への配慮よりも，主に自国の都合に基づいて行われる。各国は，他国の意図が急に変わった場合に備えて，自国の安全を余分に確保しようとする（安全マージンの確保）。場合によっては他国を打倒するための遠大な計画の一部として，他国に優越的な地位を得ようとすることもある。

　しかし他国も同じ考え方をもとにして同じ政策を取っている。他国からみれば，外国の軍備増強や経済活動の目的が防衛なのか，他

国を征服するために行われているのかはわからない。たとえ明らか
に防衛目的に見えたとしても、国家の意図は変わりうるものであ
る。優位な地位を得たら、それを利用して他国を圧倒しようとする
かもしれない。何より、国を豊かにし、他国に対して備えを固める
ことは、どの国家も追求する「正当」な目的である。自国が正当な
目的を追求することは、他国の誰からも後ろ指をさされるようなこ
とではない。他国が自国をどのように見ているのかということは、
多くの場合二義的な重要性しか持たないのである。従って、自国か
らみれば正当な、自己利益を増進するための行動が、他国からは拡
張主義、現状変更的、自国を圧迫し取って代わるための行動だと解
釈されることがある。しかも、このような評価を受けたとしても、
自己利益の増進そのものをやめることはできない。

　一般的な傾向として、覇権競争が戦争に転化する可能性は大きい
といえる。このことは法則レベルの強い必然性があるとまでは言え
ないが、国家の性質や人間行動のパターンから、そうなるべき高い
蓋然性をもっている。では、現在のアメリカと中国の対立関係は、
このような覇権競争の枠組にあてはまるのか、次にこのことを検討
する。

3. 覇権競争は戦争になるか

　現在の米中関係、特にトランプ政権以後の「貿易戦争」とも言わ
れる厳しい通商政策上の対立は、前節で述べたような覇権競争にあ
たるのだろうか。米中関係はトランプ政権期から急速に悪化した。
現在の米中対立はトランプ大統領の特異なキャラクターと行動から
発したもので、トランプが政権から去れば、米中関係の緊張は相当

程度回復されるのではないのだろうか。アメリカの苛烈とも言える中国に対する圧力は，何に起因しているのだろうか。中国はこれに対してどのような態度を取っているのだろうか。

　ここで「覇権競争」と言っているものの意味を明らかにしておこう。国際政治学には，「覇権理論」という説明の枠組みが存在する。まず，覇権理論の概要を述べた上で，本章での用語の意味を説明する。

　覇権理論は，「国際政治には，ボスが存在し，ボスの力と支配が安定している時，国際社会は安定する。そうではない時は国際社会も混乱する」という説明の枠組みまたは考え方のことである。

　覇権理論の祖の一人である，経済学者キンドルバーガーは，この理論を大恐慌の原因を説明するために使った（キンドルバーガー，2009）。キンドルバーガーは，大恐慌以前の国際経済秩序を維持供給してきたのはイギリスであったが，大恐慌前夜にはイギリスはそれを続ける力をもはや失っていたと考える。実際に国際経済秩序を維持供給できる力を持っていたのはアメリカであったが，アメリカは国際経済秩序を支える意思はなく，その責任を担う準備はできていなかった。このような責任主体が不在である状況で，1929年にアメリカから発した金融恐慌は，世界規模の大恐慌に拡大した。株価暴落はそのまま実体経済の悪化を意味していなかったが，アメリカをはじめとした各国政府が，ショックが金融恐慌に拡大する過程を止められなかったために，結果的に大恐慌がもたらされた。大恐慌の破壊的影響は1930年代を通じて残ったのである。

　キンドルバーガー説の含意は，国際社会の秩序やサービス（公共財と言い換えてもよい）は，国際社会のボス＝覇権国が供給するのであり，覇権国がなくなれば国際公共財は供給されなくなるというこ

とである。この場合，国際公共財は経済秩序にとどまらない。国際法秩序も国際公共財の一部である。国際法は，条約の文章ができればそれで機能するわけではない。法を運用するシステム（裁判所を含む，司法システム全体）が不十分にしか実現されていない国際社会においては，「自らが法を守り，他国にも法を守らせる」主体がなければ，国際法は機能しない。これを担うのがボス＝覇権国である。国際社会の秩序は自生的秩序ではないので，秩序維持の主体がなければ動かなくなる。責任ある主体なしに国際社会のメンバーが自発的に協力して秩序維持が可能になるという考えは，現実的な成立基盤を欠く。

　このような意味で，秩序は公共財である。公共財は，非競合性（ある者が財を消費しても，他者の消費に影響しない）と非排除性（コストを支払わない者に，財を消費させないことができない）をあわせ持つ。秩序は，純粋の公共財（クラブ財や共有地のような財ではない）である。公共財供給は，通常，政府＝公権力が行う。政府の権力で税金を徴収し，税金でコストを賄ってメンバー全員に秩序を提供するのでなければ，秩序は成立しない。小さい共同体では，公権力なしで，私的権力が立って秩序を供給するという例はある（町の顔役など）。しかし互いに顔が見えるような同質性がない大きな社会において秩序を供給するためには，公権力が必要になる。

　問題は，国際社会において公権力が成立するのかどうかということである。基本的に，国際社会は公権力の存在しないアナーキーな社会である。国際社会に公権力または擬似的な公権力モドキは成立するのだろうか。

　世界の一体化と世界レベルの覇権国形成以前に，地域ごとの秩序を形成していたのは帝国であった。帝国は，法秩序といえるレベル

での厳密な秩序を立てていたわけではないが，帝国中枢の権威を基盤として，秩序の枠組を提供していた。辺境に反乱が起こっても，ときに帝国中枢が近衛兵の反乱で交代しても，帝国秩序そのものを覆すような大乱はほとんど起こらなかった。逆に帝国を担う王朝の交代や帝国そのものが瓦解する状況になると，地域秩序は再編された。中華帝国の「領域」は王朝交代ごとに大きく変わった。現在のヨーロッパは，ローマ帝国が統治困難な帝国の西半分を放棄した後に，ローマ教会を中心にして擬似的にローマ帝国秩序を模倣して，帝国的秩序が形成されたことから起こった。

　帝国はゆるい秩序の供給者であり，秩序を規定する「権威」だということを考えれば，帝国が「並立」することはない。同じ地域に複数の秩序が供給されても両立はしない。「天に二日なし」(礼記)というとおりである。ヨーロッパに「帝国」が乱立していた19世紀は，帝国秩序としては不正常な状態であり，それらの帝国はヨーロッパ全体の帝国ではなく，本国―植民地関係において帝国であっただけである。むしろ近代以後の真のヨーロッパ帝国は欧州連合(EU)であり，EUが成立することで，ヨーロッパの帝国秩序は再生されたといえる。帝国は，単純な軍事的征服だけで成立するものではなく，周辺による帝国の受容なしには帝国支配は成り立たない。帝国は，権力であると同時に正統性の軸となる権威であり，そうであるがゆえに，二日なしという権威の単一性を志向するのである。

　EUは，法秩序を伴った帝国であり，ヨーロッパ世界における公権力である。ローマ帝国は地中海世界における公権力である(EUはローマ帝国のはるかに離れた時代の後継者)。中華帝国やイスラム帝国は，程度の差はあるが，東アジアや東地中海・中東の公権力的存在

として機能した。これらの帝国は，地域全体で秩序を形成し，維持
する存在として受容されていたから，公権力にほぼ等しい。しか
し，そのような地域的まとまりを超えたところでは，帝国が公権力
として存在することはむずかしい。特に地球レベルでの公権力は成
立したことはない。国際連合は，現在までのところ公権力と言える
ほどの実体を持っていない。

　では，覇権は，地域を超えた世界レベルで秩序供給を行うことが
できるのか。基本的に，覇権国と帝国は同じ原理に基づく。キンド
ルバーガー，あるいはコヘインやギルピンら，覇権理論の学徒は，
帝国という歴史的に多くの意味や付属物が付着していて，それらを
取り去ることがむずかしい概念から，公共財供給という骨格部分を
取り出すために，覇権，覇権国という言葉を使っただけである。覇
権国が公共財を供給することと，帝国が権威の担い手であること
は，実質的に同じことを意味する。覇権国は，何度も交代してきた
が，覇権理論の学徒で，覇権国が同時に二つ存在したと述べている
者はいない。公共財供給者が二つ以上あることは，論理的におかし
いのである。覇権国交代の主要な論者であるモデルスキーは，史上
存在した覇権国として，ポルトガル，オランダ，イギリス，アメリ
カを挙げている（モデルスキー, 1991）。しかし，この中で実質的な意
味で覇権国と言えるのは，イギリス，アメリカの二つだけである。
ポルトガル（論者によってはスペインを挙げる場合もある）とオランダ
は，世界システム萌芽期に世界システム形成のリードを取っていた
国ではあるとしても，世界システムの秩序を供給していた国と言え
るかどうかは疑問である。何より，ポルトガル（スペイン）とオラ
ンダは，公共財供給を可能にするだけの権威を持っていたとは言え
ない。

　帝国は，一定の地域に権威を及ぼすことができれば成立する。では覇権はどうなのか。地球レベルでの，文字通りの公権力＝政府はない。覇権国が国際社会の何かの部分的秩序（すべての領域における秩序とは言わない）を供給するとすれば，覇権国はどのような形で権威を持ちうるのか。

　覇権国が国際社会において持つ権威とは，直接的にはカネの供給者ということである。そしてカネを供給するためには，信用が必要である。この信用とは，カネを集め，管理し，供給する基盤となるものであり，究極的には，「秩序を立てて，それを守らせる力」ということになる。管理通貨制度が成立する以前においても，このことは変わらない。何もないところから信用を生み出すことはできない。

　この信用の基盤は，究極的に政治権力である。カネを供給することは，銀行の仕事だとしても，銀行の制度を作り，規制し，紛争を解決し，銀行が破綻した場合の最後の貸し手となれるのは政治権力だからである。最も多くのカネを集められ，それを確実に供給できる主体は，国際社会における随一の力を持つ大国でなければならない。

　この信用を生み出す政治権力は，国内社会における政府のように，正統な政治権力の行使を独占する唯一の主体である必要はない。カネを集め（生み出し），管理し，供給することができる信用があればよい。もちろん，制度を作り出すこと，手元に集まったカネを守ることは必要だから，単なるカネ儲けのためだけの組織ではこの任を果たすことはできない。制度を設定し，維持することは，国家しかできていないので，この主体は国家である。とはいえ，国家は，国際社会レベルでカネ，防衛，制度供給を完全に独占するレベ

ルの主体である必要はない。「ある程度」それらを供給できれば国
際社会における覇権国は成立する。

このように考えれば，国際社会において覇権国の存在は必須では
なく，覇権国が常に国際社会を仕切ってきたわけでもなかったこと
は明らかである。カネの供給や信用を提供できる大きな権力は，存
在すればそれなりに通商を促進する。しかしそれがなかったとして
も，通商が完全に途絶するわけではなく，公共財が低レベルでしか
供給されないだけになるので，覇権国がなくなれば国際社会の秩序
が完全に吹き飛んでカオス状態になるとは限らない。地域帝国も同
じであり，帝国が王朝交代その他の事情で一時的に混乱しても，帝
国的秩序がいきなり消失して大混乱になるわけではない。覇権国
は，あればそれなりに秩序を安定させる。しかし覇権国が存在しな
い場合も，それなりの期間あった。世界全体における公権力はかつ
て成立したことがない。今後も成立する可能性は低い。

以上のことを補助線として，覇権国の交代が戦争になる必然性
（または高い蓋然性）があるのかどうかを考える。重要なことは，覇
権国の交代が行われるプロセスである。覇権国の地位が「禅譲」な
のか，「放伐」（簒奪としても同じ）なのかということが問題である。
モデルスキーの長波理論では，覇権国の交代は必ず世界戦争を伴っ
ていたと考える。また，前述のアリソンの見解では，15世紀以後の
覇権闘争においては16のケースのうち，戦争になったケースが12，
ならなかったケースが4だとする（アリソンのいう覇権国の定義はモデ
ルスキーとはやや異なる）。戦争にならなかったケースは，15世紀末の
ポルトガルとスペイン，20世紀初頭のイギリスとアメリカ，20世紀
後半のアメリカとソ連，1990年代以後の英仏とドイツである。

アリソンのあげた，戦争にならなかったケースは興味深い。15世

紀のポルトガルとスペインのケースは，婚姻による二重王国化，1990年代の英仏とドイツは，EUという制度の拘束が，国家間対立の激化を抑制していた。いずれも制度の拘束力が非常に強く，国家間対立が戦争に至る前に，戦争以外の方法（秩序）が紛争を抑制したケースである。

　では，残る2つはどうか。20世紀初頭のイギリスとアメリカは，覇権国が「禅譲」によって交代したように見えるケースである。結果としては，イギリスは平和的にアメリカに覇権国の座を譲り渡すことになったので，ある意味では禅譲である。しかし，その過程は必ずしも円滑ではなく，大恐慌においては覇権国としての地位を保持していた（が，覇権国としての力に欠けた）イギリスと，覇権国のとしての実力は保持しながら，覇権国としての力を行使しようとせず，覇権国としての自覚もなかったアメリカの意識の相違が，恐慌を引き起こした主要な理由となった。またイギリスとアメリカの間では，覇権国の地位と責任の継承について，この時期，まともな話し合いは行われていなかった。前述のキンドルバーガーの叙述をみれば，明らかである。イギリスが覇権国としての地位を明白にアメリカに譲り渡したのは，第2次世界大戦後である。第2次世界大戦でイギリスが完全に疲弊し，インドほかの植民地を放棄せざるを得なくなったこと，大戦中に大量の援助をアメリカから受けていたこと，少なくとも1941年末以後，連合国軍の中心はアメリカだったこと，何よりも大戦中イギリスとアメリカは同盟国であり，枢軸側を敵として共に戦う関係だったこと，これらの要因があったゆえに，イギリスは平和的に覇権国の地位をアメリカに禅譲することになったのであり，単にイギリスの力が衰退したために，アメリカが平和的に取って代わったというわけではないのである。

　20世紀後半のアメリカとソ連は，さらに興味深い。アメリカとソ連は，ライバル同士だったというだけではない。イデオロギー的に互いの存在を否定する敵味方関係だった。両国ともヨーロッパ，アジアの同盟国を従え，さらに東南アジア，中東，アフリカ，南アメリカで同盟国，衛星国の獲得を競う地域帝国であった。そして経済的に圧倒的に優越するアメリカに対して，ソ連の地位を支えていたのは，核兵器であった。米ソ冷戦は，いくつかの局面があったにせよ，究極的にはアメリカとソ連の核軍備競争であり，核軍備競争が核戦争に転化しないままでソ連が一方的に脱落したことが，冷戦の終わりをもたらした。逆に言えば，米ソ関係が戦争にならなかったのは，一にも二にも核兵器が使用された場合に事態がコントロールできなくなることに対する恐怖があったからだった（アリソン，ゼリコウ，2016）。

　このように見ると，覇権国の交代またはそれに準じる，地域における覇権的地位の争奪戦は，高確率で戦争になっている。そうならなかったのは，関係国が既存の制度に強く拘束されていたポルトガルとスペイン，英仏とドイツ，大恐慌と第2次世界大戦という外部要因の結果として平和的交代が可能になったイギリスとアメリカ，核兵器の存在が，対立が戦争に発展することを抑止していたアメリカとソ連だけである。このことの含意については後で再検討する。

4．中国と共存することはできないのか：
アメリカ側の視点

　現在の米中対立は，覇権競争がもたらしたものであると言えるのか。結論から言えば，そのとおりである。トランプ政権が，中国に

対して高関税政策を取り始めた当初，トランプの政策は，アメリカ
の衰退産業を中国に対する同レベル製品の輸入差し止めによって保
護しようとする政策であり，トランプの選挙公約を守るための単な
る国内政治対策，愚かな貿易政策であると見られていた。しかし，
アメリカの攻撃的な対中貿易政策がその後も拡大し，その標的が，
中国が従来得意としてきた労働集約的な工業製品だけではなく，中
国が猛スピードで開発を続ける先進的な技術そのものであることが
わかってくると，アメリカの国内産業保護のための政策説は次第に
後退した。トランプの貿易政策は，単に中国の譲歩を求めてかけて
いるハッタリではなく，中国の技術発展や政治経済システムそのも
のを問題にしていることが理解されるにつれて，アメリカの政策
は，単なるトランプの気まぐれではなく，中国に対する容赦のない
闘争の一つの形態であることが次第に理解されるようになった。何
よりも，トランプ以外のアメリカ政府当局者も，基本的にこの路線
に異議を唱えておらず，またトランプと厳しく対立している民主党
も，トランプのすべての対中政策を支持しているのではないとして
も，厳しい対中政策を取ること自体には反対していないのである。

　米中「貿易戦争」と言われる，アメリカの厳しい対中経済政策の
口火を切ったのは，2018年7月のトランプ政権による，最初の制裁
関税である。中国は直ちに対米関税引き上げで報復した。その後，
2018年8月にアメリカによる第2次制裁関税が課され，2019年5月
に第3次制裁関税が，2019年9月に第4次制裁関税が発動された
（第4次制裁の施行は停止中）。この間も，2018年8月にアメリカで成立
した国防権限法により，ファーウェイ，ZTEほか中国5社からの
米政府調達が禁止され，2020年8月からはこれら5社と取引を行っ
ている企業すべてからの米政府調達が禁止された。2018年12月，カ

ナダ当局はファーウェイ CFO の孟晩舟（ファーウェイ CEO 任正非の
娘）を逮捕した。孟晩舟の裁判は2020年10月現在，審理中である。

　これらのアメリカによる対中貿易政策は，基本的に２つの次元で
展開されている。１つは，アメリカによる対中制裁関税であり，も
う１つはアメリカによる中国のハイテク企業制裁，特にファーウェ
イ，ZTE，監視カメラシステム企業への制裁である。この２つの
次元をかんたんに整理する。

　アメリカの対中制裁関税は，中国企業に対する国家的保護措置や
技術盗用に対抗するためのものであるとされている。しかしこの理
由付けはさしあたり問題ではない。2020年９月，WTO の専門家パ
ネルは，アメリカの中国に対する関税措置は WTO の定める貿易
ルールに違反すると結論した。しかしライトハイザー USTR 代表
は，不公正な貿易慣行に対抗することは許されると述べたのみで，
実質的に WTO の裁定を無視している。WTO が何を言おうとどう
でもよく，対中制裁を貫徹することが重要なのである。

　４段階にわたって実施されている対中制裁関税を，特に今のとこ
ろ最新の，2019年９月に発表された第４次制裁関税についてみる
と，2019年５月の第３次制裁関税で，中国からの輸入品2000億ドル
分に対して25％の制裁関税が欠けられたことに追加して，それ以外
の中国からの輸入品のほぼすべてに10％の関税を課すという厳しい
内容である。

　その後2019年12月に米中は暫定合意に達し，アメリカは対中関税
リストの一部の実施を見送り，さらに別の一部（金額で1200億ドル分）
への追加関税を15％から7.5％に引き下げた。しかし，この合意は
アメリカの制裁の一部を施行停止にしただけで，今後段階的に高関
税政策を引き下げるようなことは示唆されていない。

　このような高関税政策は，アメリカと中国が相互依存している状況を前提とすると，中国にのみ打撃を与えるだけではない。アメリカにも打撃になる。アメリカの受ける打撃は，第1に，高関税政策を行わなければ中国から安く買えたはずの財，サービスを他の生産者から割高な価格で買わなければならない，機会費用である。第2に，中国がアメリカからの輸入品に対してかける報復関税が，アメリカ国内の生産者に対して与える打撃がある。中国は，報復関税を，トランプの支持基盤である，アメリカがあまり競争力を持たない従来型産業の製品に対して狙い撃ちしており，アメリカ国民全体というよりもトランプ支持者に対してより大きな打撃になる。

　それでは，アメリカの高関税政策は，どの程度中国およびアメリカ自身に対して打撃となっているのだろうか。

　表1は，2019年第1～3四半期の中国の貿易額である。アメリカとの貿易総額は2.4％の減少であるが，この減少の内容を見ると，対米輸出よりも対米輸入のほうが大きく落ち込んでいる。輸出に関しては，対米，対日，対韓の輸出の落ち込みを，他地域（特にEUと東南アジア）で埋め合わせており，輸入についても基本的に同じ傾向が見られる。この表には現れていないが，対米輸入の品目を見ると，最も落ち込みが激しいのは石油関連製品であり，貿易の後退をもたらしているのは，中国の景気後退に伴うエネルギー消費量の低下であることが示唆される。

　表2はアメリカの2019年1月から7月までの貿易統計である。表の構成が異なるので表1とは単純に比較できないが，米中貿易の縮小は，中国よりもアメリカのほうがはるかに大きい。しかし他地域分を合わせた合計では，総額が0.2％の落ち込み，輸出は0.9％の落ち込みで，輸入はむしろ増加し，0.37％増えているので，相対的に

表1　中国の主要国・地域との貿易額

項目		2019年1〜3四半期	
		金額 （億ドル）	前年同期比 （％）
貿易総額	全世界	33,518	△ 2.4
	EU	5,225	3.2
	ASEAN	4,590	5.9
	米国	4,027	△ 14.8
	日本	2,319	△ 4.9
	韓国	2,102	△ 11.0
輸出	全世界	18,251	△ 0.1
	EU	3,168	5.1
	米国	3,120	△ 10.7
	ASEAN	2,551	9.5
	香港	2,010	△ 8.2
	日本	1,062	△ 1.5
輸入	全世界	15,267	△ 5.0
	EU	2,058	0.3
	ASEAN	2,040	1.6
	韓国	1,284	△ 17.8
	日本	1,257	△ 7.6
	米国	907	△ 26.4

（注）国・地域の順序は各項目の金額による。
出所：JETRO ウェブサイト　特集 米国トランプ政権の動向と米中通商関係　中国関連統計

はアメリカ貿易の落ち込みは中国貿易の落ち込みよりも程度が小さいのである。

　この統計は2019年度の第三四半期（中国）と1月から7月（アメリカ）のものであり，制裁開始からほとんど時間がたっていない。特にアメリカの第3次制裁以後の制裁の結果がまだ反映されていない。さらに，2019年の統計であるため，コロナウイルス拡大が経済

表2　アメリカと主要国の貿易額

国・地域	輸出				輸入				総額			
	2019年7月		2019年 1〜7月		2019年7月		2019年 1〜7月		2019年7月		2019年 1〜7月	
	金額	前年同月比	金額	前年同期比	金額	前年同月比	金額	前年同期比	金額	前年同月比	金額	前年同期比
メキシコ	22,123	△ 3.2	151,397	1.9	30,098	6.7	209,711	6.35	52,221	2.3	361,107	2.7
中国	8,734	△ 13.8	60,734	△ 18.2	41,509	△ 11.9	260,553	△ 12.31	50,242	△ 12.2	321,287	△ 13.5
カナダ	23,367	△ 1.5	171,490	△ 2.8	26,853	0.1	184,996	△ 0.96	50,221	△ 0.6	356,487	△ 1.9
日本	6,576	3.1	43,420	2.7	12,907	9.1	85,793	4.61	19,482	7.0	129,212	3.9
ドイツ	4,430	1.2	34,807	3.0	11,404	3.8	73,671	0.49	15,834	3.1	108,478	1.3
合計	132,829	△ 0.7	956,438	△ 0.9	218.984	0.9	1,454,744	0.37	351,812	1.3	2,411,182	△ 0.2

出所：JETRO ウェブサイト　特集 米国トランプ政権の動向と米中通商関係　米国関連統計

　に与えた影響は反映されていない。したがって，この統計だけで，今後のアメリカの高関税政策の影響が軽微なもので済むと断定することはできない。

　しかし，重要なことは，アメリカの高関税政策は，中国に対してだけではなく，アメリカに対しても打撃となっているのに（このことは高関税政策を発表する前から，容易に予想できる事実である），アメリカはそのような政策を撤回する態度を見せていないということである。自国に対して打撃になっていても，中国に対する打撃がより深刻なものであれば，アメリカは相対的に中国に対して打撃を与えているのであり，そのこと自体が高関税政策の目的なのである。基本的に，中国の輸出依存度はアメリカの輸出依存度よりも高く，中国にとってアメリカは輸出相手国として第1位，アメリカ1国でEU全体とほぼ同じ規模である。このような基本的な条件を踏まえて，アメリカの対中経済制裁は実行されている。

　高関税政策と並ぶ，アメリカの対中経済制裁のもう一つの柱は，ファーウェイ，ZTE を始めとする，中国のネットワーク企業に対

する制裁である。アメリカが国防権限法で政府調達を禁止している
5社は，ファーウェイ（通信機器），ZTE（同），ハイクビジョン（監
視カメラ），ダーファ・テクノロジー（同），ハイテラ（同）である。
ファーウェイとZTEは，5G（新世代移動通信網）の中国における主
力企業であり，通信端末だけではなく，通信を中継する機器類のメ
ーカーである。ハイクビジョン，ダーファ・テクノロジー，ハイテ
ラは，監視カメラおよびその処理，データ蓄積，送信などの技術を
業務とする。

　次世代通信網（5Gは日本でも，すでに部分的に稼働しているので，もは
や「次世代」とは言えなくなっているが）は，通信機器や基地局だけで
はなく，実際にユーザに通信サービスを提供する通信事業，光ファ
イバーや関連機器，通信インフラ，プラットフォーム，端末・サー
ビス，コンテンツ，部品・装置を包括する巨大な市場である。総務
省は5Gの経済効果を，46兆8000億円と試算し，イギリスの調査会
社IHSマークイットは，2035年までの世界規模での経済効果は最大
12兆3000億ドルと試算する（森川, 2020）。

　アメリカが次世代通信網の中核部分を提供する2社を，特に「国
防上の脅威」とみなしている理由は，これが単に大きな市場である
というだけではなく，この通信網の特徴である高速・大容量，低遅
延，多数同時接続という要素が，現在の社会と経済の姿を一変させ
る核となる技術になること，この技術を実装する中核的な分野を中
国に握られることは，次世代の社会を構成する基盤部分を中国に委
ねることになり，そのことはアメリカの経済的，社会的，軍事的な
地位（覇権国としての地位）を根本的に脅かす可能性があると考えて
いることを意味する。

　監視カメラの会社が制裁対象に上がっていることは，あらゆる場

所に監視カメラが設置され，データを蓄積している現在，この技術とデータを中国に握られることが，データ窃取の可能性を含めて，安全保障上の急所を中国に抑えられる可能性があるとアメリカが考えていることを示す。2020年6月，アメリカ連邦通信委員会（FCC）は，ファーウェイとZTEをアメリカの安全保障上の脅威であるとして，この2社の通信機器を使うアメリカ国内の通信事業者に連邦補助金を提供しないことを発表した。アメリカ国内の通信網に中国製機器を入れない（連邦政府調達だけでなく，民間の通信サービスにも参加させない）ことを示したのである。

　この2つの領域での中国の成長が，アメリカの対中強硬策を呼び起こした引き金である。特にファーウェイ，ZTEを含む次世代通信網の関連会社が標的とされていることの意味が大きい。アメリカは，この2社を含む通信会社が，中国共産党，人民解放軍と結びついており，データ窃取を行っているとしている。実際に，ファーウェイ，ZTEが中国共産党や解放軍のフロント企業なのかどうか，通信機器を通じてデータ窃取を実際に行っているのかどうかは，もはや問題ではない。中国の社会経済体制の下では，巨大企業が中国共産党と無関係ということはありえない。中国共産党と企業の関係の実際のレベルにわからないところがあるとしても，国家と企業の関係が不可分に結びついていること自体が問題なのである。情報窃取にしても同様である。仮に現在その証拠がない（または情報保護のために公開できない）としても，現実的な危険性があるというだけで十分である。

　5Gと関連サービスは，現在スタートアップの時期にあるが，すでに初期段階のサービスは始まっており，これから急速に普及していくシステムである。中国を5Gサービスから排除できるとすれ

ば，今しかなく，５Ｇサービスが普及し，中国製品がその中核的な
地位を占めてしまえば，中国製品を排除する機会は失われる。中国
に対する制裁措置は，この機会を逃せばできなくなるのであり，こ
のことがトランプ政権の対中政策転換の重要な理由になったと考え
られる。

　さらに強調しておかなければならないことは，５Ｇおよびその関
連技術だけが，アメリカと中国の間の技術競争の焦点なのではない
ということである。ネットワーク通信の規模，速度，カバレージが
拡大することになると，これを使って通信によって人間を介さずに
モノやヒトの移動をコントロールする無人化技術，このようなネッ
トワーク通信の秘匿性を守る暗号技術，これらの通信を特に無線に
より遠距離で行うための宇宙関連技術の重要性が増大する。これら
の技術はもちろん，軍事技術と直結しており，次世代の戦争を左右
する決定的な要素になると考えられている（渡部, 佐々木, 2020）。

　また現在起こっている技術革新は，社会の特定の局面を変えるだ
けではなく，社会生活そのものや人間の思考や行動も含めて変える
可能性を持っている。大容量通信やスマートフォンの登場が，人間
の行動を大きく変えたことを思い出せば，このことの重要性は明ら
かであろう。アメリカは，このような競争において，中国に遅れを
とることは，アメリカがこれまで国際社会において占めてきた覇権
的地位を根本的に掘り崩されることになるという危機感を抱いてい
るのである。

　もともとこのようなアメリカと中国の間の経済問題は，トランプ
政権になってから急に起こったものではない。中国の急速な経済的
拡大とそれがもたらす影響は，アメリカではブッシュ（父），クリ
ントン政権期から議論の対象となってきた。ブッシュ（子）政権

は，911テロ事件によって，中国と協調せざるを得なくなったため
に，結果として対中協力を維持した。問題はオバマ政権である。オ
バマは，中国に対して，基本的には包容政策をとり，中国が（アメ
リカの設定した）国際ルールを守り，互恵的な姿勢に転じるのであれ
ば，中国に対する宥和政策を続けるとする（関与政策）一方で，中
国がこれに応じない場合には中国と対抗する政策をとる（ヘッジ政
策）という両面政策をとった。オバマ政権前半は，どちらかといえ
ば関与政策の比重が高く，オバマ政権後半は逆にヘッジ政策が前面
に出ていた。

　このような転換をもたらした原因はなにか。経済問題は，アメリ
カの政策転換の直接のきっかけだが，もちろん，安全保障はこれと
同等に重要である。1995年の第三次台湾海峡危機以後，中国は一貫
して軍事力，特に海空軍およびミサイル戦力の増強を追求してき
た。2020年の国防総省による議会報告書によれば，中国海軍がすで
に130隻の主要水上艦艇を含む，350隻の艦艇を持ち，そのほとんど
が90年代以後に竣工した近代的艦艇からなること，2019年末に初の
国産航空母艦（練習空母とされる「遼寧」とは別の「山東」）を就役させ，
国産2番艦を，2023年就役を目標に建造中であること，大型のウェ
ルデッキを備えた強襲揚陸艦の1番艦を進水させたこと，空軍の近
代化，特に多数のタイプにわたる国産新型有人機と無人機の開発を
加速していること，2019年中に訓練と試験のために解放軍が発射し
たミサイルは世界最多であること，DF―26中距離弾道ミサイルを
増勢していること，新型の大陸間弾道ミサイルと核弾頭の開発を進
め，このミサイルは複数弾頭（MIRV）になると思われること，地
上発射の大陸間弾道ミサイルを今後5年間で200基（現在の2倍）に
増勢すると見られること，などが述べられている（Congressional

Research Service, 2019)。

　人民解放軍の特に2000年代以後の増強ペースは，20世紀後半以降の各国軍の中でも驚異的ペースで進行している。近代化艦の累積就役数を見ると，1990年と2018年を比較して，潜水艦が5隻から43隻，駆逐艦が4隻から29隻，フリゲートが9隻から43隻に増大している（Congressional Research Service, 2019）。もちろん，もともと沿岸防備海軍だった人民解放軍海軍を急速に拡大することは，人員の調達，訓練特に指揮官の養成，修理，補給，休養等の支援体制，空軍，宇宙アセット，通信システムとの連携など，多くの課題を伴い，艦艇や航空機の増勢が直ちに戦力化するわけではない。しかし，それらの課題も時間をかければ解決可能であり，実際に解放軍の行動範囲や内容は，近年急速に拡大している。

　中国が艦艇，航空機，ミサイル等を増強しても，それでアメリカ軍の戦力を凌駕できるのかといえば，もちろんそれは容易なことではない。それらのいずれの面においても，アメリカの戦力は中国を上回っており，今後20年程度の期間で考えても，中国がアメリカを上回ることは考えられない。しかし，中国はもともと世界レベルでアメリカ軍を凌駕することなど考えていないのである。中国が戦力増強により目指していることは，中国の近海，西太平洋の日本列島，琉球諸島，台湾，フィリピン，ボルネオ（カリマンタン）島を結ぶ線（第1列島線）の内側でアメリカ軍と同盟国軍の活動を許さないこと，日本列島，小笠原諸島，マリアナ諸島，ニューギニア島を結ぶ線（第2列島線）の内側にアメリカ軍と同盟国軍が接近してくることを妨害することである（接近阻止・領域拒否＝A2AD）。この戦略は，単なる領域防衛ではない。前述の議会報告書でも，中国の基本戦略は「攻勢防御」であり，単なる防衛ではなく，先制と攻撃を積極的

に活用しながら，戦略目標としての防衛を達成することであると明記されている。具体的には，中国近辺のアメリカ軍と同盟国軍，その基地（つまり，日本，韓国と駐留米軍）を撃破するか，無力化することが，中国の A2AD 達成には不可欠であり，アメリカにとっては中国の戦略目標そのものが看過できないものなのである。

　中国の増強された解放軍が，トータルの能力でアメリカには及ばないだろうということも，アメリカにとっての安心材料にはならない。中国は，自国の主権（前述の「核心的利益」と重なる）を主張する領域に対して，中国の支配を確立し，アメリカと同盟国軍が中国の支配を妨害できないようにすればよいのであり，アメリカとの対等性は必要ない。アメリカが中国だけでなく，世界規模で軍事的コミットメントを維持しなければならないことを考えれば，アメリカにとって，解放軍の増強は「脆弱性の窓」になりうる。

　またアメリカが非常に懸念しているのは，技術革新が中国によるアメリカに対する「デジタル真珠湾攻撃」を引き起こす可能性である。サイバー戦，宇宙戦，電磁波戦は，従来の戦場であった陸海空に加わった新しい戦場だとの認識はすでに確立している。日本の真珠湾攻撃が，航空機と空母艦隊という兵器システムを使った新しい戦術の結果として行われたことを考えれば，新技術を利用してアメリカが予測／準備ができていない領域で奇襲を行うことで，アメリカを行動不能にして勝利を収めるという戦略は容易に考えられる。5Gを含む現在進行中の技術革新は，今の時点ではまったく出現していない新しいサービスを生み出す可能性がある（携帯電話，スマートフォンが出現した後も同じことが起こった）。そうした新しい技術の産物が軍事に活用されればどのようなことが起こるのか。技術革新を先導するのが常にアメリカであるかどうかはわからない。その成果

を軍事的に利用できるような体制を整え，それを最初に戦争に活用するものがアメリカだという保証もまったくないのである。

このように，経済と安全保障の両面において，アメリカの中国に対する懸念は1990年代後半以後，徐々に蓄積していた。ブッシュ（子）政権が対テロ戦争に全力を傾けたことは，それが当時の状況ではある程度やむを得ない側面を持っていたとしても，アメリカの中長期的戦略の観点からはバランスを欠いた行動であった。アメリカが覇権国であるとしても，世界のさまざまな勢力との間に均衡を取らなければ，その地位を長期的に維持することができないという事実をあらためてわれわれに示した。覇権国であれ帝国であれ，すべてのことを決められる全能の主体ではないのである。オバマ政権の中東からの撤退政策と，アジアを念頭においたリバランス（ピボット）政策は，オバマ政権がこのことを理解していたことを示す。しかし，実際に効果的な対応ができたのかについては，評価が分かれる。

オバマ政権の対中政策における重要な節目は，2011年1月の胡錦濤訪米であった。胡錦濤が，両国の核心的の尊重を共同声明に書き込むことを強く求めたのに対して，オバマは核心的利益という言葉を使うことを避け，その代わりに2009年11月の両国の共同声明の内容を再確認したという文言が入っている。2009年11月の米中共同声明には，相互の核心的利益の尊重という言葉が含まれているので，内容的には「相互の核心的利益の尊重」という中国の主張は無視されたわけではない。しかし，アメリカは，この言葉を共同声明に明記することを拒否した。中国がこの言葉を使う時には，自国の譲歩できない重要利益の不可侵性を意味しており，2000年代前半に使われ始めた時は，台湾，ついでチベットが核心的利益の対象だとされ

ていた。その後，核心的利益の語は，国家安全保障，人権問題についての自己決定権，新疆に拡大し，2010年には南シナ海が，2013年には尖閣諸島が，核心的利益の対象に含められた（日本国際問題研究所，2013）。アメリカが「核心的利益の相互尊重」を簡単に認めれば，中国の主張する利益の不可侵性をアメリカとして認めてしまうことになる。アメリカは，中国の「勢力圏承認」を避けたのであった。

　オバマ政権は，ブッシュ（子）政権が対テロ戦争とイラク戦争に忙殺され，中東地域に過度に深入りした政策を是正するため，リバランスまたはピボットすなわち，アジアをアメリカの政策重点として再重視する姿勢を公にした。しかし，現実のオバマの政策が，リバランスをどれだけ実現できたかどうかは別問題である。オバマは，自らのリバランス政策の具体的な指標を明らかにしなかった。軍事力のアジア再配置こそ若干進展したものの，必ずしも十分なレベルとはいえない。海空軍の増強は停滞していた。アメリカ中心の経済同盟であるTPPも議会の反対を克服できず，結成に失敗した（結局，次期大統領のトランプはアメリカのTPP加入そのものを拒否した）。中国による南シナ海岩礁における基地建設に対しても，示威行為（航行の自由作戦）以上のことはできなかった。

　結局，オバマは，特に政権後半期には中国に対して明白な態度を取らなければならないことは認識していたが，中国との決定的な対立に陥るような決定は避けた。中国と正面から衝突してしまえば，今後の米中関係だけでなく，国際政治全体がこの対立関係に収斂すること，つまり冷戦再開という事態になることをオバマは十分に理解していた。問題は，このような態度（決定の延期）によって得られた時間が，アメリカを利するのか，それとも中国を利するのかとい

うことである。オバマの判断が正しかったのかはわからない。しかし，トランプは，紆余曲折はあったにせよ，中国との対決が今，必要だという判断に至ったのであり，トランプの判断が議会民主党においても支持されていることは，この政策がアメリカの総意に近いものであることを示す。

5．中国の行動の源泉

　ここでは，中国側の立場に視点を移し，アメリカから見ると挑発的な行動を中国がやめることはできないのか，中国はアメリカに挑戦し，覇権国の座に取って代わろうとしているのか，中国が態度を抑制してアメリカとの対立を避けることはできないのか，という問題を考える。

　この問題を考える前提は，中国そのものが帝国的な存在だという事実である。中国は，ヨーロッパ諸国，日本，韓国などに比べて，多様性が非常に大きい社会である。チベット，新疆，モンゴルのような少数民族地域だけでなく，歴史的に中国本土を形成してきた地域の中でも多様性が大きい。中国の省はそれぞれがヨーロッパの国家サイズであり，北京，上海，四川，福建，広州は，文化的にはバラバラである。日本や韓国が，住民と社会の等質性を基盤に権力を形成しているのに比べると，中国は逆であり，等質的な中華文化圏に権力が立ち上がっているのではなく，中華帝国（歴史的な中国）の権力が先にあり，その権力の及ぶ範囲に文化圏が形成されているのである。中華帝国の領域は歴史的に変遷している。ここからここまでが中国の歴史的領域だということは簡単に言えることではない。もちろん，前近代社会の輸送とコミュニケーションのシステムの能

力を考えれば，中華帝国の領域が無限に拡大することはできず，日本海，北方の寒冷地，中央アジアの砂漠とステップ，東南アジア北部が中華帝国の限界であった。これらの境界を超えると，農業生産性が下がり，多数の人口を養うのに適さない。いずれにせよ中国は，住民の等質性に依拠してコンパクトな権力を作ることができないのである。広大な領域と多様な住民を統合できる強大な権力があることが，中国が存在しうる条件であり，この権力が弱体化すると，中国は直ちに社会不安定にならざるを得ない。このことは政治体制が何であっても同じである。中国共産党の硬直した支配の一因は，それが共産党だからということに求められるが，さらに言えば共産党支配は中国社会の特性に対して適合的なのである。

　中国共産党はアメリカが懸念を表明しているような，対米輸出や技術革新の加速，さらにこれに関連するサイバー攻撃，技術窃取，外国に対する政治工作活動を止めることはできないのか。これは，程度問題という側面があるので，止めるか止めないかという完全な二者択一ではない。それでも，中国がこのような活動を止めるまたはペースを下げることは難しいだろう。ここで，中国の反応を，3つの論点にわたって整理する。第1が自己正当化，第2が中国への圧力は西側の陰謀とする論（和平演変），第3が中国は歴史的抑圧から復興しなければならないとする論（中国の夢，中華民族の偉大な復興）である。

　第1に，中国は自らの活動は正当であり，自国の主権，安全，利益を守ると主張していることである。アメリカは対中制裁関税の理由として，中国企業に対する国家的保護措置や技術盗用に対抗することをあげている。しかし特に技術盗用に対する証拠の提示は十分ではなく，許される国家的保護措置の範囲についても明確に指摘し

てはいない。ここで，アメリカの対中強硬政策を体系的に明示した
とされる，2018年10月4日，ペンス副大統領のハドソン研究所におけ
る演説とそれに対する中国の反応を見てみよう（Whitehouse, 2018）。

　ペンス演説は，中国の活動が，政治，経済，軍事的手段とプロパガ
ンダによりアメリカの内政と政治活動に干渉しているとする。ア
メリカは1972年以後，中国がアメリカの市場に自由にアクセスする
ことを認めたが，それは中国の自由が人権を尊重するように拡大す
ることを期待してのものだった。しかしこの自由はまったく達成さ
れていない。中国経済の急成長は，中国共産党による関税，割当，
通貨操作，強制的な技術移転，知的財産の窃盗，外国人投資家への
補助金などなどの手段で達成された。中国政府は，アメリカ企業に
事業の対価として企業秘密を提出させ，民間企業の買収を通じてア
メリカの作り出したものを吸い取っている。このような活動を行っ
ているのは，中国の安全保障機関であり，中国は入手した民間企業
の知識を軍事転用している。中国は多額の軍事費を投じて，アメリ
カを西太平洋から追い出し，アメリカと同盟国の安全を脅かし，南
シナ海の航行の自由を阻止しようとしている。中国は監視国家を築
き上げ，信教の自由を弾圧し，外国に借款を提供することを通じて
外国を囲い込もうとしている。プロパガンダ，諜報活動，買収，浸
透活動を通じて，アメリカ社会に干渉している。

　この2018年のペンス演説は，アメリカから対中「新冷戦」の宣戦
布告を行ったものとして，大きな衝撃で迎えられた。中国の反応
は，非常に抑制されたものであり，崔天凱駐米大使は同月，テレビ
出演でアメリカと協議する用意があることを示唆した（岡田, 2018）。
ペンス演説の翌月，11月1日にトランプ・習近平電話会談が予定さ
れていたため，アメリカを過度に刺激することを避けたと見られ

る。基本的に中国は，ペンス演説に言葉で対抗することをしていない。しかし，ペンス演説の内容は，単に中国の貿易不公正だけを指摘しているのではなく，中国を安全保障上の脅威とみなし，中国国内の当局による人民監視政策，宗教政策を非難し，中国が工作活動を通じてアメリカ国内に浸透を図っているとしているのである。この内容では，中国が正面からの反論を避けたのは当然である。中国にとっては，安全保障政策は妥協できない領域の問題であり，国内監視，宗教政策，アメリカへの浸透工作については認めるどころか，言及すること自体論外である。中国は自国の活動は正当であるという以外に，言うことがない。

　この後，2020年8月の時点で，8月5日の王毅・国務委員兼外交部長による『新華社』のインタビューの内容および，楊潔篪・中国共産党中央政治局委員による8月7日の『人民日報』掲載論文の内容を見ると，アメリカは，1972年の上海コミュニケの精神を守れ，協調的で協力的で安定的な中米関係の構築を目指すべき，中米両国はゼロサム思考を避け，責任を共有すべき，ただし，中国は，自国の主権・安全・発展の利益は断固として守る，と述べている（高橋，2020）。2018年時点とほとんど態度が変わっていない。

　このような姿勢は，中国がアメリカからサイバー攻撃，情報窃取を非難されたときのお決まりの対応でもあった。過去，特にオバマ政権期に，このような活動を厳しく批判され，活動の中止を要求されたときの中国の対応は，常に「中国はサイバー攻撃の被害者である」という回答のみであった。具体的な事実を議論して論争することは，行っておらず，単に自国の正当性を主張するだけである。政策を変えるつもりはないという意味である。

　第2に，中国の「和平演変」論である。1989年の第2次天安門事

件とそれに関する民主化運動に対して，中国共産党は，アメリカを始めとする西側諸国が，平和的な手段を用いて，共産党体制を転覆しようとしたものであるという立場を取った。天安門事件は，国内の民主化要求に発したものというよりは，西側諸国による体制転覆の謀略事件であり，中国共産党はこの陰謀を打ち砕いて国家と統一を守ったとされているのである。

　中国は（そして現在ではロシアも），現在に至るまでこのような立場を堅持し，西側諸国からの情報の流入に対しても，この論理を使って情報遮断を行っている。中国国内で活動する外国の情報企業に，当局に対する情報提供と中国の定める情報規制を守ることを条件として課していることも，同じ論理に基づく。

　この論理によれば，アメリカやヨーロッパからの人権擁護に関する中国への要求はすべて，内政干渉であるばかりでなく，これを緒として中国の体制転覆を図る工作活動の一環であり，このような要求を断固として退けることが，中国の国家と統一を守るために必要な政策であるという結論になる。西側諸国の使う，普遍的価値，人権，市民の自由，信教の自由，公正な報道などの概念は，いずれもこれらを利用して体制転覆を図るための手段にすぎず，中国国内でこのような概念を唱える者は対外通謀者であることにされてしまうのである。和平演変論は，中国国内での異論封じ込めの道具ともなっている。

　さらに，このような論理の裏返しが，中国が外国に対して行使しているシャープ・パワー（外国の社会，内政に対する工作活動）なのである。西側諸国が中国に対して，人権や民主を利用して工作活動を行っているのであれば，中国が他国に対して同じことをして何が悪いのかということになる。アメリカがいう，中国のアメリカ社会内

部に対する工作活動を中国が認めることはないであろうが，中国的な論理からすれば，中国内部に対して工作活動を先にかけたのはアメリカとヨーロッパであり，そのことを認めずに一方的に中国を非難する態度は二重基準であって，倫理的な正当性をもたないことになる。むしろ中国の人権状況への非難は中国の体制を転覆しようとする工作活動であり，耳を貸してはならないのである。

　第 3 に，習近平政権のスローガンである，「中国の夢」「中華民族の偉大な復興」がある。習近平は，総書記就任後わずか 2 週間の2012年11月，政治局常務委員を帯同して中国国家博物館で演説した。この演説の中で，習は以下のように述べている。「我々はこれまでのどの時代よりも，中華民族の偉大な復興という目標に近づいている。すべての党員は肝に銘じてほしい。落伍すれば叩かれるのであり，強くあるためには発展を続けなければならないということを，肝に銘じてほしい。正しい道を見いだすのがどれだけ大変なことだったかを。我々はこの道を迷わずに進む。いま，多くの人が中国の夢を語っている。私は中華民族の偉大な復興こそが近代化以来，中華民族が目指してきた最も偉大な夢だと思う。一人一人の未来と運命は，国家や民族の前途と運命と深く結びついている。国がよくなり，民族がよくなってこそ，一人一人がよくなれる。中華民族の偉大な復興は光栄ではあるが困難な事業であり，そのために代々の中国人がともに努力していかねばならないのである」(林，2017)。

　「中華民族の偉大な復興」という言葉自体は，胡錦濤政権の時から使われていた。しかし，習近平はこの言葉を，中国の国家発展こそが個人をよくすることであり，国家と中華民族の発展なしに個人がよくなることはないという形で，コンテキストを置き直した。

　中華民族の偉大な復興は中国の夢であり，その目標はいかなることがあっても成し遂げられなければならず，落伍すれば叩かれ，強くあるためには発展を続けなければならないという習の言葉は，いかなる障害があっても中国の発展を促進するという強固な決意を明示している。個別の問題について外国と妥協するとしても，中華民族の偉大な復興自体は，中国人民のすべてがともに追求すべき大目標であり，この達成について妥協するということはありえない。通信技術の発達だけではない。中国を富強にすることに，躊躇があってはならない。落伍すれば叩かれるという言葉は，まさに国際競争においてあてはまるのである。

　また，中華民族の偉大な復興という言葉が，かつてアジアのみならず世界において最大の人口と富強を誇った中華帝国の栄光を現代によみがえらせなければならないことを含意していることも重要である。アヘン戦争以来の中国近代史は，中国にとって屈辱の歴史であった。この状態から中国の独立を回復したのが毛沢東であり，中国を豊かにしたのが鄧小平であり，そして中国の栄光を取り戻すのが習近平であるという主張は，現政権を正当化するだけでなく，現政権が中国の栄光を回復する歴史的使命を実現するべき存在だという大きなタスクを設定している。単に現在の中国社会を安定させればよいという態度（江沢民，胡錦濤政権の態度）は完全に乗り越えられたのである。

　そして，中国の屈辱の歴史の時代に，アメリカやヨーロッパの列強の権力が確立し，国際法秩序を含む現在の国際システムが作られ，中国の権益（その中には，台湾，尖閣諸島，南シナ海における中国の「正当な権益」が含まれている）が奪われたという論理が，中国国内に広く浸透していることが重要である。アメリカは，中国を「国際社

会のルールを受け入れようとしない現状変更勢力」であるとする。しかし，中国にとっては，現状とは，中国が列強によって弱体化させられた状態にすぎず，19世紀前半までは別の現状が存在していた。西側が自らに有利な状況を力で固定化しようとする努力に正当性はないのである。

　このような論理は，中国が今後取る政策を具体的に示すものではない。あくまで原則論であり，具体的な戦術は状況に応じて変わる。しかし，失われた栄光の回復，落伍すれば叩かれる，強くあるためには発展を続けることが必要という戦略的な認識は変わらない。個別の問題に対する政策は変化するとしても，挑発的な行動をやめる，中国が自発的に降りてアメリカに譲歩するというような方策は，戦略レベルではありえないということになる。

　ここで，中国はアメリカを覇権国としての地位から追い落とし，アメリカに取って代わろうとしているのかどうかという問題に触れておく。一部の論者は，中国は，現在の世界におけるアメリカの地位を代替するための準備も能力もなく，現状で中国は覇権国とはなりえないとする。しかし，仮にそうであっても，中国の政策は，新型大国論であり，中国とアメリカが互いの核心的利益を尊重することで，両国と国際秩序の安定がもたらされるとする。実質的に，アメリカはアジアに対するコミットメントから手を引き，アジアの秩序を，中国を中心とするものに改めることを認めよというものである。アジアにおいて「自由で開かれた」秩序を放棄し，成長の中心であり，日本，韓国などのアメリカの同盟国が存在するアジアの主導権を中国に委ねるということになれば，アメリカの覇権はなくなったのと同じである。

　重要なことは，中国の発展が，アメリカの覇権維持と両立する可

能性は，時間とともになくなっていることを認識すべきだということである。冷戦終了後の米中関係は，米中が互いの関係をすり合わせて衝突を避けようとする努力の過程であった。現在の米中関係はこの努力が少なくとも現在は破綻したことの結果であり，現時点では米中関係を巻き戻せる見込みはない。

6．米中覇権競争と戦争

　本章では，2 節でトップ（覇権的地位）を取る国が，ライバルと戦争になるメカニズムを示した。3 節で過去に覇権国または地域でトップを取る国の交代が多くの場合，戦争になってきたことを示した。4 節でアメリカから見て，中国の行動は自らの覇権に挑戦するものであり，そのことを不正な方法で行っており，いま対抗措置を取らなければ手遅れになると考えられていることを示した。5 節で中国から見て，アメリカの主張は非妥協的であり，正当性がなく，中国が歴史的に抑圧されてきた不正な現状を，力で維持しようと圧力をかけていることに他ならないと考えられていることを示した。

　最後に，本章で提起した問題，覇権競争が戦争になる可能性が高いという一般的な傾向があり，現在の米中関係が覇権競争であるとするならば，今後の米中関係は戦争に向かうのかという問いに対して，現時点での見通しを示す。

　アリソンの分析において，覇権的地位の争奪が結果として戦争にならなかった事例が，現在の米中関係にあてはまるかどうかについて考える。アリソンがあげた，4 つの事例のうち，15世紀のポルトガルとスペインの関係，および1990年代以後の英仏とドイツの関係は，強い制度が対立を戦争に転化させることを防いだ例である。し

かし，このパターンは，米中関係にはあてはまらない。米中関係の制度化のレベルはこの2つの例に比べて著しく低い。米中関係はあまり制度化されておらず，2つの事例は米中関係に示唆するところが少ない。

　また20世紀前半の米英関係は，やはり現在の米中関係にほとんど共通する点がない。米中は同盟関係ではなく，イデオロギー的共通点はなく，共通の敵はなく，相互不信は強く，共同して解決すべき課題を共有しているとはいえない。20世紀前半の米英関係が覇権的地位を平和的にリレーすることに成功したことは，米中関係には示唆するところが少ない。

　アリソンの分析の4つ目の例，20世紀後半の米ソ関係はどうだろうか。米ソ関係は，核兵器での優越をめぐる対立，イデオロギーの正しさをめぐる対立，世界帝国たらんとした両国の勢力圏拡大をめぐる対立という3つの次元で対立していた（田中，2017）。特に冷戦初期，1950年代においては，米ソの対立は非常に厳しいものであったが，特に1962年のキューバ危機以後，米ソ両国は互いの直接衝突の危険を管理することに関心を共有することになった。米ソ関係は対立激化と緩和の間で揺れていたが，最終的には1980年代末，社会経済的に対立関係に必要なコストをソ連が払えなくなったこと，この状況を打開するためにソ連のゴルバチョフ政権が社会主義体制の改革と新思考外交に路線を切り替えたことで，対立は終わった。東欧諸国は1989年以後，ソ連の勢力圏から離脱し，ソ連自身も1991年に分裂し，連邦は崩壊した。

　米ソ関係が厳しく対立しながら，特に1960年代以後比較的安定した原因を，二極構造の単純性と安定性にあるとする立場がある（ウォルツ，2010）。しかし，本章では，米ソ関係において戦争が起こら

なかった主な理由は，核兵器の影響であるとする立場を採る（ナイ，ウェルチ，2017）。アメリカとソ連が対立しながら，対立のレベルを一定程度にコントロールしようとした重要な理由は，米ソの直接戦争が起これば核兵器が使用される可能性があり，いったん核兵器が使用されればそのレベルをコントロールできなくなる可能性があることが，米ソ両国によって認識されていたからである。キューバ危機以後は，この認識はさらに深まった。

　では，米ソ関係における抑制要因としての核兵器は，米中関係においても同じような働きをするといえるか。難しい問いであるが，一応核兵器の抑制的影響は米中関係にも及ぶと考えておく。理由は，米中は核兵器の運用について，同じ思考基盤に立ってドクトリンを形成していると考えられること，現時点でアメリカの核兵器は中国に対して圧倒的な優位に立っていることである。中国の核戦力の水準を考えると，現状では中国は最小限抑止しかできない。また人民解放軍の戦力投射能力が中国に近い領域に限られていることは，そこで核兵器が使用された場合，中国にとってよりリスクが高くなることを意味する。さらに，現段階では人民解放軍の急速な増強が始まってからあまり時間が経っておらず，通常戦力においても，中国に近い領域であってもアメリカはなお優位に立つ。中国はあえて自国から戦争に訴える理由が乏しく，アメリカも現状では中国を軍事的威嚇で抑制しようとはしていない。

　アメリカが現在，中国に仕掛けているのは，通商政策上の攻撃であり，その理由として安全保障上の脅威をあげてはいても，アメリカが実力で中国を攻撃しようとしているわけではない。アメリカの政権交代があっても，この方針が簡単に変わる可能性は低い。まず関税政策または技術政策によって，中国の伸張を抑制することが先

である。この政策の結果が明白になるのは時間がかかる。少なくとも数年間で決着がつくような問題ではない。

　従って米中対立が，簡単に戦争に移行するとは考えにくいのだが，時間が経てば状況は変わる可能性がある。3でも述べたように，米中間の曖昧な情勢を対立の方向に傾けた決定的な要因のひとつは，技術進歩が急速に起こっている状況では，いま中国を抑えつけなければ手遅れになるというアメリカの認識であった。スパルタが，アテネとの戦争に見通しを持てない状態にありながら，結局戦争に踏み切った理由が，このままアテネの拡張を放置していてはもはや手遅れになるという認識だったことと同じである。

　今が決定的な時点であり，いま実力行使をしなければ，この先必ず負けることになると認識されるような事態が起これば，たとえ実力行使のコストが高かったとしても，戦争の誘因は高まる。これがどのような事態であるのかは微妙な問題だが，中国が核心的利益と呼んでいるもの，すなわち主権，領域，安全保障の問題はそのような事態を起こす引き金になりうる。

　やはり台湾問題が最重要である。台湾は，中国が屈辱の時代に中国から切り離された領土だと考えている地域である。台湾と中国の主権は微妙で曖昧なものだが，台湾が名目上であっても中国の主権から完全に離脱したと思われるような状況は中国にとって許すことができない。台湾問題をめぐって中国共産党の立場が失われるならば，習近平政権あるいは共産党体制の存続に関わる問題になる。香港における民主化運動の処理は，現時点では大惨事を引き起こしてはいないが，台湾が「一国二制度」に同意する形で中国に帰順する可能性は，これによって失われた。中国が武力を使用するような強硬策に出る可能性が最も高いのはやはり台湾である。

　南シナ海の島嶼，岩礁の帰属問題や，尖閣諸島問題は，ある程度
台湾問題の関数である。台湾が独立的な地位を維持している限り，
南シナ海の岩礁に解放軍の基地が建設されても，脆弱な基地が南シ
ナ海の交通を実際に妨害できる可能性は低い。逆に南シナ海の基地
を中国が本当に紛争に使うことがあるとすれば，台湾をめぐって実
際に武力行使が行われる状況であろう。

　尖閣諸島も同じである。中国が尖閣諸島に対して実力行使を行う
とすれば，アメリカがこれに介入してこないことが前提条件であ
る。一時的に尖閣諸島を占拠しても，アメリカが介入してくれば，
維持はできない。逆に台湾で武力行使が行われる状況になれば，中
国が全体的な作戦行動を容易にするために，周辺島嶼に補助的な攻
撃を行うことはありうる。尖閣諸島で挑発行動を取り，台湾世論を
動揺させることも考えられる。

　もちろん，以上のことはあくまで仮定に基づく思考実験であり，
現時点でアメリカと中国が戦争になる可能性が高いとは言えない。
しかし，重要なことは，アメリカと中国の「覇権競争」は，ただの
経済競争とは違うのであり，技術，経済，安全保障が結びついた領
域での優位を争っているという事実である。アメリカと中国は，ど
ちらかが相手に勝とうとする意思を放棄するまでは，競争を止めな
いであろう。アメリカにとっても，中国にとっても，競争を止める
時は，覇権国としての地位またはアジアにおける優越的地位（中華
民族の偉大な復興）をあきらめる時である。ボスであることをあきら
めるのは死ぬことと同じである。

　競争は始まったばかりであり，不確実な要素はあまりにも多い。
技術進歩の進度，それが経済，安全保障にもたらす影響，これから
予想されるアメリカと中国の勢力圏獲得競争，ロシア，北朝鮮，日

本，韓国など米中関係に大きな影響を与える第三国の行動，そして台湾問題の帰趨，何が米中関係に決定的要素になるかはわからない。

　1990年代からの「ポスト冷戦」は，ようやく終わった。その次に来るものは，安定した，制度に裏付けられた世界秩序ではないことがわかった。覇権，帝国のどちらの言葉を使うかはともかく，既存秩序が動揺する時に国際社会が安定することはない。

［文献］

阿南友亮『中国はなぜ軍拡を続けるのか』新潮社，2017

天児慧『「中国共産党」論〜習近平の野望と民主化のシナリオ』NHK 出版，2015

梅本哲也『米中戦略関係』千倉書房，2018

岡田充「ブレ続ける中国の対米政策。首脳会談前に柔軟路線が復活」，https://www.businessinsider.jp/post-180446 （2020年 9 月 1 日閲覧）

梶谷懐，高口康太『幸福な監視国家・中国』NHK 出版，2019

喬良，王湘穂（坂井臣之助監修，Liu Ki 訳）『超限戦　21世紀の「新しい戦争」』角川書店，2020

佐橋亮『共存の模索：アメリカと「二つの中国」の冷戦史』勁草書房，2015

佐橋亮（編）『冷戦後の東アジア秩序　秩序形成をめぐる各国の思惑』勁草書房，2020

田中明彦『新しい中世 相互依存の世界システム』講談社，2017

津上俊哉『中国台頭の終焉』日本経済新聞出版社，2013

津上俊哉『巨龍の苦闘　中国，GDP 世界一位の幻想』角川書店，2015

日本国際問題研究所『アジア（特に南シナ海・インド洋）における安全保障秩序』，2013

日本国際問題研究所『日米中関係の中長期的展望』，2012

日本国際問題研究所『中国の対外政策と諸外国の対中政策』，2020

米国国防長官府『米国議会への年次報告書　中華人民共和国に関わる軍事・

　安全保障上の展開2019』，日本国際問題研究所，2020

高橋邦夫「中国は米中対立をどう見ているか」『国際戦略研究所　中国情勢月
　報』No. 2020-03，2020

西原正（監修），平和・安全保障研究所（編）『年報　アジアの安全保障2019
　-2020―激化する米中覇権競争　迷路に入った「朝鮮半島」』朝雲新聞社，
　2019

林望『習近平の中国　百年の夢と現実』岩波書店，2017

益尾知佐子『中国の行動原理―国内潮流が決める国際関係』中央公論新社，
　2020

宮本雄二，伊集院敦『技術覇権　米中激突の深層』日本経済新聞社，2020

森川博之『5G　次世代移動通信規格の可能性』岩波新書，2020

薬師寺泰蔵『テクノ・ヘゲモニー―国は技術で興り，滅びる』中央公論社，
　1989

渡部悦和『米中戦争　そのとき日本は』講談社，2016

渡部悦和，佐々木孝博『現代戦争論―超「超限戦」』ワニブックス，2020

トゥキュディデス（小西晴雄訳）『歴史』上下，筑摩書房，2013

グレアム・アリソン，フィリップ・ゼリコウ（漆嶋稔訳）『決定の本質』第
　2版，1，2，日本経済新聞社，2016

グレアム・アリソン（藤原朝子訳）『米中戦争前夜　―新旧大国を衝突させ
　る歴史の法則と回避のシナリオ―』ダイヤモンド社，2009

ケネス・ウォルツ（河野勝，岡垣知子訳）『国際政治の理論』勁草書房，
　2010

マイケル・オースリン（尼丁千津子訳）『アジアの終わり　―経済破局と戦
　争を撒き散らす5つの危機―』徳間書店，2017

ロバート・カプラン（奥山真司訳）『南シナ海　中国海洋覇権の野望』講談
　社，2014

カート・キャンベル（村井浩紀訳）『THE PIVOT アメリカのアジア・シフ
　ト』日本経済新聞出版社，2017

チャールズ・キンドルバーガー（石崎昭彦，木村一朗訳）『大不況下の世界
　1929-1939』改訂増補版，岩波書店，2009

ジェームズ・スタインバーグ，マイケル・E・オハンロン（村井浩紀，平野

登志雄訳）『米中衝突を避けるために　―戦略的再保証と決意―』日本経済新聞社，2015

ジョゼフ・S・ナイ，デイヴィッド・A・ウェルチ（田中明彦，村田晃嗣訳）『国際紛争―理論と歴史 原書第10版』有斐閣，2017

ピーター・ナヴァロ（赤根洋子訳）『米中もし戦わば　戦争の地政学』文藝春秋，2016

クライブ・ハミルトン（山岡鉄舟監訳，奥山真司訳）『目に見えぬ侵略 中国のオーストラリア支配計画』飛鳥新社，2020

マイケル・ピルズベリー（野中香方子訳）『China 2049　秘密裏に遂行される「世界覇権100年戦略」』日経BP社，2015

H.R.マクマスター，マイケル・ピルズベリー，キショール・マブバニ，王輝燿，ラッドヤード・グリフィス（舩山むつみ訳，佐橋亮解説）『CHINA AND THE WEST 中国はリベラルな国際秩序に対する脅威か？』楽工社，2020

ジョージ・モデルスキー（浦野起央・信夫隆司訳）『世界システムの動態――世界政治の長期サイクル』晃洋書房，1991

ワン・ジョン（伊藤真訳）『中国の歴史認識はどう作られたのか』東洋経済新報社，2014

Congressional Research Service, China Naval Modernization: Implications for U.S. Navy Capabilities — Background and Issues for Congress, 2019

Office of the Secretary of Defense, Annual Report to Congress, Military and Security Developments involving the People's Republic of China, 2020.

"FCC Calls Huawei, ZTE Security Threats as It Bars Subsidies," https://www.bloomberg.com/news/articles/2020-06-30/fcc-designates-china-s-huawei-zte-as-national-security-threats　（2020年9月20日閲覧）

Whitehouse, Remarks by Vice President Pence on the Administration's Policy Toward China, 2018/10/4, https://www.whitehouse.gov/briefings-statements/remarks-vice-president-pence-administrations-policy-toward-china/　（2020年8月30日閲覧）

第7章　トマス・ホッブズと国際関係論

古田拓也

1．はじめに

　「国際政治学は正確にはいつはじまったのか」と問われると，なかなか簡単には答えられない。だが，「大体いつはじまったのか」であれば，二〇世紀の前半というのが一般的な答えであろう。国際政治学の講座がはじめてイギリスで設けられたのは一九一九年，ウェールズ大学のアベリストウィス校においてであり，その後 LSE やオックスフォード大学に同様の講座が設置された。アベリストウィス校での初代の講座担当者はアルフレッド・ジマーンであるが，おそらく一般に有名なのは第四代講座担当者 E・H・カーであろう。彼が一九三九年に出版した『危機の二十年』は，国際関係論分野での最初の古典である。視線をアメリカに移してみると，ドイツからの亡命者ハンス・モーゲンソーが『危機の二十年』と並ぶ古典的著作『国際政治』を公刊したのは，そのおよそ一〇年後であった。日本の国際政治学の開始地点も，ほぼ同じ時期に求められる。大体カーと同年代であり，日本の国際政治学の先駆けである神川彦松は，回顧的講演においてこの学問の新しさを強調し，「国際政治

学という一科の社会科学が，第一次世界大戦以前には全く存在しな
かったのは事実であり，その時から，英米はじめ世界各国でほとん
ど同時に着想され，構想され始めたのである」と語っている。この
神川の手による日本最初の国際政治の教科書『国際政治学概論』が
世に出たのは，まさに二〇世紀前半が終わる年，一九五〇年であっ
た。

　ひとつの学問分野が成立し，研究者が増えてくれば，自然と様々
な小分類やアプローチが生まれてくる。すると，自他の視点，理
解，手法の違いを明確化するため，様々な指標やラベルが利用され
るようになる（もちろん成立時点からある程度はそうであるが）。なかで
も大いに利用されてきたのが，過去の思想家の名前とイメージであ
る。利用方法は多種多様で，なかなか一言ではまとめきれない。自
分の立場を分かりやすく説明する。掘り下げて探求する手がかりに
する。忘れられた問題設定を発見する。単に権威づけのために引用
する。逆に論敵の主張を評判の悪い思想家に結びつけ，その意義に
疑問符をつける。これらはその一例である。たとえば神川の『国際
政治学概論』においても，政治と倫理の一致は不可能であり，ゆえ
に世界連邦も不可能だという主張の代表者としてニッコロ・マキャ
ヴェッリが挙がっている。ここでは，マキャヴェッリの名が，複雑
な議論を整理するための手がかりとして用いられているのである。

　国際政治学において活用される思想家で，マキャヴェッリと並ん
で引かれる機会の多いのが，一七世紀イングランドの思想家トマ
ス・ホッブズである。この二人に，古代ギリシアの歴史家トキュデ
ィデスを加えて，国際政治における「現実主義」の三大巨頭とみな
されている（この選択の人為性については，参考文献の西村の論文を参照の
こと）。とりわけホッブズは，国家と国家の間にあるのはアナーキ

ーであって，そこに協調の余地はほとんどないという主張と共によく取り上げられる。国際政治の舞台の原風景を描き出した存在として，とりわけ現実主義の伝統のなかで，ホッブズは特段に重要な地位を占めているのである。試みに政治学か国際政治学の教科書を手に取れば，それを実感してもらえるはずである。索引に「ホッブズ，トマス」を探し，指示されたページを開くと，大抵は「現実主義」が説明されている個所に当たる。たとえば定評のある有斐閣の『政治学』（久米・川出ほか）を見てみると，「国際関係はアナーキーという構造であるために，対立が常態であり，協力は難しいとみなす立場」は「国際政治学ではリアリズム（現実主義 realism）と呼ばれ，イギリスの思想家ホッブズによる国内における秩序と国家との関係についての考え方から大きな影響を受けている」と説明がなされている。

　しかし教科書で当然視されるほどホッブズ＝現実主義という図式が固まってくると，今度は果たして本当にそうだったのかと問われるようになってきた。すなわち，国家同士の《協調》より《対立》の契機を重く見るのが「現実主義」であって，ホッブズはその代表的理論であるという解釈に，多数の批判が向けられるようになってきたのである。ノエル・マルコムという著名なホッブズ研究者もそのひとりである。マルコムの見るところ，そうした解釈の「ほとんどの部分は，ホッブズの一，二の著作の，ごくわずかな文章に依拠しているように思える」。しかも「そのわずかな文章ですら誤読されている」と彼は言う。要するに，教科書的な《ホッブズ＝現実主義》の図式は，ほとんど間違っていると主張しているのである。マルコムの批判は，今日の政治思想史家の理解のスタンダードとなっていると言ってよい。

　本章の大きな目的は，そうした批判がなされている状況に対して，この旧来の《ホッブズ＝現実主義》の図式には未だ見るべきものが残されていると示すことにある。つまり，全面的にではないにせよ，教科書的説明のために弁じたいのである。この目的のために，いくつかのステップが必要である。まずホッブズ政治思想がどのようなものかを確認せねばならない。それが次節の主題である。次に，その思想が，どのような形で国際政治における現実主義と結びつけられるかを論じる。様々な結びつけ方がありうるが，本章では，ヘドリー・ブルの提示した現実主義的ホッブズ解釈を軸にまとめる。そしてこのブルの描くようなホッブズ像がどのように批判されたのか，さらにそれに対してどのような反批判がありうるのかを見ていく。最後に，ブルがおそらく考えていなかった形で，クラシカル・リアリズムの代表的理論家モーゲンソーの中に，ホッブズ的要素がはっきりと存在していると指摘する。このように論じていくことで，様々な妥当な批判がありつつも，ホッブズを現実主義者とみなす見解は根本のところで未だに維持しうると示したい。

2．ホッブズの政治思想

　ホッブズの政治思想は様々な背景に照らして論じうるが，そのひとつは疑いなく宗教戦争である。主著『リヴァイアサン』は一六五一年に出版されているので，このときはイングランドの内乱が念頭にあっただろうが，それ以前に彼の頭を離れなかったのは，イングランドではなく，おそらくフランスの宗教戦争であった。フランスの宗教戦争は，カトリックとプロテスタントが争った物理的な闘争であると同時に，武器を取った闘争を正当化するための思想上の争

いという面も有する。「ブルートゥス」の偽名で出された『ウィンディキアエ・コントラ・ティランノス』はその思想的闘争の一コマである。同書では，公人たるもの，真の宗教を脅かす存在には抵抗するべきであり，そして近隣の君主もそれを援助し，信仰の敵を打ち倒す義務があると語られている。著者はプロテスタントであったが，そのロジック自体は，プロテスタントもカトリックもどちらでも採用しうるものであり，事実そうなった。すなわち，理屈から言えば，どちらの側であっても，「真の信仰」に反する者には，たとえ国境線を超えてでも抵抗する義務が生じることになってしまったのである。

　今日でもよく耳にする「主権」は，この戦いを終わらせるために生まれた概念である。あらゆる宗派の上に主権者を置くことで，「真の宗教」を理由とした戦いを終わらせようと導入されたのである。この主権概念を洗練させ，誰もが納得いく形に鍛え直そうと試みたのがホッブズであった。ではどうすれば万人を説得できる議論になるのだろうか。歴史に訴えるのはどうだろうか。どうも頼りなさそうである。今日でもそうだが，歴史に先例を求める議論は，常に解釈上の争いがつきまとうからである。神から出発する神学はどうだろうか。それならばキリスト教徒は誰もが納得できるのではないだろうか。しかしホッブズはこれも否定する。なぜなら，その大本にある「神」という概念自体がはっきりと把握できず，ゆえにここでも解釈上の争いが起きてしまうからである。歴史と神学は，当時のイングランドで政治を語るために最もよく使われるリソースであった。ホッブズはその二つを真っ向から否定し，まったく新たな政治学を打ち立てようとしているのである。

　この二つに代わって，新しい政治学の支えとされたのは，「幾何

学」的な方法であった。実はホッブズ本人が，幾何学に芯から説得
させられた経験の持ち主であった。同時代の伝記作家ジョン・オー
ブリーは，そのときの様子を次のように伝えている。

> 彼が幾何学に目を向けるようになったのは四十歳を過ぎてからで，
> それも偶然のきっかけであった。ある紳士の書斎にいた時，ユーク
> リッドの『原論』が開けてあった。第一巻四七番の命題であった。
> 彼はその命題を読み「くそったれ，こんなわけあるか」と叫んだ
> （彼は時折，言葉を強めるために，ひどい文句を使うことがあっ
> た）。そこで彼はその証明を読むと，それが別の命題を参照してい
> た。それを読むと，また別の命題を参照していて，それも読んだ。
> このようにつぎつぎと進んでいったあげく，最初の命題の正しさを
> 証明によって納得させられた。これが契機となって，彼は幾何学と
> 恋に落ちた。

この臨場感のある描写からは，個別的な命題を追いかけるだけで，
元々は「ひどい文句」を使うほど納得していなかった命題を受け入
れてしまった様子がよく伝わってくる。ゆえに彼が恋に落ちたの
は，何よりまず幾何学のもつ説得力であった。ホッブズは読者に，
今度は政治学について，同じような経験をさせようとしたのであ
る。

　幾何学と同じ精密さを実現するには，政治学も幾何学と同じよう
に，ひとつの命題から次の命題へ続く形で議論を組み立てればよ
い。そのためには政治の基礎は何かを発見せねばならない。ホッブ
ズはその基礎を「運動」に見出した。人間は生きている間，常に動
いている。座っていても心臓は止まらない。単に身体だけではな
い。心も常に動いている。「気持ちが離れる」とか「気が向く」と
いう日本語の言い方があるが，これをホッブズに聞かせたら，事実

を適切に捉えた良い表現だと言うに違いない。ホッブズは，個々人が気の向く対象，すなわち欲求する対象を「善」と呼び，逆に気持ちが離れる対象，すなわち嫌悪の対象を「悪」と呼ぶ。ゆえに人々に先立って善悪の客観的基準があるわけではない。まずは個々人に即してしか善と悪は決められないのである。

　特定の状況において，人々の間で何が「善」とされるかは自動的には決まらない。だが考えてみれば，食物の好き嫌いはあっても，食物全てを嫌う人は想像しにくい。人間が求めるものには，かなりの共通性がありそうである。同じことは「悪」にも言える。人は死を恐怖する。恐怖するとは，それを避けたいということであるから，人は一般的に死を「悪」と判断しているのである。このような共通の人間性こそ，確固たる政治学の基礎を提供する。

　誰もが「善」（つまり「欲求」の対象）を目指して行動するが，その獲得には手段が必要である。この手段が「力（power）」，すなわち「将来の善を獲得するための現在の手段」と定義される。「力」というと，物理的暴力のみを想像するかもしれないが，実は「力」の範囲はそれよりはるかに広い。物理的な力だけではなく，財力も，雄弁も，果ては見た目の美しさや良い評判まで，あらゆるものが力になりうる。善を獲得するための手段は全て力なのである。善への欲求に終わりはない――終わったときが命の終わりである――ため，力の追求が終わることもない。「死に至るまで止むことのない，不断の力の追求」が，ホッブズの描く人間である。

　人は欲求実現のために誰もが「力」を求め，そして敵対関係が生じる。「力」の多様性に応じて，敵対関係が生じるルートも一様ではないが，大別して三つのカテゴリーにまとめられる。「第一は競争，第二は不信，第三は自負である」。競争は食料などを獲得する

ためになされ，不信は自らの身を守るために相手を敵視するところ
から生じ，自負は「力」を見くびられたとき傷つけられ，それが相
手への怒りになる。どのように敵対関係が生じるとしても，結果と
して暴力が用いられる点に変わりはない。こうして，もし人間がキ
ノコのように一度に発生したと仮定するならば，有名な「万人の万
人に対する戦争」が生じるだろう。『リヴァイアサン』第一三章の
よく引用される部分だが，ここでも引いておきたい。

> このような状態においては勤労の占める余地はどこにもない。勤労
> の果実が不確実だからである。したがって，土地の耕作も，航海も
> 行われない。海路輸入される物資の利用，便利な建物，多くの力を
> 必要とするような物を運搬し移動する道具，地表面に関する知識，
> 時間の計算，技術，文字，社会，これらはどれも存在しない。そし
> て何より悪いことに，絶えざる恐怖と，暴力による死の危険があ
> る。そこでの人間の生活は孤独で貧しく，きたならしく，残忍で，
> しかも短い。

　この状況において，人間は人間にとって「悪」である。死を恐怖
する人間は，死をもたらす存在として，同じ人間を恐怖する。人間
は元々，日常的な意味で悪い存在ではないし，誰もが相手に危害を
加えてやろうと虎視眈々と生きているわけでもない。だが，相手の
行動を予想してみると，他人は潜在的に自分にとって危険だと分か
ってしまうのである。自分と相手は同じものを欲しているかもしれ
ない。分けるべきだろうか。しかし分け前に相手が満足すると確信
できはしない。自分が欲したものを確保する安全な手段は，相手を
物理的に排除することである。ならば最善の方途は先制攻撃であ
る。これは悪いことではない。なぜなら，この状態であらゆる手段
を用いて相手に先んじるのは理に適った判断だからである。こうし

てホッブズは，自分の善のためにあらゆる手段を用いる判断を，生まれながらの権利として承認する。これがホッブズのキーワードのひとつ，自然権である。

　この自然権が，人々を悲惨な境遇へと陥れる。自分は相手を危険だと感じている。それと同じように，相手も自分を危険だと感じており，まったく同じように「自然権」をもっている。それぞれが自己の最高決定者であり，それぞれが相手を信頼できない状態にあっては，先手を打って相手を滅ぼしてしまうのが合理的判断である。こうして，人間を自然のままに置いたとすれば，「万人の万人に対する戦争」状態が生じる。さらに悪いことに，人間は将来を予測できる。たとえ今，平和裏に何かを分かち合えたとしても，明日はどうだろうか。明後日の果物を得るためには，今日，その樹を独占してしまうのが賢明な方策ではあるまいか。こうして，未来を考える力が，明日の闘いをもたらしてしまう。

　ここまでの話だと，将来を見通す能力が戦争を悪化させる役にしかたっていない。しかし，同時に戦争状態を終わらせて，自分だけではなく，誰もが平和に暮らせる条件を人間に教えるのもまた人間にしかない能力，すなわち理性である。理性によって，人間は戦いの中で生き抜く方法を理解するだけでなく，この戦いそのものを終わらせて，自身の生命に不安を感じない状態に移行する方法も理解しうるからである。それをまとめてホッブズは「自然法」と呼んでいる。ホッブズの描写のなかで自然状態を生きる人々も，それを疑似体験した読者も，その中身をすぐに理解しうる。「各人は，平和を獲得する希望があるかぎり，それに向かって努力すべきであり，そして，それが獲得できないときには，戦争のあらゆる援助と利点を求め，かつ利用してもよい」である。では平和に向かって努力せ

よとは何を意味するのか。ホッブズは様々な自然法を挙げ，それを説明する。約束を守れ，自他の平等を認めよ，尊大になるな，うぬぼれるな，などがその例である。なかでも最も重要なものは，自分で全てを判断するという「自然権」を放棄せよ，である。平和の見込みがあるなら，私的判断権を，相手と平和に暮らしていける程度まで切り下げねばならないのである。

しかし問題は，現状では平和の見込みはどこにもなく，自発的に自然権を放棄してしまえば，自分が損をするだけで終わってしまうことである。ここで《何をなすべきか》の義務を教える自然法に従ってしまうと，自分の生命が危険にさらされてしまうからである。そうだとすれば，この状態では，《何をしていいか》の判断権たる自然権をもつ人間は，決して自然法に従おうとはしないだろう。権利と義務がまったく違う方向を指し示してしまうのである。

そこで，単に自然法に従えと言うだけではなく，自然権の放棄を可能にするような条件づくりこそが必要になる。それが人々の上に立ち，人々を平等に恐れさせる「リヴァイアサン」，すなわち最終決定権をもつ政治共同体の存在である。お互いがお互いを恐怖するのではなく，誰もがひとつのリヴァイアサンを恐怖することによって，逆説的にお互いは相手を信頼できるようになる。何かあったら警察を呼び，どうにもならなければ裁判に訴え出られると分かっているから，お互いを危険だと感じる必要がなくなる。その状況下であれば，誰もが安心して自然法に従える。政治共同体があるか否かによって，人々の生活様式が変化するのである。相互不信から相互信頼へ，とでも言えようか。皆が自分を守るための剣を捨て，それは今や政治体に委ねられる。だからこそリヴァイアサンの右手には大きな剣が握られ，その身体を構成する人々は何も持っていない。

リヴァイアサンとは「刀狩り」の思想的表現に他ならない。

　リヴァイアサンに剣をゆだねる方法，言い換えれば，政治共同体が成立するルートは二つある。ひとつは契約モデルである。こちらの方が有名であろう。このモデルでは，個々人（A, B, C, D…）は，お互いに，各人の私的判断権を放棄して，特定の人（S）を自分達の間で起こることの最終判定者にしようと約束する。こうしてSが主権者，他の人々が臣民となる。もうひとつは征服モデルである。こちらはもっとシンプルである。AとSが闘い，Aが敗れた時，勝者Sに直接服従の同意をすることによって，Aが臣民，Sが主権者になる。次にSはBを打ち負かし，その次にCを，という具合に勝利を重ねれば，その都度の服従の同意によって臣民が増えていく。したがって，契約モデルと征服モデルの違いは，誰が誰とどのように同意するかの違いであって，同意があるかどうかではない。どちらにしても同意は存在している。

　こうして出来上がった主権者の判断に従い，自己の私的判断を差し控えることで，政治体の死である内乱を避けられる。ゆえに国家は強大な権力を有している。しかし，この強大な権力が続くのは「保護と服従の相互関係」が存在する限りにおいてのみである。ホッブズの理屈は，無制限の服従を要求しない。保護がなくなれば臣民に服従義務はない。ゆえにイングランド人は，亡命地のチャールズ二世に対する服従義務はなく，直接的に「死」を要求されたならば，臣民はそれに従う義務もない。この二面性が，『リヴァイアサン』の発表直後から多くの読者を戸惑わせてきた。一方で彼の議論は，主権者にあまりに多くを与えた絶対主義であると批判され，しかしもう一方では，いつ服従をやめるかを臣民が勝手に決めるアナーキーだと非難された。もっともそうなるのは当のホッブズがすで

に予言していた。『リヴァイアサン』冒頭の「献辞」で，「一方の側ではあまりに多くの自由を，他方の側ではあまりに多くの権威を，それぞれ主張する人々に囲まれているとも言えますので，両者の剣先の間を傷つかずに通過するのは，困難」です，と彼は書いている。この両義性が，いまでも研究者たちの着想を刺激し，新しい解釈を生み出し続けている。

3．ホッブズと現実主義

　ホッブズの政治思想は，以上の大雑把な説明から明らかなとおり，まずは国内向けのものである。しかしだからといって，ホッブズが国際政治について何も考えていなかったわけでも，そこから我々が何も学べないというわけでもない。はじめに述べたように，ホッブズの思想から国際政治における「現実主義」を引き出すのが，もっとも伝統的な読み方である。本節ではまずはその解釈を紹介していきたい。伝統的であるがゆえに参照しうる文献は多くあるのだが，ここでは話を拡散させないために，国際政治学における「英国学派」のひとり，ヘドリー・ブルによるホッブズ解釈と，それに対する批判を取り上げよう。「英国学派」とは，国際政治への特色あるアプローチを大まかに共有するグループを指す。同学派の創始者たるマーティン・ワイトとハーバート・バターフィールドは，共編著の「まえがき」で，アメリカ人とイギリス人の国民性の違いに触れて，イギリス人は「現代よりも歴史，科学よりも規範，方法論よりも哲学，政策よりも原則」に関心をもつと書いている。これは，非常に大雑把ではあるが，アメリカの国際政治学に対する英国学派の特徴でもある。そのバランスの取れた姿勢が高く評価さ

れることも多く，日本の著名な国際政治学者や外交史家にも，英国学派への共感を隠さない者は多い。ブルは，このグループの中で，もっともよく知られた国際政治学者である。

　ブルの仕事を一言でまとめると，現実主義と理想主義の「あいだ」の開拓である。両極端な二つの見方はどちらも言い過ぎであって，その中間的な見方こそ，実際の国際関係を適切に映し出している，というのがブルの見解である。さてその一方の現実主義を代表するのがホッブズである。こちらは（すぐ後で述べるように）国家と国家の間にアナーキーを見出し，その状況からの脱出がありうるとは考えない。他方の理想主義（ブルの用語では革命主義）を代表するのがカントである。こちらは，現状では国家間がアナーキーにあると認めつつ，人類は現状から脱出しうるし，平和のためにそうせねばならないと考える。そこで世界政府や全国家の連合といったアイデアが登場するわけである。

　この二つは一見対照的な立場であるが，しかし，ブルは共通する欠点があると言う。それは，主権国家があって社会が安定しているという国内の状況を見て，国家間には主権国家がないから社会もないと推論しているところである。しかし実は，個人と個人，国家と国家は，それぞれ違う形で「社会」を維持しているのであり，個々人の間の紐帯のために国家が必要だからと言って，それをそのまま国家間に適用してよいわけではない。国際領域においては，上位に主権国家がなくとも，社会は存在しうるのである。

　日本語の「社会」だと国家との区別が分かりにくいかもしれないが，元の英単語をみると多少分かりやすくなるかもしれない。原語は society であり，これは「社会」以前に，人と人との「あいだ」やそこにある繋がりを指す。したがって，social season は社交の季

節と訳され，social distancing は人と人との距離をあけることを意味する。ホッブズにおいても，society はこうした意味で使われる。彼は「同棲の信約は，ベッドをともにすること(ソサイエティ)のためか，あるいはすべてのものをともにすること(ソサイエティ)のためのものである」と述べ，続けて，すべてをともにする場合，女性は妻と呼ばれ，「ベッドだけをともにする場合，この女性は愛人と呼ばれる」と，当時も今もひんしゅくを買うような説明をしている。だが society の意味の広がりを知るには分かりやすい例であろう。この繋がりの範囲が広がるとともに，ある程度のところで固定化されていくと，「〜協会」や「社会」と訳すのがちょうどよい概念になっていく。

　これを踏まえてブルの着想を言い換えると，形式的には上位の国家がなくとも，国家と国家の society すなわち「つながり」は十分考えられるし，それどころか，実際の国際関係には——特にヨーロッパにおいては——そうしたつながりが張り巡らされて，一種の「社交界」が形成されている，ということになる。それが「上位権力のない社会（anarchical society）」であり，この社会の存在を認めるのが，ブルの言葉では，「グロティウス的伝統」である。外交史家の細谷雄一は，ブルをはじめとする英国学派にとって，国家同士の社交界を維持する「ルール」が国際法であり，「マナー」が外交だと指摘している。勢力均衡やさらには実際の戦争もまた，様々な意味を持ちうるとの譲歩はなされつつ，この図式の下で新たな意味づけを与えられる。社交界において一人の影響力が極端に強く，他の参加者がその振舞いに文句を言えなければ，社交界のルールもマナーも台無しになってしまうだろう。国家同士の社交界においては，同じことが超大国に言える。逆に，勢力均衡が存在し，誰も傍若無人な振舞いが許されず，さらに場合によっては協力して戦争という

名の懲罰を与える可能性があれば，各国はルールとマナーを意識した行動をとりやすくなるであろう。ブルはこのようにして，戦争や勢力均衡というリアリストが強調する要素を，「グロティウス的伝統」の枠組に取り込んだ。

この「上位権力のない社会」を提示する上で，ホッブズは非常に重要な役割を果たしている。私は「はじめに」で，思想家にはいろいろな活用方法があると述べた。複雑な議論を統一的観点からまとめたり，読者のイメージ形成を助けたりするために，思想家の名前を「整理棚」として使うのもまた，思想家の活用方法のひとつである。ブルはまさに，現実主義をまとめ上げる存在としてホッブズを用いている。

　　現代の国際関係論において，ホッブズの重要性は際立っている。（…）彼は大雑把に「現実主義」的伝統と呼びうるものに弾みをつけたひとりである。この伝統は，世界政治を本質的に，諸国家の力を求める闘争だと描き出し，そして——E・H・カー，ラインホールド・ニーバー，ハンス・モーゲンソー，ハーバート・バターフィールドらの著作で装いを新たにして——西洋でのここ四〇年の政治思想に深い影響を及ぼしているのである。

誤解のないように再確認しておくと，ブルは現実主義的な国家関係理解は誤っているとみていた。その誤りを明確に示すため，ホッブズと現実主義を結びつけた，ホッブズの国際関係理解を通じて，現実主義を批判的に検証しようと試みているのである。ブルの意図としては，これによって，「グロティウス的伝統」の正しさを明らかにすることが狙いであった。だがそれと同時に，ブルの意図とは無関係に，ホッブズと現実主義を論じるときの非常に明晰な——と

いうことは批判の対象にもなりやすい――基準が提供されることともなった。

　ホッブズの政治思想において，国際関係は自然状態に近いものとして理解されている。これが，ブルにとって，ホッブズから現実主義的な要素を引き出す前提条件である。先にも引用した，ホッブズが自然状態の悲惨さを述べた『リヴァイアサン』第一三章の続きで，次のように述べられている。

　　　たとえ個々の人々がたがいに戦争状態にあった時期がまったくなかったとしても，しかもあらゆる時代において王や主権所有の人格たちは，その独立性ゆえにたえず嫉妬しあい，たがいに武器を向けあいじっと相手の様子をうかがって，まるで剣闘士の姿勢よろしく身構えてきた。すなわち王国の国境の要塞，守備兵，鉄砲，それに隣国に対する絶えざるスパイ，これらの存在は，戦争の体制に他ならない。もっともそうすることによって国民の勤労は維持されるから，そのために個々人の自由に伴う悲惨さは生まれないのである。

ここでは，国際関係が，独立した個々人から成る自然状態と同じく，敵意によって特徴づけられる戦争状態にあると明確に述べられている。もちろん，最後に付記されているように，「万人の万人に対する戦争状態」ほど悲惨ではない。こちらを強調すれば，たしかに個人間と国家間の違いを論じることもできる。

　ただ，そうした違いがある点は認めつつ，ブルは，ホッブズ政治思想において，《国際関係＝自然状態》の等式は揺るがないとみている。したがって，彼の見るところホッブズ的な国際関係は，以下の三つの特徴を有している。

① 自然状態＝国際関係の舞台での生活は悲惨であり，改善する見込みもない。
② そうした自然状態にあって，法的なルール，道徳的なルールは存在しない。
③ 悲惨な生活と，ルール不在の自然状態から，常に戦争状態が生じる。

このようにホッブズ的国際関係理解を要約した上で，ブルはこの理解の問題点を指摘していく。こちらも，対応が分かりやすいように箇条書きにしてまとめておこう。

①′ 実際の国家間には，経済的相互依存があり，お互いの生活の改善がなされている。
②′ 実際には，国際法をはじめとする規則が規範として機能している。たとえ政治家によって無視されたとしても，無視するための言い訳を作らねばならない状況が，規範としての強さを逆に証明している。
③′ 戦争に向かう傾向が存在していることが，社会の不在を意味するわけではない。戦争を国際法の執行と解釈しうる場合もある。むしろどの国も戦争の意志がないところでは，国際法違反を処罰する手段がまったくなくなる。

　こうして，ブルはホッブズ的な国際関係の説明は，現実に存在している状態の説明としてうまくいっていないと主張するのである。しかし，ブルのホッブズ解釈の①②③それぞれについて，様々な批判が寄せられている（ブルに直接言及して批判するものも，そうでないも

のもある）。批判の多くに共通するのは，ブルの解釈は妥当ではなく，むしろ理想主義やグロティウス的伝統に近いアイデアを提唱した思想家としてホッブズを読むべきだという議論である。つまり，ブルがホッブズ批判として提示した①′②′③′の方が，皮肉なことにホッブズ本人の思想に近いというわけである。これは確かにある程度の説得力を備えた批判である。特に①と③に対してはそうである。だが，こうした攻撃を受けても，「現実主義的」な読解が全面否定されるわけではない。以下では，まずはホッブズ＝リアリスト解釈の大部分を否定したノエル・マルコムの議論を，先に箇条書きでまとめたブルの解釈と対比しつつ紹介し，次に，それにもかかわらずなぜブル的な読み方——ホッブズはリアリストであるという読み方——は最後のところで擁護しうるのかを論じていきたい。

　まず「①自然状態での生活は悲惨であり，改善する見込みもない」から見ていこう。自然状態の個人は，経済活動の見込みが不確かであるため，自身を守る行動を最優先するだろう。これを国際関係に適用すれば，各国は経済活動を無視した軍事国家を目指すということなる。そうして生まれるホッブズ的な国際関係は，ブルの見立てによれば，「ゼロサムゲーム」の世界，すなわち，ある国が得をすれば，別の国が同じだけ損をする世界である。しかしこれは現実の描写として不適切だとブルは言う。軍事にのみ予算をつぎ込む国家はあまり考えられないからであり，当然のことながら経済的な交流も存在しているからである。そこで，ホッブズ主義者と異なり，ブルのような「国際社会論者は，経済関係をつうじて諸国家が相互に利益を引き出しうることを指摘したうえで，諸利益の違いを通して共通利益の存在することを象徴する点において，貿易があらゆる国際関係のなかでもっとも特徴的な活動であると論じるのであ

る」。主権国家の並存は，決してゼロサムゲームを意味しないのである。

　これに対して，マルコムを含めてブル的な理解への批判者は，ホッブズ的世界においても経済的相互依存は成立しうるし，貿易も可能なはずだと論じている。それがもっとも分かりやすく現れるのは，『リヴァイアサン』の第二四章である。この章は冒頭から国家間での貿易の必要性が語られている。

> コモンウェルスの栄養摂取は，生活に役立つ「物質」の「豊富さ」とその「配分」にある。(…) ふつう産物とよばれるこの物質には，「国産」と「外国産」があり，「国産」はコモンウェルスの領土内で入手され，「外国産」は海外から輸入される。そして，どのようなコモンウェルスもその支配下にある領土において（コモンウェルスがきわめて広大な場合を除いては）全体の維持と活動に必要なものをすべて産出することはなく，(…) この輸入は交換や正当な戦争あるいは労働によってなされる。(…) 事実人々が住むだけが精いっぱいで，それ以上には領土を持たぬいくつかのコモンウェルスが存在したが，それにもかかわらずそれらの国々は，力を維持しただけではなく増大しさえした。それはひとつには，ある地方から他の地方への交易を行なう労働により，またひとつには，他の地域から運び込まれた原料による製品を売りさばくという方法によるものであった。

ホッブズの主権者の仕事は，市民の平和な生活の保障である。もし生活のために海外の「産物」が必要不可欠なのだとすれば，その確保もまた主権者の仕事に含まれる。その手段として，正しい戦争も挙げられているが，引用の最後の部分を読む限り，貿易をもっとも強く推薦しているとみてよいだろう。これはどの主権者でも同じで

ある。そうだとすれば，ブルの解釈とは反対に，ホッブズ的な国際
関係の舞台においても，交易を通じた生活の改善は大いにありうる
に違いない。

　次に，一旦②を飛ばして，「③悲惨な生活と，ルール不在の自然
状態から，常に戦争状態が生じる」への批判を見ていこう。ブル
は，主権国家がなくとも，国際社会は存在しており，ゆえにホッブ
ズの想定は誤っていると論じていた。すなわち，上位権力の不在と
いう意味でのアナーキーがあったとしても，それが戦争状態という
意味でのアナーキーにはならないはずだ，ということである。この
（ブルが批判する）ホッブズの見方を，現実主義の方向へとさらに発
展させると，国際関係において重要なアクターは国家だけであり，
それ以外の組織は国家から自立しえないという結論へとつながって
いくだろう。たしかにホッブズは，ひとつの国家に統合されていな
い者同士は，程度の差はあれ，敵対関係にあると語っている。そう
だとすれば，この敵対関係を架橋し，かつ主権国家とは無関係に成
立する組織はホッブズ的世界においては考えづらいことになる。す
ると，実際には国際社会が存在するがゆえにホッブズは誤っている
というブルの批判ももっともだと思えてくる。

　しかしホッブズをよく読んでみると，国家とは無関係な社会が存
在しえないなどとは書かれていない。むしろ，個々の国家とは直接
関係のない国際組織が，国家を内部崩壊に導く危険をもたらす力を
もっているというのが，ホッブズ本人の認識であった。今日の言い
方をすれば，国際テロ組織は，主権国家とは関係なく存在する。ホ
ッブズを含めて当時のイングランド人の多くがそのテロ組織に相当
すると思っていたのは，カトリック教会である。たしかにカトリッ
ク教会を，教皇を君主とした単一国家と考えることもできるが，イ

タリア半島の一部を領土とする国家としての振舞いと，すでにアジアにも進出していたカトリック教会としての振舞いは同一視できない。聖書解釈を武器にして，個々の君主への不服従を説く能力を有しているカトリック教会は，ホッブズにとって非常にネガティヴな意味での国際組織であった。しかしネガティヴであれ，ホッブズ的世界においても，主権国家とは無関係の組織が成立しているという事実は揺るがない。

　最後に「②そうした自然状態にあって，法的なルール，道徳的なルールは存在しない」についてである。これがおそらく，ホッブズを現実主義とみなす解釈の核心的要素である。ブルは，様々な場所で，ホッブズの描く国際政治の舞台に，道徳が入る余地がないと論じている。たとえば『国際社会論』の第六章では，「国際政治は，国家同士の関係においては国家を制限する規則など一切ない闘技場にほかならない」とみなすのがホッブズ的な理解だと指摘されている。そのうえで，ブルは，この理解が端的に誤っていると論じる。たしかに国家同士の上位に立つリヴァイアサンは存在しない。だが国家間であっても，機能している「ルール」や「マナー」，すなわち国際法や外交関係は存在しているのである。

　これまでと同様，この理解に対しても，はっきりした批判が寄せられている。というのも，ホッブズは，国際政治の場においても，自然状態においても，道徳や規範は存在すると言っているからである。たしかにそこにおいて，主権者のつくりだす法は存在しない。しかしそもそも主権者が何のために必要だったかを思い出してみると，道徳が存在しないとは言えないことが分かる。繰り返しを厭わずまとめておくと，次のようになる。自然状態において，各人は自然権を有する。しかし，その帰結を理解しうる人間は，平和の実現

に何が必要かを把握することもできる。それが「自然法」であり，
誰もがこの自然法には可能な限り従う義務がある。しかし自然状態
において，この自然法に従ってしまうと自らの命が危険にさらされ
る。ゆえに誰もが自然法に従える現実の環境を作り出す主権者が必
要とされたのである。ここから分かる通り，主権者に先立って《何
をなすべきか》を人々に示す道徳や規範は，「自然法」という名で
確かに存在している。ゆえに，ブルのように，自然状態には道徳が
ないという解釈はまったく誤っている。こう批判者は指摘するので
ある。

　ただ，先の①と③への批判と比べると，この②への批判は譲歩を
余儀なくされる。リアリズム的読解をほぼ全面的に否定したマルコ
ムが，最後のところで認めざるをえなかったのも，この点である。
というのも，自然法（道徳，規範）が国家間においても成立している
としても，それを自然法と認め，それに合わせて行動を変えるか否
かを決めるのは，個々の国家だからである。ホッブズの著書『哲学
者と法学徒の対話』においては，他国から攻め込まれている隣国を
助けるかどうかを決めるに際しては，どちらの国が正しいかを考慮
する必要はなく，自国の安全に資するか否かで判断してかまわな
い，と述べられている。マルコムはこの一節に注目する。ここから
マルコムが引き出す結論は，《何をなすべきか》と《何をなしてよ
いか》のズレ，換言すれば権利と義務の不一致こそが国際政治の常
態だとホッブズは認識しており，この点において，ホッブズはたし
かに理想主義とは異なっている，であった。

　実はこのマルコムの解釈は，ブルのホッブズ解釈とそれほど異な
るものではない。たしかにブルは，ホッブズ的世界観によれば国家
間に規範はないと述べている。しかし，《何をなすべきか》がホッ

ブズ的国際関係でまったく存在していないと言っているわけではないからである。それどころか，自己の生命を守るために X をなせという仮言命法的な道徳は，ホッブズにも存在するとブルは繰り返し認めている。しかも，それが自然法であると適切に認識してもいる。ではなぜブルはホッブズ的国際関係には規範が存在しないと書いたのであろうか。おそらく，マルコムが最後に認めていた権利と義務の不一致が，その答えであろう。たしかに《何をなすべきか》はホッブズ的国際関係にも存在している。だがそれがどこまでいっても，もし自己保存を求めるならばという条件と結びついている。そのため，この義務を果たすかどうかが，《何をなしてよいか》を自分で決める自然権に従属してしまうのである。おそらく，この理由から，ブルは，ホッブズ的な自然状態には，権利を抑える規範や道徳がないと述べたのであろう。

　こうして，ホッブズに現実主義的解釈を与えたブルと，それにほぼ全面的に反対したマルコムは，ホッブズの思想が，《何をしてよいか》が《何をなすべきか》を乗り越えてしまう構造を有しているとみなす点で，最終的に一致することになった。マルコムが，他の部分ではホッブズをリアリストと呼ぶことはできないとしつつ，最後に「これが，最終的に，彼が多くの場合，「リアリスト」と描写されてきた理由である」と締めくくったのはこの理由のためであり，ブルがホッブズをリアリストとみなすのも，最終的にはこの理由であるように思われる。確かにホッブズ＝現実主義者の図式は，あまりに単純な理解がなされる場合，種々の修正が必要ではある。しかしこの二人の一致が示すのは，教科書的な図式を全て投げ出してしまう必要はないということである。

4．ホッブズとモーゲンソー

　ここまで私は，ブル的な解釈を全面的に受けいれるわけにはいか
ないにせよ，重要な部分は未だに生き残っており，その限りにおい
て，ホッブズを現実主義と呼ぶ意味はあると論じてきた。ブルはこ
の現実主義の二〇世紀の代表者として，ハンス・モーゲンソーの名
を挙げている。「モーゲンソーは，国際関係へのアプローチにおい
て，広い意味でホッブズ的伝統と呼びうるものを体現している代表
的理論家である」。ブルは，先ほど議論の俎上に載せた，現実主義
の三つの要素をモーゲンソーも共有しているとみているのであろ
う。この是非も重要なテーマである。しかしここでは，ブルの指摘
しなかった部分でも，二人には共通する要素があると論じてみたい
（もちろん違いもあるので，それも指摘するつもりである）。そうすることに
よって，リアリストの伝統にホッブズを位置づけたブルの解釈を，
別の角度から補強するのが目的である。

　ブルは，ホッブズ的伝統の要素のひとつに，国際関係におけるア
ナーキーの持続を挙げていた。すなわち国家間はアナーキーである
が，その上位に世界国家を作り出すことでアナーキーを終わらせよ
うとはしない，ということである。これはホッブズの本人の思想の
説明としても適切である。ホッブズ本人がグローバル・リヴァイア
サンを構想していたとは思えないためである。いくつか理由がある
が，しばしば指摘される理由のひとつは，仮想上の理念的自然状態
とちがって，現実の自然状態では人間の文化や勤労が維持されるた
めに，「個々人の自由に伴う悲惨さは生まれない」ためである。同
じく重要なのは，そもそも存在していない世界国家を論じること

は，ホッブズの学問観に反するからである。『リヴァイアサン』の第四六章で述べられているように，学問とは，すでに存在している対象の諸特性を，その生成プロセスを構成しなおすことで把握する営みであって，未だ存在していない何かを対象とするわけではないのである。

　だが，いったん国家をバラバラの個人にまで分解したならば，なぜ一国を構築するところで止まらねばならぬのか。ホッブズから離れて，後世の視点から読む限り，これは当然の問いであろう。世界に「並ぶものなき高慢な者たちの王」(ヨブ記) が並び立ってしまっているのである。だとすれば，さらにその上にリヴァイアサンを立てるのが，ホッブズ本人の意図とは無関係に，ホッブズ的な戦略と呼べるのではあるまいか。一方でホッブズの理屈を辿っていくと世界国家に至りそうである。しかしホッブズ本人はそれを直接求めようとはしていない。彼の国際関係観は，こうした二面性に特徴づけられていると言える。

　そのホッブズ的ロジックに導かれた世界国家の可能性を真剣に受け止め，逆説的であるが，そうであるがゆえに，国際政治の不可避性を深く認識したのが，ハンス・モーゲンソーである。モーゲンソーはリアリズムの代表者とみなされているため，ここで世界国家を持ち出すと，もしかしたら驚かれるかもしれない。実際，モーゲンソーがリアリストである点に疑いはない。しかし，自分は現実の政治をそのまま肯定しているわけではないのだ，と言い続けたのもモーゲンソーである。主著『国際政治』の「第三版への序文」では，同書の発表以来，彼は「道義的な問題に無関心である」と非難されてきたと書いている。だが実際，彼は様々な場所で道義について語っており，近年の研究によれば，それは単なるリップサービスでは

なく，過剰とも言えるほど真剣なものであった。

　そうした道義への関心と，リアリズムのつながりを見渡す観点を提供するのが，世界国家論である。『国際政治』の「世界国家」と題された章は，ごく通俗的なモーゲンソーのイメージにもっともそぐわない個所かもしれない。ここでは好意的に世界国家構想への言及がなされているのである。

> 国民社会では，その平和と秩序は国家の存在の恩恵を受けている。しかも国家は，国家領域内で最高の権力を与えられて平和と秩序を維持しているのである。ホッブズは，そうした国家がないならば，国民社会は国際舞台と似たものとなり，「万人の万人に対する」闘いが人類の普遍的な状態となるだろうと論じた。この前提に立てば，国家間の平和と秩序は，地球上のあらゆる国家から成る世界国家の中でのみ確保される，という結論が論理必然的に出てくる。

ここでホッブズの名が現れるのは，皮肉や冷笑のためではない。国家なしに平和はなく，世界国家なしには国際的平和もないとするホッブズ的発想を基にした命題は，モーゲンソー自身も完全に正しいと認めているからである。先に触れた「第三版への序文」においても，自分は「民族国家を基礎とする国際システムの恒久性を信じている」との非難を受けてきたが，むしろ「民族国家は時代遅れであり，民族国家を機能的な性格をもつ超国家組織に併合する必要がある」と主張してきたのだと改めて繰り返している。

　ゆえに世界国家がよい目標である点に疑いはない。だが近い将来に実現しうる目標であろうか。モーゲンソーの結論は悲観的であった。国内社会の安定性は，彼によれば，圧倒的な力，市民相互の正義の期待，超個別的忠誠という三要素によって成立している。圧倒

的な力とは，特定の領域内で国家以上の力の保持者が存在しない状態を指す。相互の正義の期待が意味するのは，たとえ自分がある問題で少数派であったとしても，別の市民からフェアな扱いを受けられるであろうという期待である。超個別的忠誠は，国内問題にかかわる党派同士の対立が，相手の物理的な殲滅を目指すところまでは行きつかないと信じられる状況である。これら三つのうち，どれが欠けても安定性は得られない。逆に言えば，圧倒的な力の存在は，安定した国家の必要条件ではあっても，十分条件ではない。安定した国家には，それを支える共同体や社会が先だって存在せねばならないのである。

　この認識ゆえに，モーゲンソーはホッブズをはっきりと批判する。したがって，二人を比べたとき，まず目につくのは似ていない部分である。モーゲンソーによれば，ホッブズは平和のために権力を備えた国家が必要だと考えた点では正しかったが，権力を必要条件ではなく十分条件と捉えた点で誤っていた。「国家はそれだけでは国内の平和を保持することはできない。ホッブズの哲学の重大な欠落はここにある」と彼は書いている。ホッブズの力への過信を戒めるモーゲンソーは，その理由を基にして，ホッブズが自然状態から政治社会に移行するにあたって想定していた「契約」と「征服」の二つの手段をどちらも却下する。ホッブズはどちらも，ゼロから恐怖と力をばねにして可能になると考えていたが，その方法では世界国家の形成は実際には不可能だということである。メンバーが互いに紐帯を感じられる共同社会が先に存在しなければ，国家を作り出すことはできないからである。力は万能ではない。だからこそ世界国家への道は，ホッブズ的な思考が想定しうるより，はるかに険しいものとなる。

　モーゲンソーの見るところ，一方で世界国家が望むべき目標とし
て控えており，他方でそこに一足飛びに到達する手段がまったく存
在していない。ゆえにそれがすぐさま可能であるかのように振る舞
う人々を厳しく論難する。世界国家の必要性と可能性の完全な分離
が，第二次世界大戦後の国際政治の悲観的な状況なのである。だが
これは，世界国家が無意味だという意味ではない。たとえ一足飛び
の実現が不可能だとしても，究極的目標たる世界国家は，現時点で
いかなる国際政治があるべきなのかを示す指針として機能する。世
界国家の実現に先立って世界共同体が必要である。世界共同体がで
きるためには，破局につながる政治的対立を緩和しつづけねばなら
ない。文化を共有しようというスローガンはその役に立たない。ド
ストエフスキーがよく売れようともソ連との緊張は緩和されないか
らである。そこでモーゲンソーが持ち出すのは，伝統的な「調整に
よる平和」，つまり外交である。「国際社会の究極の理想——すなわ
ち超国家的社会へ飛躍していくという理想——は，外交の伝統的手
段である説得，交渉，および圧力というテクニックを使うことによ
って実現されるのである」。

　その逆に，平和を不可能にするのが，国際政治の舞台で自らの道
義を妥協なく推進しようとする「十字軍精神」あるいは「政治宗
教」である。それは自らを善の体現者とみなし，相手を悪の使者と
見下すことで，いかなる妥協も不可能にしてしまう。もし相手が悪
だとすれば，妥協は悪の浸潤を助けるだけであろう。十字軍精神が
知るのは勝利か敗北であり，妥協と譲歩には縁がない。モーゲンソ
ーの目に，この危険な精神でもって「外交」をおこなっていると映
っていたのが，レーニンとウィルソンの「新外交」を引き継ぐ，ソ
連とアメリカであった。この両国が行っているのは，外交という名

の下での宣伝戦に過ぎず，平和のために伝統的外交術が見直されねばならない。「復活した外交は，普遍的な支配をめざす政治宗教の手段としてそれが利用されさえしなければ，平和を保持することも可能になるだろう」。

　おそらくここまでの説明から明らかなとおり，伝統的外交の実行には，特定の精神的態度，特定の形での国際政治の見方が要求される。それこそが，モーゲンソーの名と常に結び付けて語られる「リアリズム」である。別の言い方をすれば，彼のリアリズムは無目的でも現状追認でもない。むしろかなり明瞭な目的を実現するための規範的要請である。国家を力と国益の観点から理解すべきなのは，それが，他国を滅ぼすべき悪ではなく，他国も自国と対等の存在であると認める態度だからである。リアリズムに徹してこそ，相手と自分にとっての死活的利益を理解しうるようになり，それによって妥協のチャンスは拡大する。リアリストたれというのは，合理的な利益以外のものは進んで妥協せよという道義的命令である。逆に，道義の旗印の下で国際政治を見渡す態度は，むしろ，自国の優位性を信じ，すべてを手にしようとする権力欲の表れである。

　ここでモーゲンソーとホッブズの足並みが一致する。モーゲンソーにとってのリアリズムは，平和を可能にするために，各国が受け入れるべき道義的要請である。この道義的要請を，ホッブズは，自然法と呼んでいた。自然法は平和を可能にする手順を教える理性の命令である。そのうちのひとつは，「他人を生来自分と対等の者と認めること」である。この自然法違反は「高慢（Pride）」である。もしリヴァイアサンが上位に存在すれば，「すべての高慢な者たちの王」（ヨブ記）として，権力を背に平和をもたらしうるかもしれない。だが実際にはホッブズにせよモーゲンソーにせよ，当面は世界

大的リヴァイアサンが存在していない世界で思考を進めた。それに応じて平和を可能にするための道義的命令，ホッブズ風に言えば「うぬぼれるな」という自然法が，モーゲンソー流に言えば「リアリスト」たれという規範が大きな意味を持つ。

　だがなぜそんな規範を受け入れねばならないのだろうか。その答えは単純である。そしてこの単純な答えを，二人は声を揃えて述べるであろう。この規範を受け入れるべき理由は，それのみが，自己保存を確実にする平和の達成への道だからである。ホッブズにとって，繰り返しになるが，自然法は自己保存の確率を上げるために何をすべきかを教えるリストであった。人間にとって最も危険な存在は人間であるがゆえに，この自然法の多くは，人と人との関係を律するものであった。モーゲンソーにとって，リアリストであれという道義は，これとまったく同じ機能を果たす。とりわけ核時代において，一国の自己保存を危うくすることは，万人が現世から消滅する可能性につながる。ゆえに相手を対等者と扱えというリアリストの指針がとりわけ重要なものとなるのである。そしてモーゲンソーの見るところ，その精神こそ彼の同時代の世界から失われつつある過去の遺産であった。かくして，ホッブズもモーゲンソーも，それぞれがリアリストとして，それぞれの時代の「宗教戦争」に向き合っていたのである。

5．おわりに

　国際政治学において，ホッブズはいかなる地位を占めるのか。本章はこの問いをめぐる多くの議論のごく一部を紹介してきた。前半部ではホッブズの政治思想を簡単にまとめた後，ブルのホッブズ解

釈とその批判を取り上げた。ブル的な読み方，すなわちホッブズを
リアリストとみなす読み方は，全面的に引き継ぐのは難しいとして
も，重要な点で維持しうるのではないかというのがそこでの結論で
あった。後半部ではリアリストの代表者ハンス・モーゲンソーとホ
ッブズの共通点を取り上げた。この二人の，「力」の重視や，人間
への悲観的見解といった点はしばしば指摘される。本章では，それ
とは別に，モーゲンソーが平和の条件として要請した，リアリスト
とたれという道徳的命令は，ホッブズにとっても平和を命じる自然
法の一部であると論じた。両者に違いはあるものの，この共通点は
ホッブズのリアリスト性を語るための重要な要素であると思われ
る。

　もちろん，これはホッブズが戦争愛好家であったという意味では
ない。彼は平和を求めた思想家であった。しかしこれをもって，ホ
ッブズはリアリストではないと結論を下した者もいた。著名なホッ
ブズ研究者であるパトリーシャ・スプリングボーグがそのひとりで
ある。スプリングボーグによれば，リアリストはホッブズからいく
つか着想を借りてきているが，「しかしホッブズをリアリストから
分かつのは，何よりもまず，ホッブズは戦争の理論家ではなく，平
和の理論家だという点である」。だがこのような評価は，二重の単
純化に依拠していると言わざるをえない。ひとつは，リアリストを
リアリストであるがゆえに戦争の理論家であるとみなす点である。
これは，先に見てきたモーゲンソーの議論を考えれば（そしてまた，
本章では触れていないが，彼がベトナム戦争に反対していたことを考えても），
ほとんど根拠のない断定である。もうひとつは，もちろん，ホッブ
ズを平和の理論家であるがゆえにリアリストでないとみなす点であ
る。本章の結論として私が言えるのは，リアリストであり平和の思

想家であることは完全に両立しうる，という単純な命題である。そしてこの両立性こそ，ホッブズをリアリストとみなしていたブルが，「ホッブズと国際アナーキー」という論文の末尾ではっきりと述べていたことであった。私がブルにもっとも強く同意するのは，この点である。「三〇〇年の時を経て，モードリン・ホールのトマス・ホッブズに表敬するなら，多くの卓越した点と合わせてぜひ思い出してもらいたいのは，何より彼が真の平和の哲学者だったことである」。

［文献］

＊直接的に依拠したものだけを載せる。翻訳は基本的には既存の訳を利用した。ただし，必要に応じて，適切と思われるテクストを元に変更を加えた場合もある。

石田淳「国際関係論はいかなる意味においてアメリカの社会科学か――Ｓ・ホフマンの問い（一九七七年）再考」『国際政治』，第160号，2010年

大中真『マーティン・ワイトの国際理論――英国学派における国際法史の伝統』，国際書院，2020年

オーブリー，ジョン『名士小伝』（抄訳），橋口稔，小池けい［訳］，冨山房，1979年

神川彦松「わが国際政治学の生立ちについて」[1967]，『神川彦松全集』，第七巻，1969年

久米郁男，川出良枝ほか『政治学 補訂版（New Liberal Arts Selection）』，有斐閣，2011年

佐々木毅『主権・抵抗権・寛容――ジャン・ボダンの国家哲学』，岩波書店，1973年

スキナー，クェンティン『近代政治思想の基礎――ルネッサンス，宗教改革の時代』，門間都喜郎［訳］，春風社，2009年

高野清弘『トマス・ホッブズの政治思想』，御茶の水書房，1990年

西村邦行「歴史を飼い馴らす——トゥキュディデス‐マキァヴェッリ‐ホッブズという語り」『国際関係の系譜学（仮）』，葛谷彩，小川浩之，春名展生［編］，晃洋書房，2021刊行予定

バターフィールド，ハーバード＆マーティン・ワイト「まえがき」佐藤誠［訳］，『国際関係理論の探究——英国学派のパラダイム』，佐藤誠，安藤次男ほか［訳］，日本経済評論新社，2010年

ブル，ヘドリー『国際社会論——アナーキカル・ソサイエティ』，臼杵英一［訳］，岩波書店，2000年

——「国際関係における社会とアナーキー」佐藤誠［訳］，『国際関係理論の探究——英国学派のパラダイム』

細谷雄一「英国学派の国際政治理論——国際社会・国際法・外交」『法学政治学論究』，第37号，1998年

ホッブズ，トマス『リヴァイアサン（1）〜（4）』，水田洋［訳］，第1巻・2巻は改訳版，1992，1992，1982，1985年

——『哲学者と法学徒の対話——イングランドのコモン・ローをめぐる』，田中浩・重森臣弘・新井明［訳］，岩波書店，2002年

——『リヴァイアサン（Ⅰ）・（Ⅱ）』（抄訳），永井道雄，上田邦義［訳］，中央公論新社，2009年

——『市民論』，本田裕志［訳］，京都大学学術出版会，2008年

——『法の原理』，高野清弘［訳］，筑摩書房，2019年

三牧聖子「アメリカ的『多国間主義』を超えて—冷戦初期リアリズムの世界政府論批判」，杉田米行編『アメリカ外交の分析—歴史的展開と現状分析』，大学教育出版，2008年

宮下豊『ハンス・J・モーゲンソーの国際政治思想』，大学教育出版，2012年

——「ニーバーとバターフィールドにおける自己義認批判——誤読された原罪説と「ホッブズ的恐怖」」『国際政治』，第180号，2015年

モーゲンソー，ハンス『国際政治（上）（中）（下）』，原彬久［訳］，岩波書店，2013年

Bull, Hedley. 'Hobbes and the International Anarchy', *Social Research*, vol. 48, no. 4, 1981

Craig, Campbell. *Glimmer of a New Leviathan*, Columbia: Columbia UP.,

2003

Malcolm, Noel. 'Hobbes's Theory of International Relations', in *Aspects of Hobbes*, Oxford: Clarendon Press, 2002

Sorell, Tom. 'Hobbes on Trade, Consumption and International Order', *The Monist*, vol. 89, no. 2, 2006

——— 'Hobbes, Public Safety and Political Economy' in Prokhovnik, Raia and Gabriella Slomp (eds.). *International Political Theory after Hobbes: Analysis, Interpretation and Orientation*, London: Palgrave Macmillan, 2011

Springborg, Patricia. 'Thomas Hobbes and the Political Economy of Peace', *Croatian Political Science Review*, vol. 55, no. 4, 2018

＊本稿の執筆途中，川上洋平，白鳥潤一郎，高橋義彦，長野晃，三牧聖子の各氏から貴重なコメントを頂戴した（アイウエオ順）。また，西村邦行氏は，刊行予定論文の利用を許してくださった。記して感謝する。本稿の水準が特に低い部分は，各氏のアドバイスを反映しきれなかった結果であり，言うまでもなく私だけの責任である。

第8章　戦間期の国際秩序と日本外交

湯 川 勇 人

1．はじめに

　第一次世界大戦の終結から第二次世界大戦の勃発までの期間を「戦間期」と呼ぶ。この戦間期における日本外交の歩みを，外務大臣やそのほか外務官僚の東アジア国際秩序構想を中心に検討し，紐解いていくのが本章の目的である。

　日英同盟を基礎に第一次世界大戦に参戦し戦勝国となった日本は，戦後，五大国の一員に列することとなる。欧州における戦後処理が目的であったパリ講和会議（1919年1月〜6月）では「サイレント・パートナー」と揶揄された日本であったが，東アジア国際秩序に関する国際会議であったワシントン会議（1921年11月〜22年2月）では，開催国のアメリカとともに中心的な役割を演じた。このワシントン会議で締結された諸条約による東アジアにおける日英米の協調システムは，「ワシントン体制」と呼ばれる。第2節ではこのワシントン体制下で展開された日本外交について解説していく。

　1931年9月，ワシントン体制と同体制に基づく日本の国際協調外交は，満州事変の勃発により大きな挑戦を受ける。この満州事変以

降の陸軍を中心とした「軍部」の暴走が，日本を破滅へと追いやっ
たという言説はよく聞かれるが，ではその間，外交政策の決定，実
施を担う主たる機関である外務省は，日本と国際社会との関係をい
かに考えていたのだろうか。第3節では満州事変以降の外務省の東
アジア国際秩序構想およびそれが日中関係や日米関係にもたらした
影響について解説する。

　1937年7月，盧溝橋事件を皮切りに発生した日中間の軍事衝突
は，拡大の一途をたどりついには日中間の全面戦争となる。さらに
その4年後，真珠湾攻撃を決行した日本は，ついに日米戦争という
亡国への最後の一歩を踏み出すのである。第4節では，日中戦争の
勃発から太平洋戦争開戦までの過程において，日本外交が何を目指
し，何を果たせなかったがゆえに日米開戦へと至ったのかを解説し
ていく。

2．ワシントン体制下の日本外交

A．ワシントン体制の成立

　1921年11月，アメリカの提唱によって，海軍の軍備制限や極東問
題，太平洋問題を議題とする国際会議がワシントンD.C.で開かれ
た。会議の招請を受けた日本政府は，海軍大臣の加藤友三郎を主席
全権に，駐米大使の幣原喜重郎，貴族院議長の徳川家達，外務次官
の埴原正直を全権にした代表団をワシントンに派遣する。このワシ
ントン会議では，海軍軍縮に関する五カ国条約，太平洋に関する四
カ国条約，中国に関する九カ国条約が締結された。

　五カ国条約はアメリカのヒューズ国務長官の，いわゆる爆弾提議
に基づき締結された。ヒューズは会議の冒頭で，10年間の建艦禁

止，主力艦比率を米英日で5：5：3にすることを提案したのである。日本にとって主力艦の保有量が対米6割になることを意味する提案に対し，海軍の随員であった加藤寛治は対米7割を主張し強硬に反対した。しかし加藤友三郎全権は日米協調や財政負担という大局的観点からこれを受諾し，アメリカ，イギリス，日本，フランス，イタリアの5カ国による海軍軍縮条約が締結された。五カ国条約締結にあたって，加藤全権は補完措置として，アメリカ，イギリス，日本が太平洋島嶼に海軍の要塞や根拠地を建設しないという合意を得ていた。

　太平洋に関する四カ国条約はアメリカ，イギリス，日本，フランスの4カ国によって結ばれた。この四カ国条約では第4条において日英同盟が廃棄された。1902年に締結され，以来2度の改定（1905年，1911年）を経た日英同盟は，日本外交の背骨とも言える存在であった。その日英同盟廃棄に際して，積極的な役割を果たしたのが幣原全権である。日英同盟の廃棄にあたって，当初イギリス側から出された案は，同盟復活の余地が残されていたが，幣原はアメリカ側の承諾を得るためにイギリス案を大幅に修正し，日英米の三カ国協商が日英同盟に取って代わることを明記したのである。この日英米三カ国にフランスを加えた4カ国によって太平洋の現状維持を約束したのが四カ国条約であった。

　九カ国条約はアメリカ，イギリス，日本，フランス，イタリア，ベルギー，オランダ，ポルトガル，中国というワシントン会議の全ての参加国によって締結された多国間条約である。まず中国の施肇基主席全権によって，中国の領土保全，門戸開放，機会均等が盛り込まれた10原則が提案された。それに対して，アメリカのルート全権による「ルート四原則」が提示される。「ルート四原則」は，中

国の主権の独立と領土的行政的保全，安定政権の樹立，機会均等，
友好国の権利などを害する行為を慎む，というものであり，現状維
持的対日協調策であったとも評価されている。中国の門戸開放，機
会均等，領土的行政的保全は，かつてアメリカにより2度に渡って
「門戸開放宣言」として発されていた（1899年，1900年）ものであり，
アメリカの東アジア外交構想の根幹とも言えるものであった。同条
約の締結にあたって問題となったのは，各国の既得権益にまでその
影響が及ぶか否かであったが，「ルート四原則」は既得権益の急激
な変更を求めないものであり，その内容を第1条に採用することで
各国の合意を得た。

　これら諸条約によって成る日英米の東アジアにおける協調システ
ムが「ワシントン体制」である。以下からは，このワシントン体制
のもとで展開された1920年代の日本外交がいかなるものであったの
かを確認していく。

B. 第一次幣原外交

　1924年6月，加藤高明内閣に外相として初入閣した幣原喜重郎
は，その後，1926年1月に成立した若槻礼次郎内閣，1929年7月に
成立した浜口雄幸内閣，1931年4月成立の第二次若槻内閣でも外相
を務め，通算で約5年半，外務大臣として日本外交を牽引する。
「幣原外交」とも称されるその間の日本外交は，ワシントン体制に
則り，日米英三カ国の協調，特に日米の協調関係の構築を目指すも
のであった。

　加藤・若槻内閣期の幣原外交（第一次幣原外交）が直面した問題
で，多くの文献で取り上げられているのは，排日移民法問題，北京
関税特別会議，北伐への対処の3点である。1924年5月26日，アメ

リカで新たな移民法が成立した。いわゆる排日移民法である。かね
てより移民法をめぐり議論が行われていたアメリカ連邦議会におい
て，この時期に争点となっていたのは，黄色人種国家で唯一排斥さ
れていなかった日本人移民の処遇に関してであった。そうしたなか
成立した1924年移民法では，「帰化不能外国人」の入国禁止条項に
よって日本人移民が絶対的に排除されることになる。

　五大国の一員，一等国としてのプライドを傷つけられた日本国民
は大小様々な反米集会や反米デモを行い，割腹自殺者まで出るに至
った。一方，喚起された反米世論とは対照的に，日本政府の対応は
冷静なものであった。幣原外相は駐日アメリカ大使と意見を交換
し，また，アメリカの新聞記者を介してアメリカの世論への働きか
けも行った。加えて性急な行動には出ず，外交方針演説等によって
日本の立場を地道に訴えた。アメリカが日本の立場を理解し，移民
法の改正を行うことで，この問題が解決されることを図ったのであ
る。こうした日本政府の対応によって，日米関係は決定的な悪化を
避けることに成功した。

　1925年10月から開催された北京関税特別会議は，低率に抑えられ
ていた中国の関税の引き上げ率を関係各国間で話し合うことを主題
とした国際会議である。幣原外相は，日置益駐華公使を全権とした
代表団を北京に派遣する。会議冒頭，日置全権は中国の関税自主権
の回復を原則的には認めるという旨の演説を行い，会議参加国の代
表を驚かせると同時に，日本が会議の当面のイニシアチブを握るこ
とに成功する。このような日本の親中的声明は，幣原外相のイニシ
アチブによるものではなく，代表団主導であった。随員であった重
光葵はこの声明について，日本がワシントン会議の決定を忠実に実
現しようとした結果であると回想している。

　日置全権の演説もあり，11月に関税自主権回復の原則を承認する決議がなされるが，その後の交渉は難航を極めた。関税自主権回復までの暫定税率をめぐって日中間で意見が衝突し，また，増収した関税の使途をめぐって日英米でも意見が衝突した。結局，アメリカの調停により一時的な決着をみたものの，その後すぐに中国でクーデタが起こったため，正式な条約を結べないまま会議は1926年 7 月に無期延期となった。

　北京関税特別会議が行き詰まりをみせていたころ，中国では蒋介石が国民党革命軍の総司令に就任し，北方各地の軍閥を打倒し中国の統一を目指して進軍を開始した。これを北伐という。北伐は中国統一とともに，反帝国主義を目指す革命でもあった。そのため，北方へ進出する過程で日本やイギリスなどの在中国権益の回収も進め，中国と列強の対立を生じさせた。1927年 3 月には，日英の領事館や外国人が国民党軍によって襲われるという南京事件が発生する。イギリスとアメリカは軍艦で砲撃を行ったが，幣原外相は中国への制裁には反対であり，報復しなかった。むしろ英米とともに，蒋介石を相手に交渉するというのが幣原外相の方針であった。こうした幣原外相の方針に国内からは「軟弱外交」という非難が集まり，翌 4 月に若槻内閣は退陣することとなった。

　以上，ワシントン体制成立直後から展開された第一次幣原外交を概観してきた。この間，日英米は必ずしも歩調を一致させていたわけではなかった。しかし，ワシントン体制が機能していなかったと結論を下すのは早計である。確かに日英米各国は自国の利益を優先させ，歩調の乱れが生じることもあった。しかし，いずれの場合も，ワシントン会議の決議のうちに留まるものであった。また，日本に関し言えば，ワシントン体制に依拠する幣原外交に対して，高

く評価するアメリカの外交官やメディアも少なくなかった。つまりこの時期，東アジアにおいて異なる利害を有する日英米三カ国が一定程度同じ方向を向き，かつ大きく逸脱することを防ぐという役割を，そして相手国の外交方針が何に依拠しているのかを相互に明確にし，信頼を醸成するための装置としての役割をワシントン体制は果たしていたと言える。

C. 田中外交から第二次幣原外交

　1927年4月に成立した田中義一内閣では，田中首相が外相を兼任することとなった。田中は陸軍出身の人物であり，原敬内閣と第二次山本権兵衛内閣では陸軍大臣を務めている。1925年に立憲政友会の総裁に就任すると，憲政会内閣の幣原外交を軟弱外交と批判し政権を奪取した田中は，積極外交を標榜し，幣原外交とは異なる路線の対中国政策を展開した。その最たる例は，数次に渡る中国への出兵である。

　国民党軍の北伐が華北地域に差し掛かり，日本の在中国権益が集中する満州の目前まで迫ると，田中内閣は居留民保護を名目として山東省に陸軍一個旅団を派遣した（第一次山東出兵）。このときはアメリカも大沽に出兵しており，また日本に共同出兵を呼びかけていたイギリスも同調的であった。その結果，国民党軍は山東省からの撤退を余儀なくされ，その後，北伐も一時中断することとなる。

　第一次山東出兵が行われている間，東京では「東方会議」という大規模な会議が開催され，対中外交政策の基本方針が議論された。会議最終日に田中は「対支政策綱領」を訓示し，蒋介石による中国統一を承認しつつ，満州に対しては同地域を統治する張作霖を地方政権の長として支持し，中国の政情及び日本の満州権益の安定を図

るという方針を打ち出した。しかし，翌年4月に北伐が再開すると，田中内閣は第二次山東出兵に踏み切った。その結果，済南で日本軍は国民党軍と衝突する。この済南事件に際して，田中内閣は第三次山東出兵を行ったことで戦闘は拡大することとなった。

　この済南事件が日本外交にもたらした影響として，多くの研究で指摘されているのは以下の3点である。1点目は，中国の排外運動の標的の中心がイギリスから日本になったこと。2点目は蒋介石ら国民党の対日認識の悪化であり，3点目はそれまで日本に同調的であった英米が，国民党に接近する立場から日本に批判的となったことである。

　急激に変化する中国情勢に対して，硬直的であった田中内閣の中国認識と対中国外交方針が日中関係および対英米関係の悪化をもたらしたことは事実である。しかし，田中内閣の外交方針は決してワシントン体制を等閑視したものではなく，あくまで同体制内での強硬路線であり，英米との協調関係を閑却したわけでもなかったと言われている。その一例として，1928年8月にアメリカやフランス，イギリス，日本など15カ国が調印した「不戦条約」の締結過程で，田中内閣が行った中国における英米との協調関係の再構築の試みを紹介したい。

　不戦条約はその名の通り，国際紛争を解決するための手段としての戦争を禁止した国際条約である。田中内閣は，パリで行われた調印式に内田康哉を特使として派遣した。内田は1887年に外務省に入省したベテランの外交官である。内田の使命は調印式の出席のみならず，1928年6月に北京入城によって北伐を完成させ，南京国民政府を正式に樹立した中国統一政権の承認問題や，満州における日本の権益について関係各国と議論し，協調関係構築の手がかりを得る

ことであった。調印式を終えた内田はドイツ，イタリアを経てイギリスを訪問しイギリス外務省首脳と会談した後，アメリカに渡りクーリッジ大統領，ケロッグ国務長官と会談している。これら会談で内田は，満州権益が日本にとっていかに死活的に重要であるかなどを説き，各国の理解を求めた。

　しかし，6月に生じた張作霖爆殺事件の責任を取るという形で田中内閣は翌年7月に総辞職することとなる。田中内閣に代わって誕生した浜口雄幸内閣では，外相に幣原が復帰した。第二次幣原外交の始まりである。第二次幣原外交でも英米との協調を重視する姿勢に変化はなかった。そのことは，ロンドン海軍軍縮会議を成功させたことに見て取れる。1930年1月から4月にかけて，ロンドンで海軍軍縮会議が開催された。ワシントン会議で締結された五カ国条約は，主力艦の制限に関する合意であり，関係各国は補助艦の建艦競争に乗り出していた。その補助艦の制限を目的に開かれたのがロンドン海軍軍縮会議である。浜口内閣は補助艦総トン数の対米7割，大型巡洋艦の対米7割，潜水艦の現有量保持を閣議決定し，会議に臨んだ。しかし，日英米の交渉の末に成立した妥協案は，日本の総トン数をアメリカの69.75％とし，潜水艦については日英米を3国同量にするというものであった。

　この妥協案に対して，強硬派であった海軍軍令部長の加藤寛治らは反発したが，浜口内閣は条約の調印にこぎつける。国内での批准過程では統帥権干犯問題に発展するも，浜口内閣は批准を果たした。困難な国内政治過程を乗り切り，アジア太平洋地域の海軍軍縮体制の完成度を高め，日英米の協調関係の強化が果たされたのである。しかし，この時点が戦前日本の国際協調の最頂点であった。

3. 満州事変以降の日本外交

A. ワシントン体制からの離脱

　1931年 9 月18日，日本の満州現地軍である関東軍は満鉄の一部を爆破し，これを張作霖に代わって満州を統治していた張学良軍の仕業として軍事行動を開始した。満州事変の勃発である。満州事変勃発時の内閣であった第二次若槻礼次郎内閣の外相は，前浜口内閣から留任していた幣原であった。英米も事変当初は幣原に対する信頼から厳しい態度には出なかった。しかし，1931年12月に若槻内閣が総辞職し，幣原も外務省を後にする。翌年 1 月にはアメリカのスティムソン国務長官が，九カ国条約や不戦条約に反して行われる現状の変更は認めない旨の声明，いわゆるスティムソン・ドクトリンを日中双方に伝えるも，1932年初頭には満州のほぼ全域をその支配下に収めた関東軍は，同年 3 月に傀儡国家満洲国の建国に踏み切る。さらに1933年 3 月に日本は国際連盟を脱退し，国際的な孤立を深めていく。

　そうしたなか，同年 9 月に広田弘毅が斎藤実内閣の外相に就任する。広田は斎藤内閣のほか，岡田啓介内閣および第一次近衛内閣でも外務大臣を務め，その通算期間は約 4 年におよび，1930年代では最長となる。また，1936年 3 月からおよそ 1 年間，首相も務めている。その広田が斎藤・岡田両内閣外相期に展開した外交は，「協和外交」と呼ばれている。「協和外交」とは欧米列国との協調のもと，日中提携関係の構築を目指すというものである。この目標は，広田の外相在任中には達成されることはなかったが，それでも少なからず列国や中国との関係改善に資する点は見出される。

　例えばソ連との関係では，ソ連がかつては中国と，満洲国建国後は同国と共同で経営していた東支鉄道（北満鉄道）を，1年9ヶ月の交渉の末，満洲国へ売却させることに成功し，日ソ関係の安定化を図った。また，イギリスに対しては日英米不可侵協定の締結を提起し，さらに中国に対しては日中両国公使館の大使館格上げなどを行い，関係の改善を図ろうとした。このように，関係各国との関係改善を図ろうとした広田は，日本が位置する東アジアの国際秩序をどのように考えていたのだろうか。

　広田が外相に就任した翌月の10月，五相会議が開催された。五相会議とは，首相，陸相，海相，蔵相，外相の5人によって構成され，外交・国防・財政に関する重要政策の決定を行うインナーキャビネットである。当時の陸相は荒木貞夫，海相は大角岑生，蔵相は高橋是清であった。その五相会議において広田は，日本の指導のもとに日本・中国・満洲国の提携関係を構築し，東アジアの恒久的な平和を確保する，という自身の意見を披瀝している。

　また，翌年1月の議会演説で広田は，東アジアにおける唯一の安定勢力である日本が平和維持の全責任を有するのであり，そうした日本の地位を世界各国が理解するのは当然であると述べている。さらに，広田から駐米大使や駐英大使に送られた電報においても，東アジアにおける日本の権威と実力が同地域の平和維持のための唯一の基礎である，と記されている。これらの資料から，広田は，日英米三カ国の協調システムであるワシントン体制に代わる，日本を中心かつ頂点とした日中満三カ国による東アジア秩序構想を有していたことがわかる。

　広田はさらに明確にワシントン体制を否定していく。5月16日付の駐米大使，駐英大使，駐中臨時代理公使宛電報ででは以下のよう

な広田のワシントン体制認識が示されている。

　　華府会議（ワシントン会議─筆者注）ノ精神ハ其ノ支那ノ事態ニ鑑
　　ミ実際ニ適合セサルハ争フヘカラサル事実ニシテ且ツ幾多実施不可
　　能又ハ取極ニ反スル事態モ生シ居リ従ツテ支那ニ関スル華府諸条約
　　決議モ其効力スラ疑シキ次第ニテ其適用ニ於テハ素ヨリ大ニ考慮ヲ
　　要スルモノアル次第ナリ⁽²⁾

　同様に，5月18日付の駐米大使宛電報においても，ワシントン会
議以来，東アジアの情勢は中国問題によって大きく変化し，中国の
実情は国際会議や国際条約によって中国問題を解決しようという企
図が完全に失敗したことを明示している，という認識が示されてい
る。このように，広田は列国との協調を図りつつも，既存の秩序＝
ワシントン体制を否定し日本を中心とした新たな東アジア国際秩序
の構築を模索するのである。そしてこの時期，ワシントン体制の打
破と新たな東アジア秩序の構築という外交構想を，広田外相以上に
明確に打ち出すのが，外務次官であった重光葵であった。

B. 重光外務次官の対中外交

　満州事変以降，外務省内には大別して3つの政策派閥が存在して
いた。なかでも省の主流派となったのが「アジア派」と呼ばれる外
務官僚である。「アジア派」外務官僚らは，既存の国際秩序＝ワ
シントン体制の打破と，新たな東アジア秩序の創出を試みる現状打破
構想を追求した。彼らの展開した現状打破的な外交政策は，ワシン
トン体制の維持を望むアメリカとの関係悪化をもたらした要因の一
つとされている。そのような「アジア派」のほか，「幣原外交」と
同じく英米協調を日本外交の第一義とする「欧米派」，より強烈な

国際秩序の変革を目指す「革新派」が，満州事変以降の外務省に存在した政策派閥である。

1933年5月に外務次官に就任した重光は，「アジア派」の中心的な存在であった。外務次官期の重光は，広田外相から対中政策を一任されていたという。その重光は，かなり早い段階からワシントン体制批判を行っていた。

元来，第一次世界大戦後に高まりだした中国ナショナリズムに応える枠組みとして，重光はワシントン体制を高く評価していた。だが，満州事変の勃発から3カ月後の1931年12月，当時，駐中公使であった重光は「革命外交」という長文の報告書において，以下のようにワシントン体制，特に九カ国条約に対する疑義を呈している。

原文ママ
九国条約ヲ初メ支那ニ対スル根本的ノ態度ノ表示タル華府諸条約決議ノ規定ハ列国ノ誠意アル態度ニモ拘ラス支那側ニヨリ全然其ノ趣旨ヲ没却セラレタル次第ナリ。今日支那カ右等条約ヲ尊重スルノ誠意ト能力ナキ状態ニ於テ九国条約等華府会議ノ決定ノ支那ニ対シテ有シタル意義ハ根本的ニ改変セラレタリト云ハサル可カラス(3)

ここで示されているのは，中国が条約を守る主体としてみなすことができない現状では，ワシントン体制の見直しが必要であるという認識である。

1933年5月16日に外務次官に就任した重光は，ワシントン体制，九カ国条約に対する批判の度合いを一層強めていく。同年9月，重光は以下のように主張している。

米国ノ如キハ欧州ノ国際関係ニ適合スル国際連盟規約ノ如キハ言ハハ後レタル国際関係ヲ律スルニ適合セストノ意味ニヨリ『モンロー』主義ノ除外ヲ求メタルモノニシテ，更ニ後レタル国際関係ニ立

テル極東ノ事態ハ今遂ニ欧州並ノ理想的平和条約若クハ組織ニ適合
セシムルニハ不適当ノ状態ニアリ[(4)]

　重光は，東アジアを南北アメリカ大陸よりも「更ニ後レタル国際
関係」と位置付け，条約を遵守する主体としての，つまり近代国家
としての中国を否定することで，国際条約の適用を否定する。一方
で，対中政策決定の主導的立場にあった重光は，日中関係の緊密化
を諦めたわけではなく，汪兆銘など国民政府内の親日派との提携を
模索し始める。

　だが重光の思惑とは裏腹に，国民政府の財政部長であった宋子文
が欧米諸国を巡り，国際的な日本の孤立を意図した対中援助獲得の
動きに出るなど，中国は英米との結びつきを強めていこうとしてお
り，日中提携は遅々として進まなかった。そのような状況を打破す
べく，重光が採用したのが中国からの排英米路線であった。

　1934年10月10日，外務省内の会議において，重光は今後の日本の
対中政策に関して，中国からの外国の政治勢力の駆逐と日中両国の
将来的な提携を誘導する手段が必要であるという意見を披瀝する。
中国から英米の政治的勢力を排除し，回収した権益を中国に供与す
ることで，日中提携を果たそうと重光は考えたのである。その一方
で，対英米関係の悪化を避けたい日本は，列国に対し中国における
通商上の均等待遇を与えることで，これ以上の対日認識の悪化を防
ごうという意図があった。

　こうした重光の考えが明確に表れているのが，1934年4月17日の
「天羽声明」である。「天羽声明」とは，外務省情報部長であった天
羽英二が，新聞記者団に対して発表した対中政策に関する見解であ
る。その内容は，中国がもし他国を利用して日本を中国から排除し

ようとするならば，日本はこれに反対せざるをえず，また，欧米列
国の中国に対する共同援助は，たとえ名目が財政的または技術的援
助にあるにせよ，それは政治的意味を帯びるため，日本は反対する
というものである。この「天羽声明」は，4月13日に広田外相の名
前で有吉明中華公使に宛てられた電報の内容をそのまま発表したも
のであるが，この電報の内容を指示していたのは重光であった。つ
まり，重光は，経済援助も含めて中国から欧米列国の勢力を駆逐す
べきと考えていたのである。

　さて，中国への利益供与のため，中国からの排英米路線に転じた
重光の対外構想であったが，それに合わせて，ワシントン体制打破
の論理も変化を見せる。1935年8月に行われた重光による「国際関
係ヨリ見タル日本ノ姿」と題された講演での内容は，そのことを如
実に表している。この講演で重光は，九カ国条約で規定されている
門戸開放主義，機会均等主義は従来であれば植民地に適用される原
則であると述べ，その内容に異論はないものの，欧米が東アジアを
植民地視するものであるため断固として反対する，という見解を述
べている。

　これまで重光は，中国が東アジアの秩序を乱しており，近代国家
として見なすことはできず，それゆえに国際条約を適用させること
ができない，という論理でワシントン体制打破を主張していた。つ
まり，批判の対象は中国であった。しかし，ここにきてその論理は
転換し，批判の対象は中国を植民地化する英米に転嫁され，それを
可能ならしめている九カ国条約の打破を主張するようになる。こう
して日本はアメリカ，イギリスと東アジア秩序をめぐる対立を深め
ていくことになるのである。

C.　対中政策転換の機運とその挫折

　1936年 2 月26日に発生した陸軍青年将校らによるクーデタ，いわ
ゆる二・二六事件によって岡田内閣が総辞職すると，大命は広田に
降った。広田内閣の組閣に際して，陸軍の介入があり，外相候補と
されていた吉田茂など閣僚候補となっていた 3 人が親英米的であり
好ましくないなどの理由から入閣を断念する事態が起こった。軍部
の政治介入は一層強まり，抑えが効かなくなり始めていた。結局，
広田内閣では当初入閣予定であった吉田に代わって有田八郎が外相
に就任した。有田は重光と並んで「アジア派」の中心人物であっ
た。この広田首相，有田外相のもと展開された外交政策として多く
の研究で取り上げられるのは，日独防共協定の締結である。

　国際連盟の脱退など，国際的な孤立を深めていた日本は，そうし
た状況から脱するため，日本と同じく国際連盟を脱退し，また近隣
諸国との関係を悪化させ孤立状態にあったドイツとの提携に乗り出
した。その結果，1936年11月25日，日本はドイツと日独防共協定を締
結する。有田はさらに，この協定にイギリス，オランダを加入させよ
うと試みる。防共を梃子に悪化していた対外関係を改善しようとい
う「防共的国際協調主義」と称される発想は，1935年以降，外務省の
基本的な思考様式となっていき，それは対中政策にも及んでいく。

　1935年中頃から開始した華北分離工作[(5)]は，1933年以降，小康状態
にあった日中関係に再び亀裂を入れる。事態を打開すべく日中間で
交渉が持たれたのであるが，外相時代の広田は排日運動の停止，満
洲国の承認，防共協定締結（「広田三原則」）を中国に要求するという
一方的な交渉態度に出たため，日中関係の改善は進まなかった。広
田内閣の有田外相もこの「広田三原則」，なかでも国民政府が共産
党と問題を抱えていたこともあり，防共協定締結を推し進めること

で，日中関係改善を図った。

　しかし，「防共的国際協調主義」は功を奏することはなかった。イギリスやオランダはおろか，中国も日本と防共協定を結ぶことを拒んだため，日本の国際的孤立の緩和をもたらすことはなかった。また，日本はドイツとの提携により，1936年4月に結ばれたドイツと満洲国間の貿易協定を媒介とした日独貿易の拡大，あるいは日満独三角貿易にも期待を高めるが，その成果も乏しいものであった。

　停滞する日本外交であったが，1937年2月に成立した林銑十郎内閣はその突破口になり得る可能性があった。1936年末頃から陸軍中央や外務省内で「中国再認識論」が高まり，対中政策の見直しが図られるなか成立した林内閣の外相には，「欧米派」の佐藤尚武が就任する。佐藤は外相就任に際して，林首相に対し，①いずれの国とも戦争を避ける，②中国と平等の立場に立ち，日中関係の改善に努める，③対ソ関係の改善，④日英関係の改善，という4条件を提示し，林首相も佐藤と同じ意見であると受け入れる姿勢を見せたという。

　3月8日の貴族院本会議において佐藤は，対ソ関係および対英関係の改善の必要性，平等の立場に立った日中関係改善方針に言及し，外相就任の際の諸条件を表明した。加えて，日本の対中政策は，各国の在華権益の尊重に努め，排他的ではなく平和的に発展していくことが日本の真の利益を擁護することになる，と佐藤は述べている。このように，佐藤外相は平等な立場での日中関係改善と，各国の在中国権益の尊重を基本方針としていた。その佐藤の外相在任期間に決定した対中国外交方針としては，4月16日に四相会議（佐藤外相，杉山元陸軍大臣，米内光政海軍大臣，結城豊太郎大蔵大臣）において決定された「対支実行策」と「北支指導方策」がある。

　「対支実行策」では，国民政府と国民政府による中国統一運動に

対して公正な態度をもって臨むことや，華北の分治を図り中国の内政を乱すような政治工作は行わないことなどが決定され，これまで進めてきた華北政治工作を否定している。さらに，防共軍事協定の締結要求が削除されていることが，目新しい点であった。

「北支指導方策」は，前年8月に決定された「第二次華北処理要綱」を下書きとして作成されたものであったが，「第二次北支処理要綱」で頻繁に使用されていた「分治」という表現が全て削除されていることからも，上の「対支実行策」と同様に華北地域の分治，分離工作を否定していることがわかる。さらに，華北政策は政治工作に代わって経済工作を主眼としていくことが決定された。

これらの決定は華北分離工作を全面的に中止するものではなかったが，それでも佐藤外相の方針は中国国内でも，広田外交を修正するものであると歓迎するムードがあった。しかし，6月に林内閣が総辞職したことによって対中政策の転換は頓挫してしまう。あとを襲った近衛文麿内閣の外相には再び広田弘毅が就任し，その約1ヶ月後の7月7日，日中全面戦争のきっかけとなる盧溝橋事件が発生する。

4．東アジア新秩序構想と太平洋戦争への道

A．日中戦争の勃発

1937年7月7日，北京近郊の盧溝橋付近で夜間演習をしていた天津軍に，2発の実弾が打ち込まれた。発砲者はいまも不明である。日中両軍は臨戦態勢に入り，翌8日未明に3度目の発砲事件が発生したことを受け，早朝から銃撃戦に突入した。交戦を開始した日中両軍であるが，すぐさま全面戦争に拡大したわけではない。同日の

臨時閣議では「不拡大・現地解決」を基本方針とすることが決まり，現地での交渉もまとまりかけていた。

　しかし，11日の閣議で杉山元陸相が不測の事態に備えた派兵要請を出すと，広田外相もこれを認め，派兵が決定した。その後，現地では局地解決に向けた交渉が継続するも，廊坊事件，広安門事件といった局地的軍事衝突が発生し，ついに28日に天津軍は全面攻撃を開始する。なおも近衛内閣は事変の不拡大方針を堅持していたが，8月9日に海軍の大山勇夫中尉が中国保安隊に殺害されるという事件が発生すると，それまで不拡大方針を支持していた海軍も強硬論に転じる。17日の会議で近衛内閣は不拡大方針の放棄を決定し，ついに日中全面戦争へと突入する。

　事変が拡大の一途をたどるなか，国民政府の要人に人脈を持つ船津辰一郎を通じた交渉や，トラウトマン駐中ドイツ大使を通じた和平工作など，外交交渉による日中戦争の解決に向けた試みが続いていた。しかし，戦線が拡大するにつれ軍部が和平条件を加重させるなど，一向に交渉は進まなかった。そうしたなか，1938年1月，近衛内閣は国民政府を「対手トセス」との声明を発表し，国民政府との交渉の打ち切りを宣言する。以降，日本は，華北と華中の占領地域につくられた新興政権を新中国政権に育て上げ，その新政権と和平交渉を行うという方針のもと，日中戦争の解決を図る。

　国民政府との交渉打ち切りは明らかな失策であった。そこで近衛首相は5月下旬に内閣改造を行い，「対手トセス」声明の路線修正を図る。改造内閣の目玉は外相に陸軍大将である宇垣一成を据えたことである。宇垣は入閣に際して「対手トセス」声明に縛られないことを条件にしていた。そのような和平派である宇垣を外相に据えることで，陸軍統制と和平実現を図ったのである。

　その宇垣は外相就任後，クレーギー駐日イギリス大使と会談し，中国問題における日英協力の構築に乗り出すと同時に，国民政府の行政院長であった孔祥熙と直接会談を行うことを決意する。ところが，これらの交渉，工作は9月末に宇垣が外相を辞任したことで頓挫することとなった。

　外交交渉による日中戦争の解決に目処が立たないなか，日本軍は30万の兵力を動員する漢口作戦という大規模な軍事作戦を決行した。この作戦により中国主要部を占領することで，国民政府の屈服を期待した。10月には漢口を占領し広東も攻略したことで，占領地は大幅に拡大する。しかし，国民政府は四川省重慶に遷都し，抗戦を継続した。こうして，軍事作戦による日中戦争の解決もその糸口が見えないなか，日本政府は「対手トセス」声明の修正を示唆する声明を発表する。

　11月3日，近衛首相は「国民政府と雖ども拒否せざる旨の政府声明」，いわゆる「東亜新秩序声明」を発表する。この声明では，日本，中国，満洲国の提携関係の構築，強化によって東アジアに新たな秩序を建設することが謳われていた。これに加えて，10月末に近衛内閣の外相に就任した有田によって，日本の東アジア秩序構想に関する声明が11月18日に発表される。有田外相は，10月初旬にアメリカから提出された中国権益の保護の申し入れに回答する形で，以下の内容が含まれる声明を発表した。

　　　今ヤ東亜ノ天地ニ於テ新ナル情勢ノ展開シツツアルノ秋ニ当リ事変前ノ事態ニ適用アリタル観念乃至原則ヲ以テ其ノ儘現在及今後ノ事態ヲ律セントスルコトハ何等当面ノ問題ノ解決ヲ齎ス所以ニ非サルノミナラス又東亜恒久平和ノ確立ニ資スルモノニ非サルコトヲ信スル次第ニ有之候[(6)]

　これまで東アジアに適用されていた原則，つまりワシントン体制の中核であった九カ国条約などを否定するような近衛首相と有田外相による一連の声明は，重光外務次官期以来，「アジア派」外務官僚が追求してきたワシントン体制打破構想の帰結であったというのが，先行研究での一般的な理解である。確かにこの回答は，それ受け取ったアメリカはおろか，日本国内でも九カ国条約からの離脱を宣言したものであると見做され，様々な反響を呼んだことは事実である。しかし，「アジア派」外務官僚の対外構想を現状打破構想と一括にし，1930年代中頃の重光の東アジア新秩序構想と，日中戦争勃発後の有田の東アジア新秩序構想を直線的につなぐ解釈は，いまだ議論の余地が残されていると筆者は考える。

　というのも，重光は九カ国条約の「破棄」を目指したのに対して，有田は九カ国条約を「修正」を図ったのであり，この方針の差は1930年代の日本外交を理解するうえで消して小さくないと考えるからである。また，「東亜新秩序声明」後は，「アジア派」や「革新派」のみならず，「欧米派」もワシントン体制に代わる東アジア新秩序を構築することを日本外交の基調としていた。こうしたことを鑑みると，太平洋戦争にいたる日本外交をより深く理解するには，現状打破を目指した「アジア派」と英米協調を重視した「欧米派」という理解を超えて，「アジア派」「欧米派」を問わず，各時期において外務官僚や外務大臣が東亜新秩序建設を試みるにあたって，いかにして現状維持を望むアメリカの理解を得る，あるいは黙認を得ようとしたのかを明らかにせねばならないであろう。

　しかしながら，有田や日中戦争勃発以降の「欧米派」と見なされている外務大臣の外交構想，政策については，研究が十分に進んでいるとは言えないのが現状である。そこで次節では筆者のこれまで

研究成果を紹介しながら，1938年末から1940年中頃までの期間における，「アジア派」有田外相と「欧米派」野村外相の東亜新秩序構想をめぐる日米間の外交的角逐の様相を確認していく。

B.　東亜新秩序構想と日本外交

　九カ国条約を否定するような声明を出した有田は，果たしてどのような東亜新秩序構想を有しており，いかにしてアメリカの承認を得ようとしたのだろうか。筆者は同問題を取り扱った論文「日中戦争初期における日米関係—有田八郎外相の対米方針と九カ国条約」（『国際政治』190号）において，「東亜新秩序声明」前後の有田の議会演説や講演会での演説内容，発表した論考，駐日アメリカ大使との会談に関する資料を分析することで，これらを明らかにすることを試みた。

　日中戦争勃発後，有田が日本・中国・満洲国による経済ブロックの形成を目指していたことは，有田が戦後に刊行した回顧録のみならず，1938年初頭に発表した論考，中国要人との会談の内容といった当時の資料からみて間違いない。その際に有田が強調するのは，世界恐慌以降，イギリスやアメリカが関税障壁など経済ブロックを構築していくなか，原料や資源の多くを他国に依存せざるを得ない日本は，それらの国に生殺与奪権を握られている状況であり，そうした状況を脱するべく生存圏を確立せねばならない，という日本が抱える経済的脆弱性への危機感である。つまり有田の考える東亜新秩序構想とは，日中満の経済的連携の強化と，列国に承認された東アジアにおける原料資源のアクセスに関する日本の優越的地位によってもたらされる，日本の生存圏の形成構想であった。

　さらに東亜新秩序構想の先に，日中満による東アジアブロックと

南北アメリカやイギリス，ソ連，欧州といった他の地域ブロックが，ブロック単位で経済的な交流を行う，地域主義的な国際秩序構想を有田は有していた。そもそも日本，中国，満洲国による経済ブロックでは原料資源を完全に自給自足することは不可能であり，その他の地域ブロックとの経済交流は必須であったからである。よって，関係各国，特に経済的に依存しているアメリカとの関係悪化を間違いなく引き起こす九カ国条約の破棄には，有田は否定的であった。その旨は，有田の議会答弁においても明白に述べられている。

　しかし，日中満経済ブロック構想と九カ国条約が規定する中国の門戸開放原則が背反していることもまた明白である。そこで，有田が種々の講演等で強く訴えたのは九カ国条約の「修正」であった。九カ国条約そのものを破棄してしまうのではなく，従来の門戸開放主義に取って代わって，原料資源のアクセスについては日本が他国に優越した地位に立ち，その他の部門については門戸開放原則を適用させるという，いわば「制限的門戸開放主義」を適用させ，あくまで九カ国条約の枠組みのなかで東亜新秩序構想の実現と対米関係の維持の両立を図るというのが，有田の外交方針であった。

　実際，「東亜新秩序声明」以降，有田はグルー駐日アメリカ大使やその他大使館員との度重なる会談のなかで，原料資源獲得の面における日本の脆弱性と日中満経済ブロック形成の必要性を訴えている。有田は，日本が求めるのは原料資源の獲得であり，その他の市場は開放する旨を繰り返し伝え，妥協を得ようと試みた。しかし，交渉はなかなか進まなかった。その理由として，有田が行う原料資源以外の面に関するアメリカの在中国権益の保証に，何ら具体性がないことや，また，日中戦争の拡大によって現在進行系で侵害されている権益にも，何ら対処がなされていないことがあげられる。

　有田はアメリカとの交渉を慎重に粘り強く進めようとした一方
で，イギリスに対しては強硬な方針を取る。1939 年 4 月，親日派で
あった海関監督の中国人が，天津のイギリス租界で暗殺されるとい
う事件が発生する。その容疑者の引き渡しをイギリス側が拒んだこ
とを契機に，日本陸軍はイギリス租界の出入り口に検問所を設置
し，租界を封鎖してしまう。この問題の処理をめぐって 6 月から有
田とクレーギー駐日イギリス大使の間で会談が行われることとなっ
た。この機会に日英間に横たわる中国問題の包括的解決を目指した
有田は，非妥協的な態度で交渉に臨み，日本軍の敵に利する行為を
イギリスが慎むという内容の一般協定，いわゆる「有田・クレーギ
ー協定」を締結することに成功する。

　アメリカが日米通商航海条約の廃棄通告を行ったのは，「有田・
クレーギー協定」締結の 2 日後であった。半年後の条約執行後，ア
メリカは日本に対して大規模な経済制裁の実行が可能となるため，
日本はそれまでに新通商条約の締結に向けた交渉を開始せねばなら
なくなった。1939 年 8 月に誕生した阿部信行内閣は，日米関係の改
善を図るべく，外務大臣には海軍出身であり親米派であった野村吉
三郎を抜擢する。

　11 月にグルー大使と会談した野村は，日米関係の改善にはアメリ
カの在中国権益の保護，特に日本軍によって不当に封鎖されていた
揚子江（長江）の開放が必要であると聞かされる。その後，野村は
中堅官僚などの反対にあいつつも，揚子江開放という方針をまとめ
あげ，それと引き換えに新日米通商航海条約の締結に向けた日米交
渉の開始を求めて，アメリカ側と交渉を行う。このように，それま
での占領地政策の転換を図ることで，英米列国との関係改善を試み
たことなどから，野村外相は「欧米派」とカテゴライズされてい

る。

　だが，野村外相の対イギリス外交方針に目を向けたとき，その印象には疑問符を付けざるを得ない。筆者は「日中戦争初期における外務省の対英外交戦略―外交レベルでの英米の一体性の認識とその影響」(『戦略研究』23号) において，日中戦争初期の外務省の対英外交方針が非常に強硬的なものであり，それは野村外相期も同様であったことを明らかにした。グルー大使との会談と並行して行われたクレーギー駐日イギリス大使との会談に関する資料には，野村がイギリス側に日本の東アジアにおける優位性の承認を強く求めていたことが記録されている。

　野村の強硬な対イギリス外交方針には2つの意図があった。1つ目は，中国からイギリスの影響力を排除することによる日中戦争の早期解決というものである。イギリスに国民政府支持を放棄させ東亜新秩序を承認させることができれば，国民政府の抗戦意思は揺らぎ，そのタイミングでイギリスを仲介にして圧力を加えれば国民政府を屈服させることができる，という考えである。2つ目の意図は，イギリスとアメリカは不可分であるという認識に基づき，中国問題でイギリスから妥協を得ることができれば，イギリスと歩調を合わせるであろうアメリカからも同じく妥協を得られる，というものである。

　阿部内閣は半年と経たずに総辞職したため，何ら成果は得られなかったが，1940年1月に成立した米内光政内閣でも対米慎重・対英強硬という方針に変化はなかった。同月26日には日米通商航海条約が失効し，日米関係は以前にもまして困難となるなか，米内内閣の外相には再度，有田が就任する。有田は議会で揚子江開放反対派に対して反駁しつつ，現地外交官に早期開放を指示するなど，前内閣

で決定した揚子江の開放の実現に取りかかった。有田にとって揚子江の開放によるアメリカの在中国権益の保護の実現は，前外相期には具体性がなく進展しなかった日米交渉を前進させるまたとない機会であった。

　しかし，政策の実施を担う現地外交官や現地軍の反対に合い，揚子江開放は遅々として進まず，原料資源以外のアメリカの在中国権益の保護と引き換えに，アメリカの譲歩を引き出すことはできなかった。また，その間も並行してイギリスと交渉を進め，天津租界問題の解決やイギリスの国民政府支援ルートであったビルマ・ルートの封鎖に関する協定を結ぶも，中国の抗戦意識の低下やアメリカの追随など，期待した効果を得られることはなかった。そして，1940年7月に米内内閣のあとを襲って成立した第二次近衛内閣では，松岡洋右外相のもと，日独伊三国同盟の締結や南進政策が進められるなど，日米（英）関係はいよいよ抜き差しならなくなるのである。

　ここまで「アジア派」有田と「欧米派」野村の対米外交方針と対英外交方針を確認してきた。そこには「アジア派」と「欧米派」の断絶ではなく連続性が認められるのである。この点は他の「欧米派」外務官僚も同様である。「1930年代の外務省『英米派』と現状打破構想──佐藤尚武の対外構想をめぐって」（『神戸法学年報』第31号）で，筆者は「欧米派」佐藤尚武の外交構想を外相期のみならず太平洋戦争勃発後まで射程に入れて検討を行った。前節で紹介したように，佐藤は外相期には国際条約の遵守を唱えていた。しかし，佐藤が発表した論考や種々の講演の内容等から明らかになるのは，日中戦争勃発後，佐藤も九カ国条約の廃棄と東亜新秩序建設の必要性を強く訴えるようになったことである。「東亜新秩序声明」以降，程度の差はあれども現状の国際秩序を変革し，日本の手により東ア

ジアに新たな秩序を形成するというのが, 「アジア派」「欧米派」を問わず, 日本外交の至上命題となっていたのである。

C. 日米開戦のポイント・オブ・ノーリターン

日本外交が東亜新秩序の建設を至上命題とする以上, アメリカとの対立は避けられないものであった。しかし, それは直ちに日米開戦の不可避性を意味するものではない。対日戦争の準備を着々と進めていたアメリカといえども, 決して日米開戦を望んでいたわけではなかった。巷では日本の真珠湾攻撃はアメリカによって画策されたものであるなどという議論が時折見受けられるが, そのような陰謀論は資料に基づく検証に耐えうるものではないことは, 種々の研究で明らかになっている。では, 日米開戦を決定づけた出来事は何であったのだろうか。当然, 様々な要因が絡み合った結果であることは間違いないが, ここでは特に影響が大きかった日独伊三国同盟, 南部仏印進駐, ハル・ノートという3つのできごとについて解説していく。

1940年9月27日, 日本, ドイツ, イタリアの三国による対米英軍事同盟が締結される。この三国同盟締結に向けて, 日本外交を牽引したのは第二次近衛内閣の松岡洋右外相であった。

外相に就任した松岡は, 日本外交の目標を日本, 中国, 満洲国による東亜新秩序からさらに範囲を広げて, 東南アジアを含む「大東亜共栄圏」の建設とした。前節で確認したように, 東亜新秩序建設は暗礁に乗り上げており, 日本はさらなる対米経済依存状態に陥っていた。そこで, 資源地帯である東南アジア諸国を新秩序に組み込むことで, より自律性の高い生存圏を建設するという構想である。

大東亜共栄圏を確立するには, イギリス, フランス, オランダの

東南アジア植民地を接収せねばならず，そのためには日本軍の南進政策が必要であった。南進政策の骨子は，1939年9月に開始した欧州戦争において，圧倒的優位に戦争を進めていたドイツが最終勝利を収める前に対英参戦するというものである。しかし，1940年夏頃から英米の協力関係の構築が進んでおり，対英参戦による南進政策は，アメリカの干渉を招く恐れもあった。アメリカを対象とする三国同盟を結んだ松岡の意図は，同盟の威力によってアメリカを牽制する，つまり対米戦争を回避することであった。

　しかし，三国同盟の締結はアメリカの対日認識を悪化させたのみならず，国民政府への援助強化のほか，東南アジアの共同防衛に関する米英間の緊密な協議体制の構築など，日独伊枢軸国の結束に対抗するための様々な措置をとらせることとなった。結果として，三国同盟締結は，日米関係を敵対的関係へと大きく前進させることとなったのである。

　三国同盟が締結される4日前の9月23日，日本軍は北部仏印進駐を開始し，南進政策を実行に移し始める。アメリカは屑鉄の対日禁輸を決定するなど日本への牽制を行うが，さらなる経済制裁は見送っていた。しかし，翌年7月の南部仏印進駐はこうした状況を一変させる。

　北部仏印への進駐のみでは物資欠乏を解消できなかった軍部は，インドシナ半島を完全に支配下に置くべく，南部仏印への進駐を画策する。松岡外相は対米戦を不可避にするとして南部仏印進駐に反対するが，1941年7月18日に内閣改造によって松岡が外相の座を追われると，同月下旬に日本軍は南部仏印進駐を強行する。この南部仏印進駐に対するアメリカの対応は非常に厳しいものであった。

　暗号解読により日本が武力による南部仏印進出を実行に移すこと

を知ったアメリカは，進駐が実施される3日前の7月25日に在米日本資産の凍結を行う。さらに，28日に進駐が開始されると，8月1日に石油の対日全面禁輸という最大の経済制裁を実施する。なおもアメリカは対日戦争を完全に決意したわけではなかった。アメリカの最大の脅威はいまだドイツであり，石油の全面禁輸という対日強硬措置は，戦争に至らずに日本を屈服させ，さらなる南進政策を阻止するためであった。

　しかし，アメリカの経済制裁は日本の対米開戦への決意をさらに一歩前進させることとなる。8月以降，海軍や陸軍の中堅層を中心に，石油禁輸によって国内の石油が尽きる前に早期に開戦を決定すべきであるという声が広がり始める。9月6日の御前会議で決定した「帝国国策遂行要領」は，外交交渉の期限を10月上旬とし，開戦の目処を11月初旬と定めた。ついに，外交交渉にタイムリミットが設定されたのである。

　近衛首相は早期開戦を主張する軍部中堅層の介入を避けるべく，ローズヴェルト大統領とのトップ会談を画策するも，アメリカ側と折り合いがつかず開催は叶わなかった。アメリカ側の要求は領土・主権の尊重，内政不干渉，通商上の機会均等，太平洋の現状維持という四原則の遵守に加え，日本軍隊の仏印，中国からの撤退の明確な宣言であった。四原則の提示は，アメリカがワシントン体制の変更を決して容認しないことを示していた。また撤兵の要求は，すでに4年間継続している日中戦争の成果を無に帰すものであると東条英機陸相が述べたように，軍部にはとても容れることのできるものではなかった。それでも首相や外相は交渉継続を主張した結果，閣内不一致で近衛内閣は総辞職し，10月18日に東条英機内閣が成立する。

　大命降下に際して，天皇から9月6日の決定を白紙にするように求められた東条は，交渉による日米開戦の回避を模索する。しかし，早期開戦を望む軍部と交渉継続を主張する東郷茂徳外相という構図に変化はなく，方針の決定は難航した。その結果，11月5日の御前会議において，11月末まで交渉と戦争準備を並行して進め，妥結に至らない場合，12月初旬に開戦に踏み切るという方針が決定する。

　この（結果として）最後の日米交渉に，日本は「甲案」と「乙案」という2つの交渉案を用意した。「甲案」はそれまでの日本側の要求を総括するものであり，「乙案」は対日石油供給と引き換えに南部仏印の日本軍を北部仏印まで引き揚げるという暫定協定案であった。11月20日に両案を受け取ったハル国務長官は一時，真剣に「乙案」に近い形での日米妥協を検討するも，最終的な対日回答は四原則の承認のほか，中国および仏印からの完全撤兵，国民政府以外の政権の否認などをふくむ，いわゆる「ハル・ノート」であった。「ハル・ノート」は決して最後通牒ではなかった。しかし，東郷外相を含め日本政府は交渉決裂とみなし，閣僚全員が出席した12月1日の御前会議において対米開戦が決定され，12月8日を迎えたのである。

5．おわりに

　本章では，外交政策決定者の東アジア国際秩序構想を軸に，戦間期の日本外交が何を目指してきたのかを同定しながら，その歩みを概観してきた。1921年11月にワシントン会議が開催され，1941年12月に太平洋戦争が勃発するまでの20年間で，日本の東アジア国際秩

序構想や各国との関係性は，相互に作用しながら大きく変化してきた。

　本章の総括としてまず強調したいのは，戦間期を通じた日本外交の自主性である。多少古くはあるが，満州事変以降，軍部が台頭していくなかで日本外交は軍国主義に引きずられていったというのは，今でも耳にする議論である。しかし，1920年代はもちろんのこと，満州事変以降も日本の外交は決して軍部の思うままに進められたわけではない。確かに軍部の政治介入は進み，また現地軍の独断的行動によりその既成事実化を図らざるを得ない場面も少なくなかった。しかし，満州事変以降も外務大臣や外務官僚らはそれぞれ独自の東アジア秩序構想を持ち，軍部と時に対抗し時に妥協しながら，その実現に向けて動いてきたことは本論で確認したとおりである。

　だが広田や重光，有田らが追求したワシントン体制打破と東亜新秩序構想が，各国との対立を深めていったことも事実である。なかでも，中国との提携共助を謳いながらも，中国と絶えず衝突し続けてきたことは，日本の東亜新秩序構想が抱える大きな矛盾であった。そもそも，満洲国の存在を前提としている点で，その実現は非常に難しいものであった。加えて東亜新秩序構想は基本的に日中の垂直的関係性を想定していた。こうした独善性を捨て去り，第一次大戦以降，高まり続けていた中国ナショナリズムを包摂するプログラムとならない限り，東亜新秩序構想と中国の衝突は不可避であった。

　加えて，東亜新秩序構想は日米対立の根源でもあった。煎じ詰めて言えば，太平洋戦争へといたる日米対立は，東アジア秩序の原則—ワシントン体制か東亜新秩序か—をめぐる対立であった。そし

て，日本外交がワシントン体制打破を指向するようになり，アメリカとの東アジア秩序をめぐる対立に突入する最初の大きな転機が満州事変と満洲国の建国であったことは間違いない。しかし，そのことは満州事変の勃発から日中戦争，そして太平洋戦争への道程が不可分であったことを意味するものではない。満州事変勃発以降も，悪化していく対外関係を改善しようとする意志と試みは，日本外交に常に存在していたし，それは欧米列国や中国も同様である。戦間期の日本外交が歩んだ道は決して一本道ではなかった。その結末は，幾重もの分岐点に直面し，その都度の選択が重層的に重なり合った結果であった。

［注］
（1）　軍隊の最高指揮権を統帥権といい，明治憲法下では天皇の大権と定められていた。
（2）　1934 年 5 月16日発広田外務大臣より在米国斎藤大使，在英国松平大使，在中国堀内臨時代理公使他宛（電報）『日本外交文書』昭和期 II 第一部第三巻，603-605頁。
（3）　「支那ノ対外政策関係雑纂／『革命外交』（重光駐支公使報告書）松本記録第一巻」，外務省外交史料館所蔵（A-2-1-0-C1_1_001），アジア歴史資料センター（JACAR Ref. B02030784000）。
（4）　「帝国ノ対支外交政策関係一件第三巻」，外務省外交史料館所蔵（A-1-1-0-10-003），アジア歴史資料センター（JACAR Ref. B02030148300）。
（5）　華北地帯を国民政府の支配から切り離そうという工作。日本の現地軍である天津軍の主導で進められた。
（6）昭和一三年一一月一八日ノ一〇月六日付米国側申入ニ対スル旧来ノ観念乃至原則ヲ以テ新事態ヲ律シ得ストノ回答」『日本外交年表並主要文書』下巻，397-399頁。

［文献］
イアン・ニッシュ（関静雄訳）『戦間期の日本外交—パリ講和会議から大東

亜会議まで』ミネルヴァ書房，2004年。

浅田貞雄『両大戦間の日米関係—海軍と政策決定過程』東京大学出版会，
　1993年。

五百旗頭真編『日米関係史』有斐閣，2008年。

入江昭（篠原初枝訳）『太平洋戦争の起原』東京大学出版会，1991年。

臼井勝美『中国をめぐる近代日本の外交』筑摩書房，1983年。

外務省百年史編纂委員会編『外務省の百年』下巻，原書房，1969年。

北岡伸一『日本政治史—外交と権力』有斐閣，2011年。

酒井哲哉『大正デモクラシー体制の崩壊—内政と外交』東京大学出版会，
　1992年。

須藤眞志『真珠湾〈奇襲〉論争—陰謀論・通告遅延・開戦外交』講談社，
　2004年。

筒井清忠『満州事変はなぜ起きたのか』中央公論新社，2015年。

戸部良一『ピース・フィーラー—支那事変和平工作の群像』論創社，1991
　年。

戸部良一『外務省革新派—世界秩序の幻影』中央公論新社，2010年。

中谷直司『強いアメリカと弱いアメリカの狭間で—第一次世界大戦後の東ア
　ジア秩序をめぐる日米英関係』千倉書房，2016年。

日本国際政治学会太平洋戦争原因研究部編『太平洋戦争への道—開戦外交
　史』1～7巻，朝日新聞社，1963年。

波多野澄雄『日本外交の150年—幕末・維新から平成まで』日本外交協会，
　2019年。

服部龍二『東アジア国際環境の変動と日本外交——一九一八～一九三一』有斐
　閣，2001年。

細谷千博，斎藤真，今井清一，蝋山道雄編『日米関係史—開戦に至る10年
　（1931-41年）』1～4巻，東京大学出版会，1971年。

細谷千博『両大戦間の日本外交——一九一四～一九四五』岩波書店，2006年。

簑原俊洋，奈良岡聰智編『ハンドブック近代日本外交史—黒船来航から占領
　期まで』ミネルヴァ書房，2016年。

執筆者紹介 (掲載順)

小林悠太 (こばやし ゆうた)　　大学院人間社会科学研究科助教 (現代日本政治論)

鈴木一敏 (すずき かずとし)　　上智大学教授，前広島大学准教授 (国際政治経済学)

趙　頔 (ちょう てき)　　大学院人間社会科学研究科助教 (近代日本政治史)

長久明日香 (ちょうきゅう あすか)　　大学院人間社会科学研究科准教授 (国際政治経済学)

寺本康俊 (てらもと やすとし)　　広島経済大学教授，広島大学名誉教授 (日本外交史)

永山博之 (ながやま ひろゆき)　　大学院人間社会科学研究科教授 (国際政治学)，法学部長

古田拓也 (ふるた たくや)　　大学院人間社会科学研究科助教 (政治思想史)

湯川勇人 (ゆかわ はやと)　　大学院人間社会科学研究科准教授 (日本外交史)

(掲載順は氏名の50音順による)

広島大学公開講座
国際社会における平和と安全保障

2021年 4 月10日　初　版第 1 刷発行

編 著 者　　寺　本　康　俊
　　　　　　永　山　博　之

発 行 者　　阿　部　成　一

〒162-0041　東京都新宿区早稲田鶴巻町514番地
発 行 所　　株式会社　成　文　堂

電話 03(3203) 9201　FAX 03(3203) 9206
http://www.seibundoh.co.jp

製版・印刷・製本　シナノ印刷　　　　　　　　　検印省略
☆落丁本・乱丁本はおとりかえいたします☆
Ⓒ 2021 寺本・永山　　　　Printed in Japan
ISBN978-4-7923-3409- 3　C3031

定価（本体2600円＋税）

広島大学公開講座